КНИГА ЗОАР
на пять частей Торы
с комментарием «Сулам»

Глава Мишпатим

Под редакцией М. Лайтмана,
основателя и руководителя
Международной академии каббалы

Под редакцией М. Лайтмана
Книга Зоар, Мишпатим
Laitman Kabbalah Publishers, 2018. – 248 с.
Напечатано в Израиле.

Edited by M. Laitman
The Book of Zohar, Mishpatim
Laitman Kabbalah Publishers, 2018. – 248 pages.
Printed in Israel.

ISBN 978-965-7577-81-3

DANACODE 760-126

До середины двадцатого века понять или просто прочесть книгу Зоар могли лишь единицы. И это не случайно – ведь эта древняя книга была изначально предназначена для нашего поколения, и является раскрытием Торы.

В середине прошлого века, величайший каббалист 20-го столетия Йегуда Ашлаг (Бааль Сулам) проделал колоссальную работу. Он написал комментарий «Сулам» (лестница) и одновременно перевел арамейский язык Зоара на иврит.

Но сегодня наш современник разительно отличается от человека прошлого века. Международная академия каббалы под руководством всемирно известного ученого-исследователя в области классической каббалы М. Лайтмана, желая облегчить восприятие книги современному русскоязычному читателю, провела грандиозную работу – впервые вся Книга Зоар была обработана и переведена на русский язык в соответствии с правилами современной орфографии.

Copyright © 2018 by Laitman Kabbalah Publishers
1057 Steeles Avenue West, Suite 532
Toronto, ON M2R 3X1, Canada
All rights reserved

Содержание

ГЛАВА МИШПАТИМ

И вот законы	6
Если купишь раба-еврея	7
Сава (старец)	12
Если подерутся люди	137
Возвращение потерянного	138
Предоставление городов-убежищ	140
«Мат» и «Мот»	143
Выкуп раба-еврея	146
Обоюдоострый меч	149
Обет и клятва	153
Гумно и винодельня	159
Наблюдает из окон	163
Не будь с большинством во зло	166
От слова лжи отдались	169
Порядок судов в законах об ущербе	172
Записаны под знаками Творца и Шхины	176
Дух, восходящий и нисходящий каждую ночь	179
Два Машиаха	184
О десятине	193
Людьми святости будете для Меня	196
С утра вершите суд	203
Идра Скинии	205
И во всем, что Я сказал вам, остерегайтесь	223
Каждый в Исраэле, кто обрезан, должен предстать	225
Творец называется Адни	228
Нешикин	229
Вот Я посылаю ангела	233
Не вари козленка в молоке матери его	236
А Моше сказал: «Взойди к Творцу»	240
И на избранников сынов Исраэля	243
МЕЖДУНАРОДНАЯ АКАДЕМИЯ КАББАЛЫ	245
АННОТАЦИИ К КНИГАМ	246

Глава Мишпатим

И вот законы

1) «Провозгласил рабби Шимон и сказал: "И вот законы (мишпатим), которые ты изложишь пред ними"[1], и таргум[2]: и вот суды (диним), которые учредишь пред ними. И вот они – порядки кругооборота", ибо законы означают суды, "то есть суды душ", которые возвращаются в кругообороты в этом мире, "и каждой назначается согласно ее наказанию"».

---

[1] Тора, Шмот, 21:1. «И вот законы, которые ты изложишь пред ними».
[2] Таргум (תרגום) – дословно: перевод, т.е. перевод, интерпретация текстов Танаха на арамейском языке.

ГЛАВА МИШПАТИМ

Если купишь раба-еврея

2) «"Если купишь раба-еврея, шесть лет он будет служить, а в седьмой выйдет на свободу даром"³. (Сказал им рабби Шимон): "Друзья, настало время раскрыть несколько скрытых тайн кругооборота. "Если купишь раба-еврея, шесть лет он будет служить", – то есть, когда душа обязана совершить кругооборот", из-за прегрешений или потому, что не завершила при жизни своей Торы и заповедей, ее вынуждают вернуться в этот мир и облачиться в тело, т.е. снова родиться и довершить возлагаемое на нее во время семидесяти лет жизни в этом мире. "Если она со стороны (ангела) Матата" мира Брия, "включающего шесть ступеней" ХАГАТ НЕХИ, то сказано о нем: "Шесть лет он будет служить"³ – ее не вынуждают проходить кругообороты, но только до завершения" исправления "шести ступеней" ХАГАТ НЕХИ, "от того места, откуда она взята"», т.е. от Матата.

3) «"Но если душа со стороны Шхины, и она седьмая", т.е. Малхут Ацилута, седьмая по отношению к ХАГАТ НЕХИ Ацилута, "разумеется, что сказано о ней: "А в седьмой выйдет на свободу даром"³, потому что праведник, который удостоился души от Малхут Ацилута, "у него нет работы", т.е. это называется состоянием субботы, когда нет работы, т.е. выяснения мохин, действующих в нем. "И поскольку нет в нем работы, нет в нем порабощения. И о душе, которая исходит оттуда, сказано: "А в седьмой выйдет на свободу даром"³ – она не подневольна"».

4) «Тем временем спустился к нему старец, сказал ему: "В таком случае, рабби, что означает дополнение относительно души, которая от нее, о которой сказано: "Не совершай никакой работы ни ты, ни сын твой, ни дочь твоя, ни раб твой, ни рабыня твоя, ни скот твой"⁴?» Объяснение. «Ты, сын твой и дочь твоя» означает – нешама, руах, нефеш Ацилута, а «раб твой, рабыня твоя, скот твой» означает – нешама, руах, нефеш миров Брия, Ецира, Асия. Таким образом, даже о нешама мира Брия, в котором находится Матат, сказано: «Не совершай

---

³ Тора, Шмот, 21:2. «Если купишь раба-еврея, шесть лет он будет служить, а в седьмой выйдет на свободу даром».
⁴ Тора, Шмот, 20:9-10. «Шесть дней работай и делай всю работу свою. А день седьмой – суббота Творцу Всесильному твоему, не совершай никакой работы ни ты, ни сын твой, ни дочь твоя, ни раб твой, ни рабыня твоя, ни скот твой, ни пришелец твой, который во вратах твоих».

никакой работы», и у нее тоже есть это дополнение, что нет у нее порабощения, как и у нешама Ацилута.

5) «Сказал ему рабби Шимон: "Старец, старец, и ты об этом спрашиваешь. Ведь сказано, безусловно, о душе праведника", и она из мира Ацилут, "и хотя он должен нисходить в кругооборот во всех них, т.е. даже в раба, в рабыню и в скот, являющийся свойством "офаним", т.е. в мир Асия, "или во все создания, от которых происходят души людей, сказано о ней: "Не совершай никакой работы"⁴. Иначе говоря, сущность души (исходит) от мира Ацилут, но когда она вынуждена совершать кругообороты в рабе, рабыне и животном, относительно нее действует правило, что не должна совершать работы и быть подневольной. Но если сущность души исходит от миров БЕА, тогда выполняет работу и подневольна. "И это смысл сказанного: "Не порабощай его работой рабской"⁵ – т.е. праведника, являющегося свойством "день субботний", "не порабощай его работой рабской"⁵, т.е. работой Матата, "являющейся свойством "будний день"».

6) «"Но, старец, старец. Суббота – это единственная дочь", Малхут, "супруга праведника, который тоже – свойство субботы"», т.е. как сказано: «А в седьмой выйдет на свободу даром»³. «"В таком случае, что означает сказанное о нем: "Если другую возьмет себе"⁶?" Сказал ему: "Это, безусловно, отличие, так как она является обыденностью субботы"», о которой сказано: «Если другую возьмет себе»⁶. «"Ибо есть другая обыденность, не называемая обыденностью субботы, а называемая нечистотой служанки". Сказал ему: "А что такое обыденность субботы?" Сказал ему: "Это рабыня", находящаяся в мире Брия, "и это тело (гуф) единственной дочери", и единственная дочь, т.е. Малхут Ацилута, облачается в нее, как душа облачается в тело. И о ней (о рабыне) сказано: "Если другую возьмет себе"⁶».

7) «"Смотри, есть душа (нешама), называемая служанкой, и есть душа (нешама), называемая рабыней, а есть душа (нешама), которая называется дочерью Царя", так как каждая называется по имени того места, откуда она исходит, или места, в котором она проходит кругооборот. "А здесь есть кто-то (иш אִישׁ)"»,

---

⁵ Тора, Ваикра, 25:39. «И если обеднеет брат твой у тебя и продан будет тебе, не порабощай его работой рабской».

⁶ Тора, Шмот, 21:10. «Если другую возьмет себе, не должен лишать ее пищи, одежды и супружеской близости».

то есть: «А если кто-то (иш איש) продаст свою дочь в рабыни»[7], «"о котором сказано: "Творец – муж (иш איש) битвы"[8], т.е. Зеир Анпин Ацилута. "И есть кто-то (иш איש), о котором сказано: "Муж (иш איש) Гавриэль"[9]», находящийся в мире Брия. «А если кто-то продаст»[7] – это Творец, «свою дочь»[7] – нешама Ацилута, называемая единственной дочерью, «в рабыни»[7] – чтобы прошла кругооборот в мире Брия, в котором находится свойство гуф Шхины, называемое рабыней.

8) «"И поэтому о нешама, которая обязана пройти кругооборот, если она – дочь Творца", т.е. происходит от Малхут Ацилута, "не говори, что она продана чужому телу" клипы, "в котором властвует злое начало со стороны Сама, ни в коем случае" не говори так, "ведь сказано: "Я – Творец, это имя Мое, и славы Моей другому не отдам"[10] – т.е. злому началу"». Ибо, если душа происходит от Ацилута, несмотря на то, что она проходит кругооборот в мире Брия, нет у нее работы, и нет у нее порабощения (свойствам) клипот, как уже объяснялось.

9) «"И о том теле (гуф), в котором пребывает дочь Царя", называемая рабыней, "не говори, что оно продано в нижние кетеры нечистоты, ни в коем случае, так как сказано о ней: "А земля не должна продаваться навечно, так как Мне (принадлежит) земля"[11]. Что представляет собой тело (гуф) дочери Царя? Это Матат, и это тело (гуф) является рабыней Шхины", так как Шхина облачается в него. "И хотя это душа (нешама) дочери Царя, находящаяся там в неволе, она проходит там кругооборот. Что сказано о ней: "А если кто-то продаст свою дочь в рабыни, не выйдет она так, как выходят рабы"[7]».

10) «"И еще. "А если продаст кто-то"[7] – это Творец, "свою дочь"[7] – это Исраэль, исходящие со стороны единственной дочери", т.е. по причине того, что они исходят от Малхут, называются дочерью Его. "И если ты скажешь, что выйдут"

---

[7] Тора, Шмот, 21:7. «А если кто-то продаст свою дочь в рабыни, не выйдет она так, как выходят рабы».

[8] Тора, Шмот, 15:3. «Творец – муж битвы, Творец имя Его».

[9] Писания, Даниэль, 9:21. «И когда я еще возносил молитву, то муж Гавриэль, которого видел я прежде в видении, пролетая, на лету коснулся меня во время вечерней молитвы».

[10] Пророки, Йешаяу, 42:8. «Я – Творец, это имя Мое, и славы Моей другому не отдам, и хвалы Моей – идолам».

[11] Тора, Ваикра, 25:23. «И земля не должна продаваться навечно, так как Мне (принадлежит) земля; ибо пришельцы и поселенцы вы при Мне».

в будущем "как те", что вышли из Египта, которые были "со стороны "раба", т.е. Матата, "и бегством спасались из Египта", об этом сказано: "Не выйдет она так, как выходят рабы"⁷, и это смысл сказанного: "Ведь не в спешке уходить будете, и не бегством спасаться"¹²», – как это было при выходе со стороны раба Матата.

11) «"Смотри, когда человек рождается, ему дают нефеш от свойства "животное", со стороны чистоты, со стороны тех, которые называются "святые офаним", т.е. от мира Асия. "Удостоился большего – дают ему руах со стороны святых созданий", т.е. от мира Ецира. "Удостоился большего – дают ему нешама со стороны престола", т.е. от мира Брия. "И эти три – это рабыня, раб и служанка дочери Царя"», т.е. нешама, руах, нефеш, выходящие вследствие распространения Малхут в БЕА. Рабыня – это нешама в мире Брия, раб – руах в мире Ецира, служанка – нефеш в мире Асия.

12) «"Удостоился большего – дают ему нефеш на пути в Ацилут, со стороны единственной дочери, называемой дочерью Царя", т.е. Малхут мира Ацилут. "Удостоился большего – дают ему руах мира Ацилут, со стороны среднего столба", Зеир Анпина, "и называется сыном Творцу". И это означает: "Сыны вы Творцу Всесильному вашему"¹³. Удостоился большего – дают ему нешама со стороны Абы ве-Имы", Бины. "И это означает: "И вдохнул в ноздри его душу (нешама) жизни"¹⁴. Что значит "жизни"? Это "йуд-хэй יה", Аба ве-Има, "о которых сказано: "Всякая душа (нешама) восхвалит Творца (йуд-хэй יה)"¹⁵. И восполняется ими имя АВАЯ (הויה)"», ибо руах и нефеш Ацилута – это «вав-хэй וה», а нешама Ацилута – «йуд-хэй יה», и вместе они – АВАЯ (הויה).

13) «"Удостоился большего – дают ему АВАЯ (הויה) с таким наполнением букв: **йуд**-вав-далет יוד" "**хэй**-алеф הא"

---

¹² Пророки, Йешаяу, 52:12. «Ведь не в спешке уходить будете, и не бегством спасаться, ибо впереди вас пойдет Творец, и стражем позади вас – Всесильный Исраэля».

¹³ Тора, Дварим, 14:1. «Сыны вы Творцу Всесильному вашему. Не делайте на себе надрезов и не делайте плеши меж ваших глаз по умершему».

¹⁴ Тора, Берешит, 2:7. «И создал Творец Всесильный человека из праха земного, и вдохнул в ноздри его дыхание (досл. душу) жизни, и стал человек существом живым».

¹⁵ Писания, Псалмы, 150:6. «Всякая душа восхвалит Творца. Алелуйа!»

"**вав**-алеф-вав ואו" "**хэй**-алеф הא". И это свойство Адам (человек)", в геметрии МА (מה 45), "на пути к верхнему Ацилуту"», – т.е. Зеир Анпин в час, когда он облачает высшие Абу ве-Иму, и это свойство Хохма (חכמה), и это буквы слов «сила (коах כח) МА (מה)».
«"И называется по образу своего Господина. О нем сказано: "И властвуйте над рыбой морской, над птицей небесной и над всяким животным, что ползает по земле"[16] – и это означает, что его власть над всеми офаним, серафим и созданиями, и над всеми воинствами, и силами наверху и внизу. И поэтому, когда человек удостоился нефеш со стороны единственной дочери, сказано о нем: "Не выйдет она так, как выходят рабы"[7]».

---

[16] Тора, Берешит, 1:28. «И благословил их Всесильный, и сказал им Всесильный: "Плодитесь и размножайтесь, и наполняйте землю, и покоряйте ее, и властвуйте над рыбой морской и над птицей небесной, и над всяким животным, что ползает по земле"».

ГЛАВА МИШПАТИМ

Сава (старец)

14) «Рабби Хия и рабби Йоси встретились однажды ночью в башне Цора. Остановились там на ночь, радуясь друг другу. Сказал рабби Йоси: "Как я рад, что увидел лик Шхины, так как сейчас, во время всего этого пути, я был огорчен стариком-торговцем, задававшем мне вопросы на протяжении всего пути"».

15) Он спрашивал меня: «"Кто это змей, парящий в воздухе и ходящий в разъединении, но тем временем есть покой у одного муравья, который улегся меж зубами его? (Кто) начинает с соединения, а оканчивает разъединением?" И кто такой "орел, гнездящийся на дереве, которого не было? Птенцы его, которые были похищены, не относятся к созданиям, ибо были сотворены в месте, в котором не были сотворены. Когда они поднимаются – опускаются, а когда опускаются – поднимаются. Двое, являющиеся одним, и один, являющийся тремя. Что значит: красивая девица, у которой нет глаз, а тело прикрывается и открывается, она выходит утром и прячется днем, наряжается в украшения, которых не было?"»

Внутренняя суть сказанного. Мохин левой (линии), раскрывающиеся посредством выхода «йуд י» из воздуха (авир אויר) благодаря точке шурук,[17] называются парящими в воздухе.[18] И тогда Малхут – без зивуга с Зеир Анпином, и тогда есть питание у ситры ахра все то время, пока они еще без правой линии, и змей питается от святости, и это значение сказанного: «Змей, парящий в воздухе». И когда выходит средняя линия и с помощью экрана точки хирик уменьшает левую линию, чтобы она светила не сверху вниз, а только снизу вверх, и этим соединяет ее с правой,[19] тогда отделяется змей от святости, ибо нечем ему более питаться. И это смысл слов: «И ходящий в разъединении».

И эти суды экрана де-хирик, отталкивающие змея, чтобы тот не питался от левой линии, относятся к судам второго

---

[17] См. Зоар, главу Берешит, часть 1, п. 9. «Высшая точка, Арих Анпин, посеяла внутри чертога ИШСУТ три точки: холам, шурук, хирик...»

[18] См. Зоар, главу Берешит, часть 1, п. 33. «Когда от Арих Анпина есть первая точка, "йуд י", его "свет (ор אור)" раскрывается...»

[19] См. Зоар, главу Берешит, часть 1, п. 50. «Разногласие, которое было исправлено согласно высшему подобию...»

сокращения, и пришли они в силу подъема экрана Бины. И змей удерживается в этих судах. А яд, находящийся между зубами змея, которым он убивает людей, относится к судам первого сокращения, исходящим только от Малхут. И этот яд называется муравьем. И это смысл сказанного: «Но тем временем есть покой у одного муравья, который улегся меж зубами его». Ибо в то время, когда есть сила у змея удерживаться в судах второго сокращения, поднимающихся до Бины, он оставляет суды первого сокращения, которые находятся только в Малхут. И поэтому есть покой у этого муравья, который лежит между его зубами, поскольку он относится к судам первого сокращения.

А когда Малхут в зивуге с Зеир Анпином, и светит в ней левая линия, то если змей при этом приближается, чтобы питаться от левой линии, тотчас прекращается зивуг, и ему нечем питаться. И это смысл слов: «Начинает с соединения», – когда начинает питаться от соединения Малхут с Зеир Анпином, «а оканчивает разъединением», потому что тотчас прекращается зивуг.

И известно, что нет никакого суда в Бине, называемой орлом, ведь он милосерден к своим птенцам, т.е. ЗОН, и она берет на себя эти суды Малхут, уменьшаясь вследствие этого до ВАК, чтобы передать мохин ЗОН. Ибо во время гадлута снова опускаются суды из Бины на свое место в Малхут, и Бина возвращается к состоянию ГАР и передает мохин ЗОН.[20]

И это значение сказанного: «Орел, гнездящийся на дереве, которого не было». Мохин де-ВАК называются деревом, и орел, то есть Бина, гнездится там, поскольку она приняла суды этой Малхут, но этого дерева словно и не было. Ибо затем, во время гадлута, опускаются суды из Бины, и обнаруживается после всего, что не было никакого суда в Бине.

И когда Исраэль находятся в изгнании, сыновья, ЗОН, похищены от матери, Бины, т.е. ситра ахра питается от судов, действующих в ЗОН. Однако эти суды исходят от Бины со времени, когда она находится в катнуте, из-за подъема Малхут в нее. И поскольку суды Бины действуют в «дереве, которого не было», тем более суды в ЗОН, принимаемые от нее, – их словно и не

---

[20] См. Зоар, главу Берешит, часть 1, п. 3, со слов: «В свойстве суда, т.е. в свойстве Малхут мира АК, прежде чем она подсластилась в Бине, в свойстве милосердия, мир не мог существовать...»

было. Эти суды, исходящие из Бины, называются «бара (сотворил)» или Брия.[21]

И поэтому говорит: «Птенцы его, которые были похищены» – так как ситра ахра питается от судов, находящихся в них, и в силу этого наполнение это расхищается во время изгнания, «не относятся к созданиям (бриóт)» – т.е. нет в них судов мира Брия. «Ибо были сотворены в месте, в котором не были сотворены» – ибо то, что были созданы в судах Бины, речением «вначале сотворил (бара)»[21], это место, «в котором не были сотворены» – то есть само место, Бина, не является свойством Брия, ибо суды ее действуют в дереве, которого не было, тем более ЗОН, которые получают от нее. И таким образом, всё удержание ситры ахра в ЗОН во время изгнания безосновательно.

И известно, что когда средняя линия согласовывает правую и левую между собой, она исправляет левую, чтобы та светила только снизу вверх, а правая – сверху вниз.[19] Поэтому сказано: «Когда они поднимаются – опускаются», – так как свечения правой, которые раньше происходили в подъеме снизу вверх, т.е. были в свойстве ВАК, светят теперь в нисхождении сверху вниз. «А когда опускаются – поднимаются», – а света левой, которые светили раньше сверху вниз, в нисхождении, светят теперь только путем подъема снизу вверх. «Двое, являющиеся одним», – т.е. благодаря этому становятся две линии, правая и левая, одной. «И один, являющийся тремя» – средняя линия, являющаяся одной, приобретает все три линии, становясь тремя. И то, что говорит старец далее: «И это один, являющийся двумя»[22], он говорит это, как о промежуточном состоянии, так же как говорит здесь: «Теперь, двое – это трое, а трое – они как один»[23]. И это – промежуточное состояние.

И вот, Малхут, после того, как уменьшилась и опустилась в место от хазе и ниже Зеир Анпина, нет у нее собственной Хохмы. И это смысл сказанного: «Красивая девица, у которой нет глаз», потому что Хохма называется глазами. И ту Хохму, которая у нее есть, она получает от Зеир Анпина. «А тело

---

[21] См. Зоар, главу Берешит, часть 1, п. 4, со слов: «И так "начало (решит)" создало этого скрытого, который непознаваем в этом чертоге...»
[22] См. ниже, п. 116.
[23] См. ниже, п. 17.

прикрывается и открывается» – т.е. иногда она укрыта от свечения Хохмы, а иногда открывается в ней Хохма. И объясняет: «Она выходит утром», – т.е. выходит светить Хохмой в зивуге предрассветной зари, «и прячется днем» – днем она во власти Зеир Анпина, и Хохма укрывается в ней, как в Зеир Анпине. «Наряжается в украшения, которых не было» – т.е. эти украшения исходят к ней от судов и состояния катнут Бины.[24] И поскольку суды Бины действуют в дереве, которого не было, как сказано выше, то и эти украшения находятся в свойстве «украшения, которых не было».

16) «"Все это он спрашивал в пути, и я был огорчен, а теперь чувствую успокоение. Если б мы были вместе, то занимались бы речениями Торы, а так мне пришлось проводить время за другими речами, никому не нужными". Сказал рабби Хия: "А этот торговец-старик, разве ты знаешь его?" Сказал ему: "Знаю я, что нет смысла в его словах, ведь если бы он знал, то занялся бы Торой, и путь не прошел бы впустую". Сказал рабби Хия: "А этот торговец тут? Ведь порой среди этих пустых ты можешь встретить человека, речи которого просто золото". Сказал ему: "Он здесь, кормит своего осла"».

17) «Позвали его, и он предстал перед ними, сказав им: "Теперь двое – это трое"», – ибо после того, как он присоединился к ним, их стало трое. «"А трое – они как один"», – то есть, что они соединились вместе. «Сказал рабби Йоси: "Разве не говорил я тебе, что все слова его бессмысленны, и произносит он их впустую?!" Сел он перед ними».

18) «Сказал им: "Мудрейшие, я вот стал торговцем, и совсем недавно, ведь сначала я не был торговцем, но был у меня маленький сын, и я отдал его в школу, и хотел, чтобы он занимался Торой", потому и стал торговцем, для того чтобы я мог поддерживать его. "И когда вижу какого-нибудь мудреца, идущего по дороге, я еду за ним на своем осле, а в этот день я думал, что услышу новое в Торе, но ничего не услышал"».

19) «Сказал рабби Йоси: "Из всех речей, которые я слышал, из сказанного тобой, я удивился только одному, – то ли сказал

---

[24] См. «Предисловие книги Зоар», статью «Мать одалживает свои одежды дочери», п. 17, со слов: «Поэтому сказано: "В час, когда буквы ЭЛЕ нисходят сверху, из Бины, вниз, к Малхут"...»

ты это по глупости, то ли это просто бессмысленные слова". Спросил старик: "И что это?" Сказал рабби Йоси: "Красивая девица, у которой нет глаз..."»

20) «Заговорил тот старец, сказав: "Творец со мной, не устрашусь. Что сделает мне человек? Творец мне в помощь, и увижу я (гибель) врагов моих. Хорошо уповать на Творца, вместо того чтобы надеяться на человека"[25]. Как хороши и приятны, и дороги, и возвышены речения Торы, и как же говорю перед мудрейшими, что до сих пор я не слышал из их уст ни одного слова. Но мне есть, что сказать, ибо нисколько не стыдно произнести перед всеми речения Торы"».

21) «Произнес молитву этот старик, провозгласил и сказал: "И дочь коэна, если выйдет замуж за человека постороннего, из святого возношения не должна она есть"[26]. Этот отрывок следует сразу за другим отрывком: "Но если дочь коэна станет вдовою или разведенною, и детей нет у нее, и возвратится она в дом отца ее, как в юности своей, тогда она может есть хлеб отца своего. Никакому же постороннему нельзя есть его"[27]. Эти изречения понимаются в их простом смысле, но речения Торы несут в себе скрытый смысл"», и за каждым словом скрываются тайны.

22) «"И сколько же речений мудрости скрыто в каждом слове Торы, но они известны мудрецам, знающим пути Торы. Ибо Тора – это не увиденное в сновидениях и сообщенное тому, кто разгадывает их, и происходящее согласно устам разгадавшего их. Ведь вместе со всем этим необходимо разгадать их соответственно их путям. И если увиденное в сновидениях необходимо разгадывать согласно их пути, то уж тем более в речениях Торы, являющих собой радость святого Царя, следует идти путем истины. Как сказано: "Ведь прямы пути

---

[25] Писания, Псалмы, 118:6-8. «Творец со мной, не устрашусь. Что сделает мне человек? Творец мне в помощь, и увижу я (гибель) врагов моих. Хорошо уповать на Творца, вместо того чтобы надеяться на человека».

[26] Тора, Ваикра, 22:12. «И дочь коэна, если выйдет замуж за постороннего, из святого возношения не должна она есть».

[27] Тора, Ваикра, 22:13. «Но если дочь коэна станет вдовою или разведенною, и детей нет у нее, и возвратится она в дом отца ее, как в юности своей, то она может есть хлеб отца своего. Никакому же постороннему нельзя есть его».

Творца – праведники пройдут по ним, а грешники споткнутся на них"²⁸».

23) «"Теперь следует сказать: "И дочь коэна"²⁶ – это высшая душа, дочь праотца Авраама, первого из принявших веру", и это Хесед. "И он притягивает (наполнение) для этой души из высшего места", Бины. "И чем отличается изречение, в котором сказано: "И дочь священнослужителя"²⁹ от изречения, где сказано: "И дочь коэна"²⁶. Есть коэн, называемый священнослужителем, но еще не коэн на самом деле. И так же есть коэн, и есть помощник, и есть великий коэн, а есть коэн, который не называется великим. Простой коэн больше и выше, чем коэн-служитель. И поэтому" есть ступени у души: "есть нешама, и есть руах, и есть нефеш"». От великого коэна – нешама, от коэна – руах, от коэна-служителя – нефеш.

24) «"И дочь коэна, если выйдет замуж за постороннего"²⁶ – это святая душа (нешама), которая низошла из высшего места", Бины, "и она входит внутрь скрытого в Древе жизни", т.е. в Зеир Анпине. "И когда дух (руах) высшего коэна", Хеседа Зеир Анпина, "веет и дает души (нешамот)" – т.е. облачает эти души в Хесед, и дает их "в это дерево", Зеир Анпин, "то воспаряют оттуда эти души (нешамот) и входят в одну сокровищницу"», Малхут.

25) «"Горе миру, жители которого не умеют беречься, и они вызывают нисхождение" души в тело, в момент их соединения (зивуга), "вместе со злым началом, которое и есть этот "посторонний"²⁶. "И дочь коэна"²⁶ эта", т.е. душа (нешама), "опускается вниз и находит строение", т.е. тело (гуф), "в этом "постороннем"²⁶. И поскольку таково желание господина ее, она входит туда и покоряется, и не может властвовать, и не восполняется в этом мире, когда выходит из него. "Из святого возношения не должна она есть"²⁶, – в отличие от всех остальных душ, которые восполнились в этом мире"».

26) «"И есть еще один смысл в этом изречении: "И дочь коэна, если выйдет замуж за постороннего"²⁶. Подвергается позору

---

²⁸ Пророки, Ошеа, 14:10. «Кто мудр, да разумеет это, благоразумный пусть поймет это: ведь прямы пути Творца – праведники пройдут по ним, а грешники споткнутся на них».

²⁹ Тора, Ваикра, 21:9. «И дочь священнослужителя, если опорочит себя блудом, отца своего она порочит, на огне сожжена будет».

эта святая душа, "если выйдет замуж за постороннего"²⁶, – т.е. нисходит к пришельцу, принявшему веру, опустившись к нему из Эденского сада скрытым путем, к строению", т.е. телу, "построенному из нечистоты крайней плоти", ибо отцы его не были обрезаны. Это означает – "за постороннего"²⁶».

27) «"И это тайна, которая выше всего. На столбе, установленном для того, чтобы взвешивать на нем, в движущемся воздухе, есть весы в одной стороне", правой, "и есть другие весы в другой стороне", с левой стороны. "В одной стороне", правой, – "весы верные"³⁰, а в другой стороне", левой, – "весы неверные"³¹. Эти весы никогда не бывают в покое, и души (нешамот) поднимаются и опускаются, приходят и возвращаются", (проходя) через эти весы. "И есть захваченные души, когда властвует человек" ситры ахра "над человеком" святости, "как сказано: "Когда человек властвует над человеком во вред ему"³², – во вред ему, несомненно"».

Пояснение сказанного. Ты уже знаешь, что средняя линия, которая согласовывает и наполняет жизнью две линии, правую и левую, разделяет их так, что правая линия светит сверху вниз, а левая линия может светить только снизу вверх, а не сверху вниз.³³ И это смысл слов: «Столб, установленный для того, чтобы взвешивать на нем», т.е. это средний столб, поддерживающий два света, правый и левый. И взвешивает их, как на весах, поскольку свечение правой линии тянет вниз, к нижним, а свечение левой линии поднимает наверх, и благодаря этому находится язычок весов посередине, не отклоняясь ни вправо, ни влево, и обе они находятся вместе, каждая согласно тому, что свойственно ей. И сказано: «В движущемся воздухе»,

---

[30] Тора, Ваикра, 19:35-36. «Не совершайте несправедливости на суде, в измерении, в весе и в мере. Весы верные, гири верные, эйфа верная и ин верный пусть будут у вас. Я – Творец Всесильный ваш, который вывел вас из страны египетской».

[31] Писания, Притчи, 11:1. «Неверные весы – мерзость пред Творцом, верный же камень (вес) – благоволение Его».

[32] Писания, Коэлет, 8:9. «Все это видал я, принимая к сердцу своему все дела, что делаются под солнцем, когда человек властвует над человеком во вред ему».

[33] См. Зоар, главу Берешит, часть 1, п. 50. «Разногласие, которое было исправлено согласно высшему подобию...»

потому что свечение левой раскрывается посредством выхода «йуд י» из воздуха (авир אויר) в точке шурук.³⁴

И когда этот средний столб светит в Малхут, там образуются два вида весов:
1. Весы верные, т.е. как взвешивание среднего столба: притягивать свечение правой сверху вниз, а свечение левой – только снизу вверх.
2. Весы неверные, т.е. включение ситры ахра, тянущие свечение левой сверху вниз.

И по причине этих двух весов, Малхут называется Древом познания добра и зла. И если душа получает от весов неверных, тогда она захватывается властью ситры ахра. И такие души называются захваченными душами. И тогда сказано: «Когда человек властвует над человеком во вред ему»³² – когда человек, относящийся к ситре ахра, властвует над человеком святости, но это – «во вред ему»³², как выяснится далее.

28) «"Но эта душа, которая была у ситры ахра, называемой посторонним, и была захвачена им, – она "во вред ему"³², этому постороннему. "Из святого возношения не должна она есть"²⁶ как остальные души, пока Творец не сделает с ней то, что сделает", т.е. пока не исправит ее, как выяснится далее. Поэтому и говорит здесь Писание: "И дочь коэна, если выйдет замуж за постороннего"²⁶, – будет так"», что «от святого возношения она не должна есть»²⁶.

29) «"Здесь содержится тайна: как захватываются души. Ведь в этом мире все совершается посредством Древа познания добра и зла", т.е. Малхут. "И когда жители мира идут стороной добра", в согласовании средней линии, как мы уже говорили, "весы стоят и перевешивают на сторону добра. А когда идут согласно стороне зла", т.е. притягивают свечение левой сверху вниз, "то склоняют весы на ту сторону", – ситры ахра. "И все души, находившиеся в этот час на весах, захватывает" ситра ахра "и забирает их себе"».

30) «"Однако "во вред ему"³² – ситре ахра, "потому что эти души подавляют всё, что находят со стороны зла, и уничтожают

---
³⁴ См. Зоар, главу Берешит, часть 1, п. 33. «Когда от Арих Анпина есть первая точка, "йуд י", его "свет (ор אור)" раскрывается...»

это. И показатель этого – Ковчег завета, который был захвачен филистимлянами, и они владели им, во вред себе", ибо поражены были им и они и божества их.[35] "И также здесь, те души, которые были захвачены ситрой ахра, это во вред ему"».

31) «"Что происходит с этими душами?" – захваченными. "Мы видели в книгах основоположников, что от них происходят праведники народов мира и незаконнорожденные ученики мудрецов. Незаконнорожденные ученики мудрецов имеют преимущество перед великим коэном, относящимся к народу земли. И они более важны в мире, хотя он", великий коэн, "входит в самые внутренние покои", в святая святых. "В какой-то момент всплакнул этот старец. Удивились товарищи, но ничего не сказали"».

32) «Провозгласил старец этот и сказал: "Если неугодна она в глазах господина ее, который себе назначал ее, пусть содействует выкупу ее, но чужому народу не властен продать ее"[36]. В этом отрывке говорится об этой тайне", о захваченных душах. "А если кто-то продаст дочь свою в рабыни, не выйдет она так, как выходят рабы. Если неугодна она в глазах господина ее..."[36] Господин мира, кто не убоится Тебя, ведь Ты правишь над всеми царями мира, как сказано: "Кто не убоится Тебя, Царь народов, как и подобает Тебе"[37]».

33) «"Сколько же есть людей в мире, которые путаются и неправильно понимают это изречение. Все произносят его, однако не согласны с этим изречением. Разве Творец называется "Царь народов"[37]? Он ведь Царь Исраэля, и так Он называется, ведь сказано: "Когда Всевышний давал уделы народам"[38], и сказано: "Ибо удел Творца – народ Его[39]. И поэтому Он называется Царем Исраэля. И если скажешь, что Он зовется

---

[35] См. Пророки, Шмуэль 1, 5.
[36] Тора, Шмот, 21:7-8. «А если кто-то продаст свою дочь в рабыни, не выйдет она так, как выходят рабы. Если неугодна она в глазах господина ее, который себе назначал ее, пусть содействует выкупу ее, но чужому народу не властен продать ее, отступившись от нее».
[37] Пророки, Йермияу, 10:7. «Кто не убоится Тебя, Царь народов, как и подобает Тебе, ибо среди всех мудрецов народов и во всем их царстве нет подобного Тебе».
[38] Тора, Дварим, 32:8. «Когда Всевышний давал уделы народам, разделяя людей, установил Он пределы народов по числу сынов Исраэля».
[39] Тора, Дварим, 32:9. «Ибо удел Творца – народ Его, Яаков – наследственное владение Его».

Царем народов, это ведь восхваление им, что Творец воцарился над ними, в отличие от распространенного мнения, что они переданы Его служителям и наместникам"».

34) «"И кроме того, в конце этого высказывания говорится: "Ибо среди всех мудрецов народов и во всем их царстве нет подобного Тебе"[37] – всё это является восхвалением для остальных народов. И удивительно, как они не возносятся благодаря этому изречению в выси небесные?" Поскольку это изречение дает их мудрецам и их правлению какое-то отношение к Творцу, и вследствие этого следует сказать, что Творец величественнее их. "Однако Творец ослепляет глаза их, и они не знают о Нем ничего. Именно поэтому мы говорим, что все они ничего не значат, ничто и пустое место. Как сказано: "Все народы как ничто пред Ним, меньше ничтожества и пустоты значат они для Него"[40]. Ведь очень возвышенной и почитаемой высшей основой делает их это изречение"», говоря: «Ибо среди всех мудрецов народов и во всем царстве их нет подобного Тебе»[37].

35) «Сказал рабби Хия: "Ведь сказано: "Воцарился Всесильный над народами"[41]. Сказал ему: "Я вижу, что ты был за их стеной, и вышел с этим изречением, чтобы помочь им. Надо было ответить мне сначала на то, что я сказал. Но поскольку застал я тебя в пути, переведу я тебя оттуда, и оттуда пойду переводить все"».

36) «"Все имена и дополнительные имена, которые есть у Творца, все они распространяются по своим путям, и все они облачаются одни в другие, и все они делятся на известные пути и тропинки, кроме одного имени, избранного из всех остальных имен, которые завещал Он единственному народу, избранному из всех остальных народов. И это – "**йуд**-вав-далет יוד" "**хэй**-алеф הא" "**вав**-алеф-вав ואו" "**хэй**-алеф הא". Как сказано: "Ибо удел Творца – народ Его"[39]. И сказано: «А вы, слившиеся с Творцом (АВАЯ הויה)»[42] – т.е. слиты именно с этим именем больше, чем со всеми остальными именами"».

---

[40] Пророки, Йешаяу, 40:17. «Все народы как ничто пред Ним, меньше ничтожества и пустоты значат они для Него».
[41] Писания, Псалмы, 47:9. «Воцарился Всесильный над народами, Всесильный воссел на престоле святом Своем».
[42] Тора, Дварим, 4:4. «А вы, слившиеся с Творцом Всесильным вашим, – живы все вы ныне».

37) «"И одно имя из всех Его имен, распространившееся по многим путям и тропам, которое называеся Элоким, Он завещал и дал в удел нижним, находящимся в этом мире. И это имя было передано в удел служителям и управляющим, поставленным над остальными народами, как сказано: "И явился Всесильный (Элоким) Биламу ночью"[43]. И сказано: "И явился Всесильный (Элоким) Авимелеху во сне ночью"[44]. И также любой из правителей, которых Творец назначил остальным народам, содержится в этом имени. И даже преклонение божествам называется этим именем. И именно это имя воцарилось над народами, а не имя Того, кто воцарился над Исраэлем", т.е. имя АВАЯ, "которое является единственным для единственного народа, народа Исраэля, святого народа"».

38) «"И если ты скажешь, что таким же путем можно установить и сказанное: "Кто не убоится Тебя, Царь народов"[37], что имя, которое воцарилось над народами, это имя Элоким, ибо в нем пребывает страх и суд пребывает в нем, то это не так. И не об этом говорится, ведь в таком случае даже преклонение божествам будет включено в эту совокупность"», – «Кто не убоится Тебя»[37], ведь идолопоклонство тоже называется именем «элоким».

39) «"Но поскольку стена, за которой ты стоял, устранилась, сказанное остается на своем месте, даже при первом рассмотрении. "Кто не убоится Тебя, Царь народов"[37]. Если ты скажешь, что "Царь народов" указывает на Творца, то это не так. Но смысл этого – кто тот царь народов, который не убоится Тебя, и не устрашится Тебя, и не будет трепетать перед Тобой. Как если бы было сказано: "Кто царь народов, который не убоится Тебя". Подобно этому: "Славьте Творца (Алелуйа)! Славьте, служители Творца, славьте имя Творца!"[45] – тот, кто это слышит, не понимает, о чем он говорит. После того, как говорит: "Славьте Творца"[45], говорит также: "Славьте, служители Творца"[45], – следовало ему сказать: "Служители Творца, славьте

---

[43] Тора, Бемидбар, 22:20. «И явился Всесильный Биламу ночью, и сказал ему: "Если звать тебя пришли люди эти, встань, иди с ними, но только то, что Я говорить буду тебе, то делай"».

[44] Тора, Берешит, 20:3. «И явился Всесильный Авимелеху во сне ночью и сказал ему: "Вот ты умираешь за женщину, которую взял, ибо она замужняя"».

[45] Писания, Псалмы, 113:1-3. «Алелуйа! Славьте, служители Творца, славьте имя Творца! Да будет имя Творца благословенно отныне и вовеки. От восхода солнца до заката его прославлено имя Творца».

имя Творца"». И вместе с тем это необходимо (произнести), хотя воззвание: «Славьте Творца» указывает на служителей Творца. «"Так же и здесь"» – хотя сказанное раньше: «Кто не убоится Тебя»[37] указывает на царя народов, это всё равно, как «"если бы было сказано: "Кто царь народов, который не убоится Тебя". И всё сказано так, как нужно"».

40) «"Ибо среди всех мудрецов народов и во всем царстве их нет подобного Тебе"[37]. То есть, что это за высказывание, которое распространилось среди них, в их мудрости? "Нет подобного Тебе"[37], и все признают это. Когда постигают в мудрости своей "деяния Твои и мощь Твою"[46], это высказывание распространяется среди них, и они говорят: "Нет подобного Тебе". И смысл сказанного – "среди всех мудрецов народов и во всех царствах говорят они: "Нет подобного Тебе", и это распространяется среди них". Возрадовались товарищи, и заплакали, но ничего не сказали. И он тоже всплакнул, как раньше».

41) «Провозгласил он и сказал: "И сказала она Аврааму: "Изгони эту рабыню и сына ее"[47]. Товарищи указали, что Сара стремилась устранить идолопоклонство из дома своего, и поэтому сказано: "Во всём, что скажет тебе Сара, слушайся голоса ее"[48]», поскольку «рабыня» – это свойство идолопоклонства. «"Здесь сказано: "А если кто-то продаст свою дочь"[36] – т.е. душу (нешама), которая проходит кругообороты за дурные деяния, совершаемые в мире, "в рабыни"[36] – т.е. другой стороне, имеющейся в плохом кругообороте весов, которые снова стали весами неверными. И она (душа) была захвачена" ситрой ахра, и при освобождении ее оттуда, "не выйдет она так, как выходят рабы"[36], т.е. все захваченные души"», а украсится венцом над головой, как мы еще выясним.

42) «"Что это за души, о которых говорится здесь? Это тайна. Это души малых детей, набирающиеся сил от своих матерей, и Творец видит, что если они воплотятся в мире, воссмердит

---

[46] Писания, Псалмы, 145:4. «Из поколения в поколение славить будут деяния Твои и мощь Твою возвещать».

[47] Тора, Берешит, 21:10. «И сказала она Аврааму: "Изгони эту рабыню и сына ее, ибо не наследовать сыну этой рабыни с моим сыном, с Ицхаком"».

[48] Тора, Берешит, 21:12. «И сказал Всесильный Аврааму: "Да не будет скверным в твоих глазах то, что сделаешь ты с отроком и рабыней своей. Во всем, что скажет тебе Сара, слушайся голоса ее, ибо в Ицхаке наречется тебе потомство"».

дух их и закиснут, как негодное вино, и поэтому забирает Он их, когда они еще малы, пока еще исходит от них приятный запах"».

43) «"Что делает им Творец? Оставляет их, чтобы их захватила та рабыня, и это Лилит. И когда они отданы в ее власть, она радуется этому ребенку и хватает его, и забирает из мира, пока он еще питается от силы своей матери"».

44) «"И если ты скажешь, что эти души принесут добро в мир, то это не так. Ведь сказано: "Если неугодна она в глазах господина ее"[36] – поскольку она станет противна этому человеку по прошествии времени, если он будет жить с ней. Эта душа забирается, а другая не забирается. О них сказано: "И увидел я всех притесненных"[49]. Это означает: "Если неугодна она в глазах господина ее"[36]».

45) «"Если неугодна она в глазах господина ее, который себе назначал ее, пусть содействует выкупу ее, но чужому народу не властен продать ее, отступившись от нее"[36]. "Который себе (не) назначал ее" – "не (ло לא)" написано с буквой "алеф א". Если мы скажем, что иной стороне отдал ее Творец со дня ее появления, – нет, (это не так). Ибо теперь, в круговороте весов, "себе назначал ее"[36]. "Себе (ло לו)" с "вав ו", – чего не было прежде этого"».

46) «"Сказано: "Пусть содействует выкупу ее"[36]. Что значит: "Пусть содействует выкупу ее"[36]? – Что выкупает ее Творец сейчас, пока она еще источает благовоние, прежде, чем станет неугодна, и поднимает ее к высочайшим вершинам, в Свое собрание. И если ты скажешь, что когда она захвачена иной стороной, Он отдает ее, как мы уже сказали,[50] праведникам других народов и незаконнорожденным ученикам мудрецов, то Писание подтверждает обратное: "Но чужому народу не властен продать ее"[36], безусловно, "отступившись от нее"[36] – т.е. отправил ее под гнет круговорота весов, то" отдаст ее "Исраэлю, но не иному. И когда выходит она из-под власти весов, "не выйдет она, как выходят рабы"[36], а будет украшена венцом, возложенным на голову ее"».

---

[49] Писания, Коэлет, 4:1. «И вновь увидел я всех притесненных, которые созданы под солнцем, и вот слезы притесненных, но нет им утешителя, и от руки их притеснителей сила, но нет им утешителя».

[50] См. выше, п. 31.

47) «"И если ты скажешь, что иная сторона входит в этого ребенка", – что у нее есть власть над душой его, "то это не так", но та берет ее и радуется с ней. Но она, выпорхнув, освобождается от нее и попадает в то место" ситры ахра. "И та приходит к ребенку, и радуется с ним, и забавляется с ним, желая обладать этой плотью настолько, что затем уже Творец забирает душу его, а она (забирает) тело его. А затем уже – всё во власти Творца"».

48) «"Не выйдет она, как выходят рабы"³⁶. Что значит: "Как выходят рабы"? Однако в час, когда она выходит от весов, и та сторона пребывает в радости, записывает ее Творец и отмечает печатью одного перстня, и простирает над ней Свое облачение величия, святое имя, называемое Элока. И это означает: "Отступившись (бе-вигдо́ בְּבִגְדוֹ)⁵¹ от нее"³⁶ – т.е. облачение величия Царя простирает Он над ней, и тогда она защищена, чтобы не быть отданной "чужому народу"³⁶ – праведникам народов мира и незаконнорожденным ученикам мудрецов, как мы уже сказали, "а только Исраэлю"».

49) «"И это означает сказанное: "Как в дни, когда хранил меня Творец (Элока)"⁵² – т.е. это облачение величия, называемое Элока, как мы сказали. И об этом сказано: "Но чужому народу не властен продать ее, отступившись (бе-вигдо́ בְּבִגְדוֹ) от нее"³⁶ – в то время, когда облачение величия Царя у нее. И поскольку облачение Его на ней, сказано: "Чужому народу не властен продать ее"³⁶».

50) «"Что это за власть, которая есть у той стороны над этой душой?", – ведь он сказал раньше, что Творец дает власть ситре ахра захватить душу. "Смотри, все жители мира находятся во власти святого Царя, и все они должны находиться в этом мире до того времени, пока он не пожелает вознести их из мира". И нет власти у ситры ахра вредить до этого времени. А у нее (у души) нет назначенного времени находиться в нем, поэтому она (ситра ахра) потешается над ней и радуется ей"», и выводит ее из мира. И получается, что из-за того, что у нее нет назначенного времени, дана власть ситре ахра захватить ее.

---

51 Бе-вигдо́ (בְּבִגְדוֹ) переводится также – в облачении Его.
52 Писания, Иов, 29:2. «Был бы я, как в прежние месяцы, как в дни, когда хранил меня Творец».

51) «"И есть еще предупреждения людям в этих изречениях, а сколько хороших высших советов есть в речениях Торы. И все они являются истинными на пути истины, и они известны мудрецам, знающим путь истины и идущим по нему. В то время, когда пожелал Творец создать мир, поднялся он в желании перед Ним, и воспроизвел Он образы всех будущих душ, которые должны были быть вручены затем людям. И все они сформировались перед Ним точно в том виде, в котором им предстоит затем находиться в людях, и Он видел каждую из них"».

52) «"И есть среди них такие, которые в будущем испортят свои пути в мире, и в час, когда наступило их время" опуститься в мир, "Творец призывает эту душу, говоря ей: "Отправляйся и иди в такое-то место, в такое-то тело". Ответила Ему: "Владыка мира, достаточно мне этого мира, в котором я нахожусь, и не пойду я в другой мир, чтобы порабощали меня и чтобы быть мне нечистой среди них". Сказал ей Творец: "Со дня твоего создания ты предназначена для этого – находиться в том мире", в теле. "Когда душа узнает это, она поневоле опускается и входит туда"», – в тело.

53) «"Тора, дающая совет всему миру, когда узнает это, предупреждает жителей мира, говоря: "Посмотрите, насколько милосерден к вам Творец – драгоценную жемчужину, которая была у Него", т.е. душу, "Он отдал за бесценок, чтобы добивались обладания ею (порабощали ее) в этом мире"».

54) «"А если кто-то продаст"[36] – т.е. Творец, "свою дочь" – святую душу, "в рабыни"[36] – быть рабыней, порабощенной среди них в этом мире, просьба к вам, чтобы в час, когда придет ее время выйти из этого мира, "не выйдет она так, как выходят рабы"[36] – не выйдет она погрязшей в грехах, а выйдет свободной, светлой и чистой, чтобы возрадовался ей Господин ее и гордился ею, и дал ей превосходную награду в чистоте Эденского сада, как сказано: "И насыщать в чистоте душу твою"[53]. И это, разумеется, когда душа выйдет светлой и чистой, как подобает"».

---

[53] Пророки, Йешаяу, 58:11. «И Творец будет вести тебя всегда, и насыщать в чистоте душу твою, и кости твои укрепит, и будешь ты, как сад орошенный и как источник, воды которого не иссякают».

55) «"Но "если неугодна она в глазах господина ее"³⁶, – когда выходит она запятнанной в скверне прегрешений, не представ перед Ним в подобающем виде, горе тому телу, которое лишилось этой души навсегда. Ибо когда души возносятся просветленными и выходят чистыми из этого мира, каждая душа входит в книгу, находящуюся в мошне Царя. Мошна – это кожаная сума, в которую складывают книги, договоры и ценные бумаги, и все они испещрены именами, и говорит Он: "Это душа такого-то, она предназначена такому-то телу, которое оставила". И тогда сказано: "Который себе назначал ее"³⁶».

56) «"Но "если неугодна она в глазах господина ее"³⁶, так как погрязла в прегрешениях и в скверне грехов, тогда: "Не (ло לא) назначал ее"³⁶ – с "алеф א" написано, и пропадает это тело у нее, и она не предназначена ему. Кроме той души, которая угодна господину ее, поскольку тело совершило в нем возвращение, тогда написано: "Пусть содействует выкупу ее"³⁶, как сказано: "Спасет Он душу его, чтобы не сошла в могилу"⁵⁴. "Пусть содействует выкупу ее"³⁶ – указывает на человека, т.е. совет Его заключается в том, чтобы способствовал выкупу ее и совершил возвращение. На две стороны" указывает Писание при выкупе, – "на Творца", чтобы Он выкупил ее из ада, и на человека, чтобы выкупил ее, совершив возвращение. А после того, как он совершил возвращение, выкупает их Творец, спасая от пути ада"».

57) «"Но чужому народу не властен продать ее"³⁶. Кто называется чужим народом? Душа подвергается позору, когда выходит из мира, а человек уклоняется от прохождения пути вместе с ней. Она просит поднять ее наверх, в станы святости, потому что станы святости стоят на пути в Эденский сад. А станы язычников", т.е. ангелов-губителей, "стоят на пути в ад"».

58) «"Если душа удостоилась и защищена простертым над ней облачением величия", т.е. именем Элока,⁵⁵ "множество святых станов назначено для нее, чтобы соединиться с ней и привести ее в Эденский сад. Если не удостоилась, множество станов язычников назначено для того, чтобы привести ее к аду. И в будущем эти станы ангелов-губителей совершат возмездие

---

⁵⁴ Писания, Иов, 33:28. «Спасет Он душу его, чтоб не сошла в могилу, и жизнь его увидит свет».
⁵⁵ См. выше, п. 48.

над ней. Поэтому предупреждает Писание: "Но чужому народу не властен продать ее"[36] – это ангелы-губители, "отступившись от нее"[36] – это облачение защиты, т.е. Творец делает для нее защиту, чтобы не начал властвовать над ней чужой народ, этим простиранием защиты над ней"», т.е. имени Элока.

59) «"Смотри, насколько должен быть осторожен человек, чтобы не совратить пути свои в этом мире. И если удостоился человек в этом мире и оберегает свою душу как подобает, это человек, который желанен Творцу, и восхваляется Им каждый день среди приближенных Его. И говорит Он: "Смотрите – вот сын Мой святой, который есть у Меня в том мире, сделал он то-то и то-то, так-то и так-то исправлены деяния его"».

60) «"И когда эта душа выходит из этого мира чистой, непорочной и светлой, Творец светит ей множеством светов, провозглашая о ней каждый день: "Вот душа сына Моего такого-то, сохранена она будет для того тела, которое оставила"».

61) «"А если сыну своему назначал ее, то по дочернему праву пусть поступит с ней"[56]. Что значит "по дочернему праву"? Здесь содержится тайна для мудрых. Внутри мощной скалы", т.е. мира Брия, "на скрытом небосводе", самом высшем из всех небосводов, которые есть там, "находится один чертог, называемый чертогом любви", стоящий под святая святых мира Брия. Там скрыты сокровища, и все поцелуи царской любви находятся там. И души, которые любимы Царем, входят туда"».

62) «"Когда Царь входит в этот царский чертог, сказано: "И поцеловал Яаков Рахель"[57] – т.е. там происходит зивуг де-нешикин, "и Творец находит там эту святую душу, тут же привечает и целует ее, и обнимает ее, и возносит ее вместе с Собой, и радуется ей"».

63) «"И это означает: "По дочернему праву пусть поступит с ней"[56] – как отец поступает с дочерью, которая мила ему, – он целует ее и обнимает ее, и делает ей подарки. Так же поступает Творец с душой, удостаивающейся каждый день"».

---

[56] Тора, Шмот, 21:9. «А если сыну своему назначал ее, то по дочернему праву пусть поступит с ней».

[57] Тора, Берешит, 29:11. «И поцеловал Яаков Рахель, и возвысил голос свой, и заплакал».

64) «"То есть, как сказано: "Так поступит Он с уповающим на Него"[58]. Как эта дочь", т.е. душа, "довершила действие в этом мире, так и Творец довершает для нее другое действие – в мире будущем. Как сказано: "Глаз не видел иных божеств, но лишь Тебя, – так поступит Он с уповающим на Него"[58]. А здесь сказано: "Поступит с ней"[56]», – по правилу идентичности «поступит – поступит»,[59] т.е. также и здесь поступит с ней, как сказано: «Глаз не видел иных божеств, но лишь Тебя, – (так) поступит Он с уповающим на Него»[58] «"за это". Распростерся этот старец" по земле "и произнес молитву. Заплакал, как и раньше"».

65) «"Если другую возьмет себе"[60]. Что значит: "Если другую"? Разве другую душу уготовил Творец, чтобы вернуть ее праведникам в этом мире, и это – не та душа, которая выполнила в этом мире желание Господина ее? В таком случае, ничего не обещано праведникам?! Что значит: "Если другую возьмет себе"[60]?»

66) «Провозгласил тот старец и сказал: "И прах возвратится в землю, как он и был, а дух возвратится к Всесильному, который дал его"[61]. Установили товарищи, что это сказано о разрушении Храма. "И прах возвратится в землю, как он и был"[61] – это как сказано: "А кнаанеец был тогда в той земле"[62], "как он и был"[61], конечно". То есть, после разрушения Храма вернулась земля во владение клипы Кнаан, как и было вначале. "А дух возвратится к Всесильному, который дал его"[61]. Что значит: "А дух возвратится"[61]? Это Шхина, являющаяся духом святости. В то время, когда увидела Шхина во время десяти переходов, совершаемых ею, что Исраэль не желают совершать возвращения перед Творцом, и (что) ситра ахра властвует над

---

[58] Пророки, Йешаяу, 64:3. «И никогда не слышали, не внимали, глаз не видел иных божеств, но лишь Тебя, – (так) поступит Он с уповающим на Него».

[59] «Правило идентичности» (на иврите гзера шава) – одно из тринадцати правил трактовки текстов Торы с целью вывода закона. Оно гласит: если в двух местах Торы мы находим одинаковые слова или выражения, то закон, данный в одном из этих мест, распространяется и на другое. Это правило не может применяться произвольно для любых одинаковых слов или выражений, но только там, где это установили мудрецы.

[60] Тора, Шмот, 21:10. «Если другую возьмет себе, не должен лишать ее пищи, одежды и супружеской близости».

[61] Писания, Коэлет, 12:7. «И прах возвратится в землю, как он и был, а дух возвратится к Всесильному, который дал его».

[62] Тора, Берешит, 12:6. «И прошел Аврам по земле этой до места Шхема, до Элон-Морэ. А кнаанеец был тогда в той земле».

святой землей", удалилась Шхина и вернулась к Всесильному. "И установили это товарищи"».

67) «"Смотри, дух (руах) человека праведного украшается формой в нижнем Эденском саду. И во все субботы и праздники, и новомесячья украшаются эти рухот и оставляют" их форму нижнего Эденского сада, "и поднимаются наверх", в высший Эденский сад. "И так же, как поступил Творец со святой душой (нешама) наверху,[63] так же Он поступает и с этим духом (руах), находившимся в нижнем Эденском саду и поднявшимся пред Ним, возглашая о нем: "Это дух (руах) тела такого-то человека". Тут же венчает Творец этот дух (руах) множеством украшений и радуется ему"».

68) «"И если ты скажешь, что из-за этого духа Творец оставляет то, что Он сделал для души, это не так. Но, как сказано: "Не должен лишать ее пищи, одежды и супружеской близости"[60]. Это три высших имени, в которых: "Глаз не видел иных божеств, но лишь Тебя"[58]» – т.е. свойство Бины.

69) «"И все они (пребывают) в будущем мире", Бине, "и исходят оттуда. Одно из них, "пища"[60] – это привлечение сверкания и света", т.е. отраженного света и прямого света, "светящего путем скрытия. Это пища, питающая всё, – АВАЯ с огласовками Элоким", т.е. имя Бины. Буквы слова "пища (шеерá שְׁאֵרָה)" в обратном порядке, это – "благо (ашер אשר)" "хэй ה"». «Благо (ашер אשר)» – это Бина,[64] и это первая «хэй ה» имени АВАЯ (הויה). «"И это: "От Ашера – тучен хлеб его"[65]», так как от нее исходит питание, «"и это – "пища (шеерá שְׁאֵרָה)"».

70) «"Одежда (ксутá כְּסוּתָהּ)"[60] – это простирание Царя", которое Он простирает над ней, т.е. величественное облачение имени Элока,[66] "это другое притяжение, которое светит и оберегает ее", душу, "всегда. Это простирание царского облачения, которое простирает над ней Элока. И это означает: "В облачении Его (бе-вигдó בְּבִגְדוֹ)"[66] всегда, т.е. оно не исчезает у нее, и это – "одежда (ксутá כְּסוּתָהּ)"[60]».

---

[63] См. выше, п. 62.
[64] См. Зоар, главу Берешит, часть 1, п. 6.
[65] Тора, Берешит, 49:20. «От Ашера – тучен хлеб его, и он доставит яства царские».
[66] См. выше, п. 48.

71) «"Что такое "супружеская близость (оната́ עֲנָתָהּ)"⁶⁰? Это притяжение от будущего мира", Бины, "в котором находится всё, "Творец (АВАЯ) воинств (Цваот)", и это имя, относящееся к НЕХИ Бины, "и оно светит всеми скрытыми высшими светами Древа жизни, в котором скрыто свойство "супружеская близость", и оттуда оно исходит. И всё это – в наслаждении и стремлении будущего мира"», Бины.

72) «"Трех этих вещей "не должен лишать ее"⁶⁰, когда она удостаивается как подобает. Но если не (удостоилась) как подобает, лишают ее этих трех вещей, т.е. она не венчается украшением даже одной из них. Сказано: "А если он трех этих вещей не сделает для нее"⁶⁷ – т.е. если она не удостоилась их, "то выйдет она даром, без выкупа"⁶⁷, – выйдет от него, и ее выталкивают наружу. "Без выкупа (ка́сеф כָּסֶף)"⁶⁷ – нет у нее желания (кису́ф כיסוף), т.е. стремления, и нет у нее никакого наслаждения"».

73) «"До этого момента Тора свидетельствует, что все советы зависят от нее, и она дает добрый совет людям. С этого момента и далее мы вернемся к сказанному вначале о высшей защите, простираемой Творцом над ней", над душой, "чтобы та не была отдана чужому народу, ибо облачение Его (бигдо́ בִּגְדוֹ) – на ней, и оно оберегает ее всегда"».

74) «"А если сыну своему назначал ее"⁵⁶. Сказал этот старец: "Друзья, когда вы придете к той скале, на которой держится мир", к рабби Шимону, "скажите ему, чтобы вспомнил снежный день, в который были посажены бобы пятидесяти двух видов. И после этого прочитайте это изречение, и он поведает вам"» его смысл.

Пояснение сказанного. «Снежный день» – это суды захара, исходящие от власти левой линии.⁶⁸ «Посев» означает – подготовка скрытия света, и в конце своем скрытие превращается в большое раскрытие, что подобно посеву хороших зерен пшеницы в почву, которые исчезают и разлагаются там, но в конце опять вырастают сторицей.⁶⁹ «В который были посажены бобы»,

---
⁶⁷ Тора, Шмот, 21:11. «А если он трех этих вещей не сделает для нее, то выйдет она даром, без выкупа».
⁶⁸ См. «Предисловие книги Зоар», статью «Погонщик ослов», п. 98, со слов: «Объяснение. Суды, относящиеся к захару, называются "снег"...»
⁶⁹ См. Зоар, главу Бо, п. 57. «И посеял это семя в одном праведнике...»

«бобы (по́лим פּוֹלִים)» – от слова «падение (нефила́ נְפִילָה)», и это посев Малхут в Бину, приведший к падению Бины, Тиферет и Малхут каждой ступени на ступень под ней. «Пятидесяти двух видов» – это намек на свойство «сын (бен בֵּן)», и это буквы «нун-бет נב (52)». И старцу затруднительно было истолковывать изречение: «Если сыну своему назначал ее»[56], что это Творец, ибо как можно сказать: «Сын Творца», и как может быть отношение «отец и сын» на высших ступенях, и поэтому послал их к рабби Шимону, чтобы он разъяснил им это.

И это означает сказанное: «Когда вы придете к той скале, на которой держится мир», – т.е. к рабби Шимону, «скажите ему, чтобы вспомнил снежный день», – т.е. день власти левой линии, суды которой называются снегом. «В который были посажены бобы пятидесяти двух видов», – когда с помощью средней линии Малхут поднялась в Бину,[70] и ее Бина и ТУМ упали в Зеир Анпин, и Малхут также поднялась в Бину де-ЗОН, и их Бина и ТУМ упали к душам праведников, и благодаря этому скрытию вышли мохин ЗОН и БЕА.[71] И поэтому называется это посевом бобов. «Посевом», – потому что это скрытие стало затем, во время гадлута, большим раскрытием, «бобов (по́лим פּוֹלִים)» – поскольку происходит падение (нефила́ נְפִילָה) нижних половин каждой ступени на ступень под ней. И известно, что этот подъем Малхут в Бину создал связь между Биной и Зеир Анпином, когда Хохма и Бина Бины стали свойством Аба ве-Има для Зеир Анпина, а Зеир Анпин стал сыном по отношению к ним.[72] И это смысл слов: «Пятидесяти двух видов», поскольку это указывает на свойство «сын (бен בֵּן)», так как с помощью «посева бобов» образовалась связь между ступенями, когда Хохма и Бина высшего стали Аба ве-Има, а нижний стал «сыном (бен בֵּן)». И поэтому так же, как Зеир Анпин стал вследствие этого сыном для Хохмы и Бины, так же и праведник стал сыном Зеир Анпину. И этим он намекнул рабби Шимону, чтобы он объяснил это рабби Хие и рабби Йоси. И они поймут изречение: «А если сыну своему назначал ее»[56]. Ибо нижний праведник считается

---

[70] См. Зоар, главу Лех леха, п. 22. «Экран де-хирик, на который выходит средняя линия, происходит от свойства суда, имеющегося в Малхут...»

[71] См. Зоар, главу Берешит, часть 1, п. 3, со слов: «В свойстве суда, т.е. в свойстве Малхут мира АК, прежде чем она подсластилась в Бине, в свойстве милосердия, мир не мог существовать...»

[72] См. Зоар, главу Итро, статью «Почитай отца своего», п. 485.

сыном по отношению к Творцу, так же, как Зеир Анпин – по отношению к Бине.[73]

75) «Сказали ему: "Мы просим тебя: тот, кто начал речь, должен и договорить". Сказал им: "Конечно же, я знал, что вы праведники, и следует намекнуть вам намеком мудрецов. И то, что говорю я вам, чтобы вы напомнили ему", рабби Шимону, "это знак того, чтобы он дополнил к этому, т.е. чтобы дополнил мои слова", – потому что старец не объясняет им, почему нижний называется сыном Творцу, и благодаря знаку, который он дал, рабби Шимон объяснит им это, и дополнит его речи. "А теперь надо сказать, кто же это называется сыном Творцу"».

76) «"Смотри, каждый, кто удостоился тринадцати лет и более, называется сыном Кнессет Исраэль", т.е. Малхут. А каждый, кто от двадцати лет и выше, и удостаивается их, называется сыном Творцу, конечно", Зеир Анпину, "как сказано: "Сыны вы Творцу Всесильному вашему"[74]».

Объяснение. Есть два вида ГАР. Есть ГАР, исходящие от ИШСУТ, и они являются мохин де-нешама по отношению к ЗОН. И только малые ЗОН, которые облачают Зеир Анпин от хазе и ниже, получают эти ГАР. Однако сам Зеир Анпин пока еще остается в состоянии ВАК, без ГАР, до тех пор, пока к нему не притягиваются ГАР высших Абы ве-Имы, и тогда сам Зеир Анпин тоже постигает ГАР, и это – мохин де-хая. Для малых ЗОН достаточно ГАР ИШСУТ, так как оба они считаются свойством Малхут, поскольку облачают Зеир Анпин в месте от хазе и ниже, и это место полностью принадлежит Малхут.

И так же у нижних – если человек постигает мохин де-нешама, он получает их от малых ЗОН, которые получают от ИШСУТ. Если человек постигает мохин де-хая, он получает их от самого Зеир Анпина. Когда он достигает тринадцати лет и выше, он получает мохин де-нешама, а по достижении двадцати лет и выше, получает мохин де-хая.

---

[73] См. Зоар, главу Берешит, часть 2, статью «Поднимающееся пламя», п. 253, со слов: «Пояснение сказанного. Белый свет – это свет хасадим, свет Зеир Анпина...»

[74] Тора, Дварим, 14:1. «Сыны вы Творцу Всесильному вашему. Не делайте на себе надрезов и не делайте плеши меж ваших глаз по умершему».

И это смысл сказанного: «Каждый, кто удостоился тринадцати лет и более, называется сыном Кнессет Исраэль» – потому что он получает тогда мохин де-нешама от малых ЗОН, поскольку оба они являются свойством Кнессет Исраэль, т.е. Малхут. И поэтому называется он сыном по отношению к ней, но не к самому Зеир Анпину, как мы уже сказали. «А каждый, кто от двадцати лет и выше, и удостаивается их, называется сыном Творцу» – ибо тогда он получает мохин де-хая от самого Зеир Анпина, получающего от высших Абы ве-Имы. И поэтому он называется сыном Зеир Анпину, т.е. Творцу.

77) «"Когда Давид достиг тринадцатилетнего возраста, и удостоился в этот день того, что вошел в четырнадцатилетний, тогда сказано: "Творец сказал мне: "Ты – сын Мой, сегодня Я родил тебя"[75]. Ибо до этого он не был сыном Ему, так как не пребывала над ним высшая душа, поскольку он еще был в возрасте "крайней плоти". И поэтому сказано: "Сегодня Я родил тебя"[75]. "Я" – а не другая сторона, как это было до сих пор", но сейчас – "только Я. В двадцать лет, что написано о Шломо: "Ибо был я сыном отцу моему"[76]. Именно: "Отцу моему", безусловно"», – т.е. Творцу, потому что он в двадцать лет удостоился мохин де-хая и стал благодаря им сыном Творцу, т.е. Зеир Анпину.

78) «"А если сыну своему назначал ее"[56], – т.е. с тринадцати лет и далее, когда выходит из-под власти иной стороны, если ему представится такая возможность, что сказано: "По дочернему праву пусть поступит с ней"[56]. Что значит: "По дочернему праву"? Мы учили, что Творец каждый день наблюдает за этим ребенком, находящимся во власти "крайней плоти", и он выходит из-под нее, и тянется в школу и сокрушает ее (эту власть), и приходит в дом собрания и сокрушает ее. Что делает Творец для этой души: Он вводит ее в свои покои, вручая ей многочисленные дары и приношения, и венчает ее высшими украшениями, пока не вводит ее под хупу к тому сыну", т.е. облачает ее в него, "с тринадцати лет и выше"».

79) «"Если другую возьмет себе"[60]. Что значит – другую? "Здесь скрыты тайны тайн, и они переданы мудрецам. И нужно

---

[75] Писания, Псалмы, 2:7. «Возвещу как закон! Творец сказал мне: "Ты – сын Мой, сегодня Я родил тебя"».

[76] Писания, Притчи, 4:3. «Ибо был я сыном отцу моему, нежным и единственным – у матери моей».

сообщить сначала одно. Смотри, в день субботний, в час, когда освящается день, выходят души из Древа жизни", т.е. Зеир Анпина, "и эти души вселяются в нижних, и нижние пребывают в покое благодаря им весь день субботний". И это та дополнительная душа, которую праведники постигают в день субботний. "А после выхода субботы снова поднимаются все души, венчаясь высшими украшениями наверху. Так же и здесь Творец уготовил человеку" в день субботний дополнительную душу (нешама), "и это другая душа"», о которой говорит Писание: «Если другую возьмет себе»[60]. «"И хотя уготована ему эта" душа, "ту душу, которая была у него вначале, "пищи, одежды и супружеской близости не должен лишать"[60], и мы уже выяснили"» смысл этих понятий.[77]

80) «Заплакал этот старец, как и вначале, и сказал себе: "Старик, старик, сколько же усилий ты приложил, чтобы постичь эти возвышенные понятия, а теперь высказать их в один момент. Но если ты скажешь, что надо беречь эти слова, оставив их невысказанными, то ведь сказано: "Не удерживай добро от обладателей его, если ты можешь сделать это"[78]».

81) «"Что значит: "Не удерживай добро от обладателей его"[78]? Однако Творец и Кнессет Исраэль находятся здесь. Ибо в любом месте, где произносятся речения Торы, Творец и Кнессет Исраэль", Малхут, "находятся там и внимают им. И тогда в том Древе добра и зла", т.е. Малхут, "в час, когда они", Творец и Кнессет Исраэль, "идут оттуда, слушая эти речения" Торы, "усиливается добрая сторона и поднимается вверх, и Творец с Кнессет Исраэль окружены этим добром, и они являются обладателями этого добра"». И поэтому о Творце и Кнессет Исраэль сказано: «Не удерживай добро от обладателей его»[78].

82) «Снова сказал себе: "Старик, старик, ты произнес эти слова и не знал, что Творец здесь?! А если те, кто стоят здесь, достойны этих речей?! Не бойся, старик, ибо ты был во многих сражениях с людьми сильными и не боялся, – а сейчас ты боишься?! Произнеси свои речения, ведь без сомнения, они здесь, Творец и Кнессет Исраэль, и праведники те, кто здесь. И если бы это не было так, я бы не встретил их, и не начинал

---

[77] См. выше, п. 68.
[78] Писания, Притчи, 3:27. «Не удерживай добро от обладателей его, если ты можешь сделать это».

бы эти речи. Произнеси свои речения, старик, произнеси без страха"».

83) «Провозгласил он и сказал: "Творец Всесильный мой, возвеличился Ты очень, красотой и великолепием облекся"[79]. "Творец Всесильный мой"[79] – это начало веры, подъем мысли", т.е. Хохмы, "и будущего мира", т.е. Бины, "и они – одно целое, без разделения". Ведь Аба ве-Има, т.е. Хохма и Бина, "это двое возлюбленных, которые никогда не разъединяются. "Возвеличился Ты"[79] – это начало" семи нижних сфирот (ЗАТ), "первый день", первая сфира, Хесед, "и это дни древние (атиким)", т.е. она получает от сфирот Атика, "и это правая сторона. "Очень"[79] – левая сторона"», Гвура.

84) «"Красотой и великолепием облекся"[79] – это две ивовые ветви", т.е. Нецах и Ход. "До этого места" произнес (Давид). "Когда он достиг Древа жизни", Тиферет, "оно скрылось, и он не возвысился, чтобы находиться в числе (десяти), из-за этого "очень"[79]. Что такое "очень"[79]? Левая сторона, поскольку все ветви внизу, и среди них одна горькая ветвь", т.е. Сам, "включены в левую (линию). И поэтому скрылось это Древо жизни, не желая находиться в этом числе (десяти), пока он не вернулся к тому, что вначале, и не вознес хвалу иным образом"».

85) «"И сказал: "Окутан светом, словно мантией"[80] – это начало первого дня, Хесед. "Простер небеса"[80] – это Тиферет, называемый небесами, и "сюда включена левая сторона", т.е. Гвура. И не говорит "очень", так как включилась левая линия в правую, чтобы светить вместе с небесами", Тиферет. "Покрывает водами верхние пределы Его"[80] – здесь в радости появляется Древо жизни, и это река, вытекающая из Эдена[81]", Тиферет, "и укоренились в ней, в водах ее, эти две ивовые ветви", Нецах и Ход, "которые растут в водах ее. И это означает сказанное: "Покрывает водами верхние пределы Его"[80]. Что это за "верхние пределы Его"? Это ивовые ветви"», Нецах и Ход.

---

[79] Писания, Псалмы, 104:1. «Благослови, душа моя, Творца! Творец Всесильный мой, возвеличился Ты очень, красотой и великолепием облекся».

[80] Писания, Псалмы, 104:2-4. «Окутан светом, словно мантией, простер небеса, как завесу. Покрывает водами верхние пределы Его, тучи делает колесницей Своей, шествует на крыльях ветра. Делает Он ветры посланниками Своими, служителями Своими – огонь пылающий».

[81] Тора, Берешит, 2:10. «И река вытекает из Эдена, чтобы орошать сад, и оттуда разделяется и образует четыре главных реки».

86) «"И это значение сказанного: "И корни свои пустит у потока"[82], и это смысл сказанного: "Река, потоки которой будут радовать город Всесильного"[83]. Что представляют собой потоки ее? Это корни Его", Нецах и Ход. "И так они называются: верхними пределами Его, корнями Его, потоками Его. Все они пустили корни в водах этой реки"», Тиферет.

87) «"Тучи делает колесницей Своей"[80], "тучи" – это Михаэль и Гавриэль. "Шествует на крыльях ветра"[80] – чтобы принести излечение (рефуа) миру, это Рефаэль. Отсюда и далее: "Делает Он ветры посланниками Своими, служителями Своими – огонь пылающий"[80]. Старик, старик, если ты все это знал, скажи и не бойся. Скажи речения свои, и будут светить речи уст твоих". Обрадовались товарищи и с радостью слушали святые слова его. Сказал (старец сам себе): "Ой, старик! Ой, старик! Во что же ты ввел себя?! Вошел ты в великое море – надо тебе плыть и выбираться оттуда"».

88) «"Если другую возьмет себе"[60]. Сколько кругооборотов укрыто здесь, которые не раскрылись до сих пор, и все они – истина, как положено, ибо нельзя уклониться с пути истины даже на толщину волоса. Вначале необходимо указать: души всех приходящих к вере (геров) вылетают скрытым путем из Эденского сада и облачаются в приходящих к вере. Когда уходят из этого мира те души, которыми эти приходящие к вере были награждены из Эденского сада, в какое место они возвращаются?"» Иными словами, кто их поднимает обратно в то место, из которого они вышли, – в Эденский сад?

89) «"Однако мы учили: тот, кто с самого начала принимает участие и поддерживает имущество приходящего к вере, удостаивается его имущества, если у того нет наследников. Так же и здесь, все эти высшие святые души, которым Творец назначил спуститься вниз, все они выходят в известное время", – в субботу, праздники и новомесячье, "чтобы радоваться в Эденском саду, и встречают эти души приходящих к вере. Те

---

[82] Пророки, Йермияу, 17:7-8. «Благословен человек, который полагается на Творца, и будет Творец опорой его. И будет он как дерево, посаженное у воды, и корни свои пустит у потока; и не почувствует оно наступающего зноя, и лист его будет зеленеть, и не будет бояться в год засухи, и не перестанет приносить плод».

[83] Писания, Псалмы, 46:5. «Река, потоки которой будут радовать город Всесильного – святыню обиталищ Всевышнего».

из душ, которые поддерживают их, удостаиваются их и облачаются в них, и возвышаются. И все они остаются в этом облачении и нисходят в этом облачении в Эденский сад, поскольку все те, кто находится в Эденском саду, могут находиться там только в облачении, – все пребывающие там"». И получается, что эти души поднимают души приходящих к вере обратно в Эденский сад.

90) «"Если ты скажешь, что из-за этого облачения", получаемого от душ приходящих к вере, "души лишаются всей услады, наполнявшей их вначале, то об этом сказано: "Если другую возьмет себе, не должен лишать ее пищи, одежды и супружеской близости"[60]. В Эденском саду они находятся в этом облачении, так как поспешили поддержать их и удостоились их", т.е. облачение от душ приходящих к вере (геров). "А когда поднимаются наверх, они освобождаются от него, ибо там", наверху, "не пребывают в облачении"».

91) «Заплакал старец тот, как вначале, и сказал себе: "Старик, старик, конечно, ты должен плакать, конечно, ты должен проливать слезы по каждому слову. Однако известно Творцу и Его святой Шхине, что говорю я по желанию сердца и в служении им, потому что они – хозяева каждого слова, и они украшаются ими"».

92) «"Все эти святые души спускаются в этот мир для того, чтобы каждая из них могла пребывать в надлежащем ей месте, среди людей. Все они спускаются, облачаясь в эти души" приходящих к вере, "как мы уже сказали, и так входят в святое семя. В этом облачении они находятся, чтобы быть зависящими от них в этом мире", в заповедях и добрых деяниях. "А когда преисполнятся эти облачения деяниями этого мира", заповедями, "все святые души впитывают аромат, исходящий от их облачений"».

Объяснение. Облачения душ приходящих к вере (геров) стали промежуточными между душами и телами. Заповеди, выполняемые человеком, достигают этих облачений, а души получают питание от аромата, который они обоняют от этих облачений. И это означает сказанное: «В этом облачении они находятся, чтобы быть зависящими от них», так как сами души возвышены и не зависят от действий тела, однако их облачения зависят от выполнения заповедей. «А когда преисполнятся эти облачения деяниями этого мира, все святые души впитывают аромат, исходящий от их облачений», – души получают от аромата этих облачений.

93) «"Творец все совершаемые Им сокрытые деяния внес в святую Тору, и всё находится в Торе. И Тора, приоткрыв сокрытое в ней, тотчас облачается в другое одеяние и скрывается там, и не открывается. Но мудрецы, наделенные прозорливостью, хотя деяние скрывается в своем облачении, видят его из облачения. И в час, когда раскрылось это деяние, прежде чем оно опять входит в свое облачение, они проникают в него проницательным взором, и хотя оно сразу же скрывается, оно пока еще не ускользает от их взора"».

94) «"Во многих местах Творец предупреждал в отношении пришельца (гера), чтобы святое семя", т.е. Исраэль, "остерегались его. И после этого выходило это скрытое деяние из укрытия его", т.е. из-под своего покрова, "и когда открывалось, оно тут же возвращалось в свое укрытие, и облачалось там"».

95) «"После того, как Он предупреждал в отношении пришельца во всех этих местах, деяние выходило из своего укрытия, и, открываясь, говорило: "Вы ведь знаете душу (нефеш) пришельца"[84] – поскольку души (нешамот) облачены в него, как мы уже сказали. "И оно тут же входило в свое укрытие и возвращалось в свое облачение, и скрывалось, как сказано: "Ибо пришельцами были вы в земле египетской"[84]. И это косвенный смысл. "А Писание считает, что поскольку оно сразу же облачалось, то не было того, кто бы наблюдал за душой (нефеш) этого пришельца. Душа (нешама) знает деяния этого мира и наслаждается ими"», – поскольку она является посредником между душой (нешама) и телом, поэтому сказано: «Вы ведь знаете душу (нефеш) пришельца»[84].

96) «Провозгласил этот старец и сказал: "И вошел Моше в облако, и взошел на гору"[85]. Что это за "облако"? Но это, как

---

[84] Тора, Шмот, 23:9. «И пришельца не притесняй, – вы ведь знаете душу пришельца, ибо пришельцами были вы в земле египетской».
[85] Тора, Шмот, 24:18. «И вошел Моше в облако, и взошел на гору. И был Моше на горе сорок дней и сорок ночей».

сказано: "Радугу Мою поместил Я в облаке"[86]. Мы учили, что эта "радуга", т.е. Малхут, в то время, когда она получает три цвета, белый-красный-зеленый, от трех линий Зеир Анпина, "сняла свои облачения", т.е. три цвета, белый-красный-зеленый, "и отдала их Моше. И в этом облачении поднялся Моше на гору и увидел с нее то, что увидел, наслаждаясь от всего". Когда старец дошел "до этого места, подошли к нему товарищи", рабби Хия и рабби Йоси, "и распростерлись пред этим старцем, и заплакали, и сказали: "Если мы явились в мир только для того, чтобы услышать эти речи из уст твоих, нам бы хватило этого"».

97) «Сказал этот старец: "Друзья, не только поэтому я начал говорить, ибо такой старик, как я, не поднимает шум из-за одной вещи и не возглашает"», заявляя о себе. То есть не так, как это свойственно человеку легкомысленному, который если знает что-либо, то поднимает шум и заявляет о себе. Как сказали мудрецы: «Одна монета в кувшине делает много шума»[87]. «"Насколько же запутаны жители мира и не умеют изучать Тору истинным путем. А Тора призывает их каждый день с любовью, но они (даже) не хотят повернуть голову"», чтобы послушать ее.

98) «"И хотя сказал я, ведь в Торе, деяние выходит из своего укрытия, проявляется немного и тотчас прячется. Все это, безусловно, так, и в то время, когда оно приоткрывается, выглядывая из своего укрытия, и тотчас прячется, она", Тора, "делает это лишь для тех, кто изучил ее и известен в ней"».

99) «"Пример, чему это можно уподобить, – возлюбленной, которая "красива станом и красива видом"[88], и она скрывается в своем чертоге. И есть у нее один возлюбленный, о котором люди не знают, но он все же скрывается. Этот возлюбленный из-за любви, которую он испытывает к ней, проходя каждый раз ворота ее дома, направляет свой взор во все стороны. Она, зная, что возлюбленный ее непрестанно ходит возле ворот ее дома, что делает? Она открывает маленький проем в этом скрытом чертоге, где она находится, приоткрывая свое лицо возлюбленному, и сразу же прячется снова. Все те, кто были с

---

[86] Тора, Берешит, 9:13. «Радугу Мою поместил Я в облаке, и будет она знаком союза между Мною и землею».
[87] См. Вавилонский Талмуд, трактат Бава меция, лист 85:2.
[88] Тора, Берешит, 29:17. «А у Леи глаза слабые, Рахель же была красива станом и красива видом».

возлюбленным, не видели этого и не обращали внимания, лишь сам возлюбленный, стремившийся к ней всем своим существом, сердцем и душой, знал, что из-за любви, которую она испытывает к нему, приоткрывается она ему на одно мгновение, чтобы возбудить любовь к нему.

Так же и деяние Торы раскрывается только любящему ее. Знает Тора, что этот мудрый сердцем обходит ворота дома ее каждый день. Как она действует? Приоткрывает лицо свое, показываясь из чертога и давая ему намек, но тут же возвращается на свое место и скрывается. Все те, кто был там, не знали об этом и не обращали внимания, лишь он один стремился к ней всем своим существом, сердцем и душой. И поэтому Тора приоткрывается и скрывается, и отвечает любовью тому, кто любит ее, чтобы вместе с ним возбудить эту любовь"».

100) «"Смотри, таков путь Торы. Вначале, когда она начинает раскрываться человеку, то делает ему намек. Если он знает об этом – хорошо. А если не знает, она посылает сообщить ему, что он глупец. И Тора передает с тем, кого посылает к нему: "Скажи этому глупцу, чтобы поскорее пришел сюда, и я поговорю с ним". Как сказано: "Кто глуп, пусть завернет сюда", неразумному она сказала: "Идите, ешьте хлеб мой и пейте вино, мною растворенное. Оставьте неразумье и живите, и ходите путем разума!"[89] Человек "приближается к ней, и она начинает говорить с ним из-за завесы, обращая к нему слова согласно путям его, пока он не начнет понемногу, понемногу вникать. И это – иносказание"».

101) «"Затем она говорит с ним, скрываясь за тонкой накидкой, загадками. И это – агада (сказание). А затем, когда он привыкает к ней, она открывается ему лицом к лицу, и делится с ним всеми сокровенными тайнами и всеми сокровенными путями, которые с первых дней были укрыты в сердце ее. Тогда он правитель, владеющий Торой, конечно же, он господин в доме, ведь она раскрыла ему все свои тайны, и ничего не отсрочила и не скрыла от него"».

---

[89] Писания, Притчи, 9:1-6. «Мудрость построила себе дом, вытесала семь столбов его, заклала свою жертву, растворила вино свое и накрыла свой стол. Послала своих прислужниц, возглашает на вершинах городских высот: "Кто глуп, пусть завернет сюда", неразумному она сказала: "Идите, ешьте хлеб мой и пейте вино, мною растворенное. Оставьте неразумье и живите, и ходите путем разума!"»

102) «"Сказала ему (Тора): "Ты понял намек, который я сделала тебе вначале? Такие и такие тайны скрывались в нем, означающие это и это". И тогда видит он, что к этим словам Торы ничего нельзя прибавить и ничего нельзя убавить от них. И тогда простое толкование Писания раскрывается, как оно есть, где даже одну букву не прибавить и не убавить. Поэтому люди должны беречься и устремляться за Торой, чтобы относиться к любящим ее"».

103) «"Смотри: "Если другую возьмет себе"⁶⁰. Кругообороты, о которых повествует Писание, насколько они велики и возвышенны. Ведь все души проходят кругообороты. И люди не знают путей Творца, и как устанавливаются весы, и как люди осуждаются каждый день и в любое время. И как души проходят суд прежде, чем являются в этот мир, и как проходят суд после ухода из этого мира"».

104) «"Сколько кругооборотов и сколько скрытых деяний проделывает Творец с множеством необлаченных душ (нешамот)", у которых нет одеяния Торы и заповедей, "и сколько необлаченных духов (рухот) находится в том мире, не входящих в пределы Царя, и сколько миров переворачивается для них", т.е. меняется для них порядок ступеней, называемых мирами, и мир "оборачивается множеством удивительных тайн, а люди не знают и не вникают в них. И как совершают кругообороты души (нешамот), подобно камню в праще. Как сказано: "И душу (нефеш) врагов твоих Он выбросит, как из пращи"⁹⁰».

105) «"Теперь следует открыть, что все души (нешамот) происходят от Древа высокого и могучего, и это "река, вытекающая из Эдена"⁸¹, т.е. Зеир Анпин. А все духи (рухот) происходят от другого, малого Древа", Малхут. "Душа (нешама) выходит сверху, а руах снизу, и соединяются вместе, в виде захар и нуква. И когда соединяются вместе, они излучают высший свет. И в слиянии вместе они называются светильником (нер נר) – начальные буквы слов нешама (נשמה), руах (רוח). Как сказано: "Душа человека – светильник Творца"⁹¹».

---

⁹⁰ Пророки, Шмуэль 1, 25:29. «И поднялся человек преследовать тебя и искать души твоей, но будет душа господина моего завязана в узле жизни у Творца Всесильного твоего, и душу врагов твоих Он выбросит, как из пращи».

⁹¹ Писания, Притчи, 20:27. «Душа человека – светильник Творца, исследующий все тайники утробы».

106) «"Нешама и руах – это захар и некева, которые должны светить вместе, и друг без друга они не светят. А когда они соединяются вместе, то всё вместе называется светильником. И тогда облекается нешама в руах, чтобы находиться там наверху", в высшем Эденском саду, "в скрытом чертоге. Как сказано: "Ибо дух предо Мной окутывает"[92]. Сказано не "окутывается", а "окутывает", что означает – окутывает других. И почему? Потому что "там наверху, в саду", в высшем Эденском саду, "в скрытом чертоге, окутывается и облачается душа (нешама) в дух (руах), как подобает"».

107) «"И поскольку в этом чертоге есть и используется только душа (нешама) и дух (руах), а оживляющая сила (нефеш) не входит туда, то только душа облачается там в дух. А когда она опускается в нижний Эденский сад, она облачается в другой дух, как я сказал,[93] в дух, исходящий оттуда, который был оттуда", т.е. души приходящих к вере (геров). "И во всех них она", душа (нешама), "пребывает в этом мире и облачается в них"», как в ее дух (руах), так и в души приходящих к вере (геров).

108) «"Этот дух (руах), выходящий из этого мира, который не усилился и не распространился в этом мире", т.е. нет у него сыновей, "проходит кругообороты и не находит покоя. И он проходит кругооборот, подобно камню в праще, пока не обретает спасителя, который вызволяет его", – т.е. вступающего в левиратный брак с его женой, "и тот приводит его точно к тому же кли, которым он пользовался и был слит с ним всегда, своим руах и нефеш. А супруга его была руах в руахе", т.е. в (бывшей) жене его. "Этот спаситель возводит его, как и вначале"», т.е. воплощает его в сыне, родившемся от его овдовевшей супруги, т.е. (бывшей) жены его, и он возвращается к жизни этого мира, как и вначале.

109) «"И тот дух, который муж оставил жене" при первом соитии, как будет объяснено далее, что муж оставляет свой дух в жене в первом соитии, "прилепляется к этому кли", т.е. к его жене, "и не пропадает" у нее никогда, даже после его смерти не пропадает. "Ибо мы не найдем в мире даже незначительного деяния, для которого бы не было места и основания, чтобы

---

[92] Пророки, Йешаяу, 57:16. «Ведь не вечно буду Я спорить и не бесконечно гневаться, ибо дух предо Мною окутывает, и души Я сотворил».

[93] См. выше, п. 89.

скрыться или появиться там, и оно никогда не пропадает. И поэтому тот дух, который он оставил в этом кли, находится там, и он устремляется за корнем и основой своей, откуда вышел", т.е. за умершим мужем, не оставившем сыновей, "и он вводит и отстраивает его в его месте, т.е. в месте этого духа, и это его супруга, которая вышла с ним", т.е. в (бывшей) жене его, "и отстраивается там, как вначале. И теперь это новое создание в мире, новый дух (руах), и новое тело (гуф)"».

110) «"И если ты скажешь, что этот дух", который в родившемся сыне, "это то, что было", т.е. сам человек, а не дух, который он оставил в ней во время первого соития, являющийся только частью его, "так оно и есть. Однако он отстраивается" в родившемся сыне "только с помощью того другого духа, который он оставил в том кли", в своей жене. "Здесь есть тайна тайн, в книге Ханоха. То строение, которое отстраивается" в сыне, родившемся от левиратного брака, "отстраивается только с помощью того другого духа, который он оставил там, в этом кли", т.е. в жене своей при первом соитии. "И когда начал отстраиваться этот", дух, "он тянет за собой тот дух, который ушел необлаченным", без сыновей, "и притягивает его к себе. И образуется там два духа, являющиеся одним. Затем один становится духом (руах), а другой – душой (нешама), и оба они – одно целое"».

111) «"Если он удостоился очиститься как подобает, оба они становятся одним целым, дабы облачилась в них другая высшая душа (нешама). Так же, как и у остальных людей в мире – дух (руах), которого удостаиваются души, первыми принимающие участие в нем", т.е. души приходящих к вере (геров), "и еще другой дух (руах) свыше, и святая душа облачается в них двоих.[94] И точно так же от него самого есть два духа (руах)", т.е. собственный дух (руах), и дух (руах), который оставил в своей жене при первом соитии, "чтобы облачилась в них высшая душа (нешама)"».

112) «"Но ведь для этого имеется другое тело (гуф)", создаваемое сейчас заново путем левиратного брака, "что же происходит с первым телом, которое он оставил? Либо одно не нужно, либо другое. Согласно человеческому разуму ясно, что то первое тело, которое сначала не было восполнено, утрачено,

---

[94] См. выше, п. 107.

потому что он не удостоился. В таком случае, он напрасно выполнял заповеди Торы. И если бы он выполнил хотя бы одну из них, мы ведь знаем, что даже нищие в Исраэле полны заповедей, подобно гранату.[95] И хотя в этом теле не был восполнен, чтобы размножиться и удостоиться, и усилиться в мире, он все же соблюдал остальные заповеди в Торе, и они не пропали у него, – разве это было напрасно?"»

113) «"Друзья, друзья, откройте ваши глаза! Ведь я же знаю, что вы полагаете и разумеете, что все эти тела наделены отличиями напрасно, поскольку они не вечны. Это не так. Мы не должны так смотреть на эти вещи"».

114) «Провозгласил старец: "Кто возвестит могущество Творца, провозгласит всю славу Его?!"[96] – есть ли в мире тот, кто смог бы рассказать о тех могущественных деяниях, которые Творец всегда совершает в мире?! То первое тело, которое он оставил, не пропало, и в грядущем будущем оно будет существовать. Ибо он уже получил всевозможные виды наказания, и Творец не лишает награды любое созданное Им творение, кроме тех, кто оставил Его веру, и никогда не было в них добра. И кроме тех, кто не склоняется при произнесении "Благодарим мы Тебя"[97]» в молитве «Восемнадцать». «"И этих Творец обращает в другие создания, потому что тело это не отстроилось в человеческом виде и (уже) никогда не восстанет. Но с теми", кто умер без сыновей, "это не так"».

115) «"Что делает Творец? Если этот дух удостоился исправления в этом мире, в том другом теле, что делает Творец? Этот спаситель, который спас его", т.е. деверь вдовы, "тот дух его, который он ввел туда, смешав его вместе с тем духом, который был в этом кли", т.е. оставленный в ней его братом при первом соитии, "конечно же, не пропадает. И что происходит, – ведь там имеется три духа (руах)? Первый дух – тот, который был

---

[95] См. Вавилонский Талмуд, трактат Санедрин, лист 37:2. «Риш Лакиш сказал: "Отсюда "Как дольки граната – щеки твои" (Песнь песней, 6:7) – даже нищие в тебе полны заповедей, подобно гранату"».

[96] Писания, Псалмы, 106:2. «Кто возвестит могущество Творца, провозгласит всю славу Его?!»

[97] Одно из восемнадцати благословений молитвы «Восемнадцать», в котором выражается благодарность Творцу за Его милосердие к нам: «Благодарим мы Тебя за то, что Ты Творец Всесильный наш и Всесильный отцов наших во веки веков... Ты милосерден, ибо не кончается милость Твоя, – всегда мы надеялись на Тебя!»

в этом кли и остался там", т.е. тот, который оставил в ней его умерший брат при первом соитии. "И еще один" – дух самого умершего брата, "привлеченный туда, который был необлаченным", без сыновей. "И еще один" – тот дух, "который ввел туда тот самый спаситель", т.е. деверь вдовы, "и смешался с ними. Быть в трех видах духа (руах) невозможно. И что же происходит?"»

116) «"Однако, таковы высшие могучие деяния, совершаемые Творцом. Тот дух, который ввел туда этот спаситель, – в него облачается душа (нешама), в место облачения от душ приходящих к вере (геров), а тот дух (руах) умершего, необлаченный", без сыновей, "который вернулся туда отстроиться заново, будет облачением для высшей души. А тот дух, который был вначале и остался в этом кли", т.е. дух, который оставил в ней умерший муж при первом соитии, "удалился оттуда, и Творец подготавливает место в проеме скалы, находящейся позади Эденского сада, и этот дух скрывается там. И он восходит к первому телу" умершего без сыновей, "которое было у него вначале. И с этим духом восстанет это тело" к возрождению из мертвых. "И это те двое, являющиеся одним, о которых я говорил"[98]».

117) «"Но велико наказание этого тела до того, как оно возродится" из мертвых, "ведь поскольку не удостоилось усилиться" сыновьями, "его предают земле, расположенной рядом с землей Арка". И есть семь видов земли: Эрец (поверхность земли), Адама (почва), Гай (долина), Нешия (могильная земля), Ция (сушь), Арка (пропасть), Тевель (земной мир).[99] "И там его судят. А затем поднимают его в этот Тевель (земной мир)", в котором пребываем мы. "Теперь оно опускается" снова в землю. "А теперь поднимается. Вот оно поднимается, а вот опускается, и нет у него покоя, кроме как по субботам, праздникам и новомесячьям"».

118) «"И это – те, кто спят "во прахе земном"[100]. "Земном (адмат)" называется потому, что взят он "от земли (адама́). Прахом называется потому, что он взят от Тевель (земного мира). И о них сказано: "И пробудятся многие из спящих во прахе

---
[98] См. выше, п. 15.
[99] См. Зоар, главу Берешит, часть 2, статью «Семь пределов высшей и нижней земли», п. 36.

земном: одни – для вечной жизни, другие – на поругание и вечный позор"[100]. Если этот необлаченный дух удостоился", т.е. дух умершего без сыновей, "поскольку вернулся в этот мир, как и вначале" – т.е. в сына, родившегося от левиратного брака, "исправиться, то он достоин. Ибо тот дух", который он оставил при первом соитии в своей жене, "о котором мы сказали, что он скрылся в скале,[101] будет исправлен в первом теле", которое оставил умерший без сыновей.[101] И о них сказано: "Одни – для вечной жизни, а другие – на поругание"[100] – т.е. все те, кто не удостоился исправления"».

119) «"Вот они, высшие могущественные деяния святого величественного Царя, когда ничего не пропадает, даже лепет уст имеет свое место и основание. И Творец делает из него то, что делает. И даже слово человека, и даже голос, не напрасны они, и место и основание есть у всего"».

120) «"Тот, что отстраивается сейчас", т.е. умерший без сыновей, вошедший в кругооборот в сыне, рожденном от левиратного брака, "и вышло в мир новое создание, нет у него супруги. И об этом не возглашают" о его супруге прежде, чем он рождается, "ибо супруги не стало у него: супруга, которая была у него, стала его матерью, а брат его стал его отцом"».

121) «Сказал сам себе: "Старик, старик, что ты сделал?! Лучше бы ты молчал! Старик, старик, ведь я тебе сказал, что вошел ты в великое море, без веревки и без флага. Что ты будешь делать? Если ты скажешь, что поднимешься наверх, то ты не сможешь. Если скажешь, что опустишься вниз, – это ведь глубина великой бездны. Что ты будешь делать? Ой, старик! Ой, старик, ты не можешь отступать назад! В подобные ситуации ты не попадал и не привык ослаблять свои силы, ибо ты знал, что никакой другой человек, во всем этом поколении, не заходил с кораблем на ту глубину, где находишься ты"».

122) «"Сын Йохая", т.е. рабби Шимон, "умеет оберегать свои пути, и если входит в глубокое море, обследует сначала, прежде чем входит, как пройдет за один раз, и будет плыть по морю. А ты, старик, не вгляделся с самого начала. Теперь,

---

[100] Писания, Даниэль, 12:2. «И пробудятся многие из спящих во прахе земном: одни – для вечной жизни, а другие – на поругание и на вечный позор».

[101] См. выше, п.116.

старик, когда ты уже там, не ослабляй своих сил, не переставай на всех путях твоих плыть вправо и влево, вдоль и поперек, вглубь и вверх, – не страшись. Старик, старик, укрепись в могуществе своем, скольких сильных воинов ты сокрушил в их могуществе, сколько сражений выиграл?!"»

123) «Заплакал, провозгласил и сказал: "Выйдите и посмотрите, дочери Циона, на царя Шломо в венце, которым украсила его мать"[102]. Это изречение изучено, и все верно. Но "выйдите и посмотрите", разве кто-то может посмотреть на царя Шломо, на царя, от которого зависит установление мира", т.е. на Зеир Анпин, "ведь он скрыт более всех высших воинств, находясь в том месте, о котором сказано, что "глаз не видел иных божеств, но лишь Тебя"[103]?", т.е. в Бине, "а ты сказал: "Выйдите и посмотрите, дочери Циона, на царя Шломо"[102]?! И еще. Относительно величия его сказано, что все высшие ангелы, вопрошая, произносят: "Где место величия его?"» – т.е. скрытия. И что это за хвала в сказанном: «Выйдите и посмотрите»[102]?

124) «"Но то, что сказал: "Выйдите и посмотрите, дочери Циона, на царя Шломо"[102], сказано: "в венце"[102], а не сказано: "и на венец", ибо каждый, кто видит этот венец", т.е. Малхут, "видит прелесть царя, несущего мир. "Которым украсила его мать"[102] – т.е. Малхут, окружающая Зеир Анпин. И мы учили, что он называет ее дочерью, и называет ее сестрой, и называет ее матерью. И она – это всё, и всё находится в ней. Тот, кто будет созерцать и познавать ее", Малхут, "познает желанную мудрость (хохма)"».

125) «Сказал старец сам себе: "А теперь что я буду делать? Если расскажу, – эту сокровенную тайну нельзя раскрывать. Если не расскажу, – останутся эти праведники лишенными этой тайны". Он пал на лицо свое и сказал: "Вручаю Тебе на хранение дух мой – Ты спас меня, Творец, Владыка истины"[104]. Кли, находившееся внизу", т.е. вступившая в левиратный брак,

---

[102] Писания, Песнь песней, 3:11. «Выйдите и посмотрите, дочери Циона, на царя Шломо в венце, которым украсила его мать в день свадьбы его и в день радости сердца его».

[103] Пророки, Йешаяу, 64:3. «И никогда не слышали, не внимали, глаз не видел иных божеств, но лишь Тебя, – (так) поступит Он с уповающим на Него».

[104] Писания, Псалмы, 31:6. «Вручаю Тебе на хранение дух мой – Ты спас меня, Творец, Владыка истины».

которая раньше была женой этого умершего без сыновей, и была ниже его, "как поднимется выше?" – чтобы быть его матерью. "Муж ее", т.е. умерший без сыновей, "который был выше ее, как перевернулся и стал внизу?" – т.е. стал ее сыном. "Супруга его стала матерью его. Одно удивительнее другого, брат его – это его отец. Если бы отец его при первой жене его, спас его", соединившись левиратным браком с его женой, "было бы хорошо, но чтобы брат его стал его отцом! Разве это не удивительно?! Конечно же, это перевернутый мир: высшие – внизу, а нижние – наверху"».

126) «"Однако, "да будет благословенно имя Творца во веки веков, ибо мудрость и сила – у Него! Он меняет времена и сроки... знает то, что во мраке, и свет обитает с Ним"[105]. Смотри, тот, кто существует в месте света, не способен всматриваться и видеть во тьме. Но Творец не так – Он знает, что происходит во тьме, несмотря на то, что свет пребывает с Ним. Из света Он всматривается во тьму и знает обо всем, происходящем там"».

127) «"Но здесь необходимо предварительно сказать об одной вещи, на которую указывают основоположники в этих ночных видениях. Мы учили, что тот, кто входит к матери своей в сновидении, должен представить себе Бину. Как сказано: "Ведь если разум (бина) призовешь"[106]. Здесь следует обратить внимание, "если (אם им)" – потому что это мать (אם эм)", и поэтому должен представить себе Бину, – "это правильно. Но ему следовало сказать так: "Тот, кто видел во сне мать свою, удостоится Бины", почему же сказал: "Тот, кто входит к матери своей"?"»

128) «"Но это высшая тайна. И из-за того, что перевернулся и поднимался снизу вверх, он вначале был сыном", т.е. ниже нее. "После того, как поднялся наверх", т.е. вошел к ней, "перевернулось генеалогическое древо, и он становится от высшего мира, и превосходит ее и удостаивается Бины"».

---

[105] Писания, Даниэль, 2:20-22. «И заговорил Даниэль, и сказал: "Да будет благословенно имя Творца во веки веков, ибо мудрость и сила – у Него! Он меняет времена и сроки, свергает царей и возносит их, дает мудрость разумным и знание – способным понимать. Он открывает глубинное и сокровенное, знает то, что во мраке, и свет обитает с Ним"».

[106] Писания, Притчи, 2:3-5. «Ведь если разум призовешь и к разумению обратишь глас твой, если будешь искать его, как серебра, и разыскивать его, как клад, то постигнешь трепет пред Творцом и знание Всесильного обретешь».

129) И объясняет свои слова. «"Вначале, когда человек достигает тринадцати лет, что сказано: "Творец сказал мне: "Ты – сын Мой, сегодня Я родил тебя"[107], – т.е. он становится сыном Малхут, и Малхут является его матерью. "И тогда он находится ниже нее. Когда же он совершил подъем", т.е. стал мужем ее, "это – от высшего мира", Зеир Анпина, "так как он поднялся на ступень Йосефа", Есода Зеир Анпина, "и это, безусловно, означает, что удостоился Бины"», как и Зеир Анпин, у которого есть мохин Бины.

130) «"Так же и это кли", жена умершего, "вначале был он", ее умерший муж, "на ступени Йосеф", Есод Зеир Анпина, "т.е. мужем нижнего дерева", Малхут, "и она была послушна воле его, а он был властен над ней. Ибо любая женщина находится в состоянии Нуквы, нижнего дерева", Малхут. "Поскольку он не желал пребывать на ступени Йосефа, и не существовал, дабы служить Ему, и умножаться в мире, создавая потомство", и умер без сыновей, "то опустился вниз", совершая кругооборот в сыне, рожденном от левиратного брака, "а она", жена его, "становится его матерью. А тот спаситель", деверь вдовы, "унаследовал достояние Йосефа, где был он", брат его, "вначале, сам же он опустился вниз"», т.е. совершает кругооборот в родившемся сыне.

131) «"Когда он опустился вниз, осуществилось в нем изреченное: "Творец сказал мне: "Ты – сын Мой, сегодня Я родил тебя"[107], т.е. стал ей сыном, "перевернулось дерево, и то, что было внизу, и он был властен над ней", как муж над женой. "Когда он опустился вниз", т.е. совершает кругооборот в сыне, рожденном от левиратного брака, – "тот, кто удостоился наследовать место Йосефа", т.е. брат его, вступивший в левиратный брак, "называется его отцом. И он его отец, безусловно, и все, разумеется, происходит надлежащим образом, как подобает"».

132) «"Вначале он был от мира захар", в свойстве Йосеф, "и был забран оттуда, а сейчас он от мира некева", Малхут. И если раньше он был властен над ней, теперь она властна над ним, а он возвращен, чтобы быть в мире некева. И поэтому у него вообще нет супруги, и не провозглашают над ним о его некеве", как провозглашают над каждым человеком, прежде,

---

[107] Писания, Псалмы, 2:7. «Возвещу как закон! Творец сказал мне: "Ты – сын Мой, сегодня Я родил тебя"».

чем он рождается: дочь такого-то – такому-то. "Ибо он возвращен в мир некева"».

133) «"А то первое тело, которое он покинул", умерший без сыновей, – "если бы знали и видели живущие в мире, какое горе оно испытывает, когда забирают его из мира захар и возвращают в мир некева, то узнали бы, что никакое горе в мире не может сравниться с этим. Супруги нет у него, ибо он не находится в месте захар. Не провозглашают над ним его супруге, так как он от мира некева. А если и есть у него супруга, это благодаря милосердию", вызванному молитвой, "он встретился с некевой, у которой до сих пор не было супруга. И об этом мы учили: "Может быть, другой опередит его благодаря милосердию"[108]. "Другой", мы учили", что умерший бездетным называется другим. "И все происходит надлежащим образом"».

134) «"Но если дочь коэна станет вдовою или разведенною, и детей нет у нее, и возвратится она в дом отца ее, как в юности своей"[109]. И "дочь коэна"[109], мы уже объясняли это слово", что это душа (нешама), "вдовою"[109] – от того первого тела", умершего без детей, "или разведенною"[109] – той, которая не входит за полог Царя. Ибо все те, которые не находятся в мире захар, нет у них удела в Нем. Такой человек ушел и вывел себя из мира захар, и нет у него удела в Нем", в Царе, т.е. в Зеир Анпине. "И поэтому она разведенная. "И детей нет у нее"[109] – ибо, если бы было у нее потомство, то она не была бы выведена из него", из мира захар, "и не опустилась бы в мир некева"».

135) «"И возвратится она в дом отца ее"[109]. Что такое "дом отца ее"[109]? Это мир некева, ибо тот мир называется домом отца ее. "И это кли", жена его, "которое было установлено, чтобы пользоваться им, перевернулось, и он опустился вниз, а это кли поднялось наверх. "В юности своей"[109] – как то время, о котором сказано: "Сегодня Я родил тебя"[107], т.е. он стал сыном некеве, Малхут. "Я родил тебя"[107], разумеется, – он вернется в дни юношества своего, каким он был с тринадцати лет и старше"».

---

[108] Вавилонский Талмуд, трактат Моэд катан, лист 18:2.
[109] Тора, Ваикра, 22:13. «Но если дочь коэна станет вдовою или разведенною, и детей нет у нее, и возвратится она в дом отца ее, как в юности своей, то она может есть хлеб отца своего. Никакому же постороннему нельзя есть его».

136) «"Если она удостоилась исправиться, после того, как вернулась "в дом отца ее"[109], сказано: "Она может есть хлеб отца своего"[109] – т.е. будет получать наслаждения мира некева, когда едят хлеб сильных, опускающийся свыше", от Зеир Анпина. "Но созерцать и наслаждаться от того, чем наслаждаются другие праведники, она не может, "поскольку она там – "посторонний"». И о ней сказано: «Никто посторонний не должен есть святыни»[110], потому что «святыня» – это мир захар. «"Но она может есть из подношений, поскольку пребывает в мире некева"».

137) «"И поскольку она от мира некева, она может есть от него только лишь ночью", ибо в это время – власть нуквы, т.е. Малхут, "как сказано: "А когда зайдет солнце, и он станет чист, тогда может он есть от святынь, ибо это – хлеб его"[111]. Так как святость, относящаяся к миру захар, можно есть только днем", ибо это время власти захара, т.е. Зеир Анпина. "Поэтому сказано: "Исраэль – святыня Творцу, начаток урожая Его"[112]. И он называется начатком, "потому что высшее начало всего мира захар является святостью", т.е. высшие Аба ве-Има, являющиеся мохин Зеир Анпина. "А то, что поднялось от этой святости, – это Исраэль", Зеир Анпин. "И поэтому: "Исраэль – святыня Творцу, начаток урожая Его"[112]».

138) «"Когда духи навещают кладбище, в то время, когда навещают", т.е. со времени, когда наступила тьма, и до полуночи, их", умерших без сыновей, "они не навещают, поскольку те не удостаиваются мира святости, как сказано: "Никто посторонний не должен есть святыни"[110]. И нет у их духов наполнения, чтобы наполнить тело на кладбище. "И если этот дух не удостоился исправиться должным образом после того, как вернулся в кругооборот, то даже в этом месте" мира некева, "он не может есть от приношений, и называется посторонним даже по отношению к нижнему миру", миру некева, "и не ест от них. (Сказанное) до сих пор – об этой тайне"» левиратного брака.

---

[110] Тора, Ваикра, 22:10. «И никто посторонний не должен есть святыни; жилец коэна и наемник не должен есть святыни».

[111] Тора, Ваикра, 22:7. «А когда зайдет солнце, и он станет чист, тогда может он есть от святынь, ибо это – хлеб его».

[112] Пророки, Йермияу, 2:3. «Исраэль – святыня Творцу, начаток урожая Его. Все поедающие его будут осуждены; бедствие придет на них, – сказал Творец».

139) «"Старик, старик! Когда ты начал плыть по большому морю, – по своему собственному желанию во все стороны моря. Теперь необходимо раскрыть, потому что сказал я, что этот избавитель", новый муж, "когда является и входит в это кли", к своей жене, "он вносит и передает этот свой дух в это кли, и ничего не пропадает, даже лепет уст,[113] все это так и все правильно. Старик, старик. Если ты расскажешь и раскроешь, то говори без страха"».

140) «"Об остальных людях в мире, покидающих его, мы ведь знаем, что он оставил свой дух в бывшей жене своей, и этот дух он внес туда" при первом соитии. "Что же стало с этим духом? И если эта женщина снова выходит замуж, то тоже, что происходит с тем духом, который оставил в ней первый муж, ведь другой мужчина входит к ней?"»

141) «"Один дух не может быть с другим. Но ведь тот, кто вошел к ней сейчас, привнес в нее дух, и также первый, который ушел, тоже внес в нее дух. У первого, который отошел, были сыновья, и тот, который сейчас, не считается избавителем". И поэтому, "дух, который оставил в ней первый в этом кли, а затем пришел другой, и привнес в нее дух" также и он, – "конечно же, не могут быть оба в теле этой женщины вместе. И если скажем, что он пропал, такого не может быть", ибо ничего не пропадает, как мы уже говорили. И в таком случае, "что же с ним происходит?"»

142) «"И также, если она не вышла замуж, что становится с духом, оставленным ей мужем? И если мы скажем, что он исчезает, то это не так. Всё это необходимо раскрыть теперь". Сказал себе: "Старик, старик! Посмотри, что ты сделал, и во что ты ввел себя. Встань, старик, подними свое знамя. Встань, старик, принизь себя перед Господином твоим"».

143) «Провозгласил этот старец и сказал: "Творец, не было надменно сердце мое, и не возносились глаза мои, и не следовал я за великим и недостижимым для меня"[114]. Царь Давид сказал это, будучи высшим царем и властителем над всеми высшими царями и над правителями, какие есть с востока

---

[113] См. выше, п. 119.
[114] Писания, Псалмы, 131:1. «Песнь ступеней Давидова. Творец, не было надменно сердце мое, и не возносились глаза мои, и не следовал я за великим и недостижимым для меня».

до запада", т.е. они боялись его могущества, "и не пожелало сердце его оставить этот путь, и всегда склонял он сердце свое перед Господином своим. А когда занимался Торой, он становился сильным как лев, но глаза его всегда были опущены долу в страхе перед Господином его. А когда он находился среди народа, никогда не вел себя непочтительно"».

144) «"И об этом сказано: "Творец, не было надменно сердце мое"[114] – хотя я царь и властитель над всеми остальными царями мира, "и не возносились глаза мои"[114] – в момент, когда я стою пред Тобой, занимаясь Торой, "и не следовал я за великим и недостижимым для меня"[114] – в час, когда я нахожусь среди народа. И если царь Давид сказал так, то остальные люди в мире – тем более. И я, – насколько я смирен сердцем и потупляю взор пред святым Царем. И не хотелось бы мне, чтобы в святых речениях Торы вознеслось сердце мое"».

145) «Сказал (себе): "Усталый, бессильный старик! Как прекрасны слезы на бороде твоей, подобно тому, как был прекрасен лучший елей, стекавший по бороде Аарона, добродетельного старца. Скажи свою речь, старик, потому что святой Царь здесь. У остальных людей в мире, которые покинули его, оставив дух в том кли, которым пользовались", т.е. в женах своих, "если она выходит замуж за другого, и тот ввел в это кли другой дух, что происходит с первым духом? Как я уже сказал"».

146) «"Смотри, сколь возвышены могущественные деяния, совершаемые святым Царем, и кто может поведать о них?! Когда второй муж входит и вносит дух в это кли", в жену, "первый дух", от первого мужа, "обвиняет вошедший дух, и они не уживаются вместе"».

147) «"И поэтому жена не может ужиться, как следует, со вторым мужем, потому что дух первого бьется в ней. И тогда она помнит его всегда, плача или вздыхая о нем, ведь дух его словно змей бьется в чреве ее и обвиняет другой дух, который вошел в нее от второго мужа. И долгое время они обвиняют друг друга"».

148) «"И если прогнал тот, что вошел" от второго мужа, "этот дух, который был первым", от первого мужа, "то первый выходит и удаляется. А иногда первый выталкивает второй и

становится обвинителем ему до тех пор, пока не выживет его из мира. И об этом мы учили, что более двух", т.е. после того, как умерло у нее два мужа, "никто не должен брать эту женщину. Ибо ангел смерти укрепился в ней. И люди не знают, что если этот дух", первого мужа, "укрепился и победил другой дух, второй", и выжил его из мира, "отныне и далее не должен другой человек иметь с ней дело"».

149) «"Друзья, я ведь знаю, что в этом месте вам следует задаться вопросом: в таком случае, второй муж умер не по решению (высшего) суда, и ему не вынесли приговор свыше?!", но дух первого мужа выжил его. "Посуди сам, всё это по решению (высшего) суда", поскольку выносят приговор наверху, "что такой-то пересилит того-то, или такой-то не будет обвинять такого-то. А тот, кто берет вдову, подобен тому, кто уходит в море, когда дуют сильные ветры, не привязав себя веревками, и не знает, выйдет ли он с миром или же потонет в этой бездне"».

150) «"А если тот, что вошел" сейчас, дух "этот второй, укрепился и пересилил первый" дух, "то первый выходит оттуда и удаляется. В какое место ушел он, и что стало с ним? Старик, старик, что ты сделал – ты думал, что поговоришь немного и уйдешь от этого? Ведь ты вошел в место, в которое не входил другой человек с того дня, как Доег и Ахитофэл составили эти вопросы. Это четыреста вопросов, которые задавались о башне, парящей в воздухе, и ни один человек не ответил на них, пока не явился царь Шломо и не выяснил их один за другим как полагается. Старик, старик, высшую тайну, которая была сокрыта, ты собрался открыть, – что ты сделал?!"»

151) «"Старик, старик, с самого начала ты должен был оберегать путь свой, и предусмотреть в начале, но теперь не время скрываться, старик, вернись к могуществу своему. Тот дух, который вышел, – куда он ушел?" Заплакал и сказал: "Друзья, все эти разы, когда я плакал, это было не из-за вас, но боялся я Владыки мира, что открыл я без разрешения скрытые пути. Однако открыто пред Творцом, что не во славу себе я это сделал и не во славу отцу моему, но желание мое – служить Ему. И увидел я величие одного из вас в том мире, и я знаю, что и другой так же, но это не было открыто предо мной, а теперь я вижу"».

152) «"Мы учили, что одни люди изгоняют других, изгоняются они множеством скрытых путей. Первый дух, который был изгнан вторым, куда он ушел? Этот дух вышел и идет, скитаясь по миру, и сам не зная, приходит на могилу этого человека. И оттуда он (идет и) скитается по миру, и является людям во сне, и они видят во сне облик этого человека, и он сообщает им о вещах в соответствии с путями того первого духа, который произошел от него. Так же, как в том мире, так же странствует он и сообщает им в этом мире"».

153) «"И так он ходит и скитается по миру, и всегда навещает эту могилу, до тех пор, пока духи не являются навестить могилы этих тел". И тогда приходит также и сам дух первого мужа на могилу навестить свое тело. "Тогда этот дух", являющийся только частью основного духа, "соединяется со своим основным духом, и облачается в него и тот удаляется. И когда" этот дух "входит в свое место, он освобождается от него. И есть у него место среди тех чертогов, что в Эденском саду, или снаружи, – в соответствии с путями каждого, и там он скрывается"».

154) «"А когда эти духи навещают этот мир, то те умершие, которые вселены в живых, вселены только благодаря притяжению духа", т.е. того духа, который муж оставляет в жене своей при первом соитии, "и в него облачается другой дух", основной. "И если мы скажем, что в таком случае, это благо для этого духа, и эта женщина может сделать благо каждому", так как благодаря духу, оставленному в ней мужем, нуждается этот дух в жизни, "то это не так. Ибо если бы она не была замужем за другим, и первый дух не был бы изгнан из-за другого человека", т.е. второго мужа, "другое благо было бы у него, в другом виде, и не прилагал бы таких усилий в этом мире так, как он" прилагает, "и не нуждался бы в жизни в этом мире, – как он скитается туда-сюда"».

155) «"В таком случае, разве второе замужество этой женщины не было свыше, ведь ты сказал, что один муж изгоняет другого? Но я говорю, что этот второй муж, взявший эту женщину, это ее настоящий супруг, а тот первый не является ее настоящим супругом. И поэтому она принадлежит второму, и когда приходит время", и он берет ее, "первый изгоняется им. Несомненно, что это так, ибо первый дух, который был в этой

женщине, изгоняется лишь из-за второго, так как он является ее супругом"». Таким образом, второе замужество – оно свыше.

156) «"А все те вторые мужья, изгоняемые первыми" мужьями, – "там первые были их супругами, а не они. И поэтому нет у них жизни с ними (женами). И изгоняется дух второго духом первого. Поэтому тот, кто берет вдову, возглашают о нем: "И не знает, что на погибель ему"[115], "ибо напрасно расставляется сеть в глазах всякой птицы, а они за кровью их охотятся, подстерегают души их"[116]» – т.е. неизвестно, на самом ли деле она супруга его, или нет.

157) «"Вдову, не вышедшую замуж, – хотя и явился супруг, но она не хочет выходить замуж, – Творец не привлекает к суду. И Творец находит для этого человека другую жену. А вдова не подлежит суду за это в том мире, хотя и нет у нее сына. Потому что к женщине не относится заповедь "плодиться и размножаться", как мы уже выяснили"».

158) «"У этой женщины, не вышедшей замуж во второй раз, – тот дух, который оставил в ней муж", в первом соитии, "пребывает там", в женщине, "двенадцать месяцев, и каждую ночь он выходит и навещает душу (нефеш), и возвращается на свое место. После двенадцати месяцев, после того, как отдаляется суд этого человека", т.е. мужа ее, "потому что в течение всех этих двенадцати месяцев дух (руах) предается скорби каждый день, а после двенадцати месяцев выходит оттуда", от жены, "и уходит, и стоит во вратах Эденского сада. И навещает в этом мире это кли", т.е. жену, "из которого вышел. И когда эта женщина уходит из мира, выходит этот дух (руах) и облачается в ее дух (руах)", этой женщины, "и она удостаивается его в муже своем, и светят оба они как подобает, в едином соединении"».

159) «"Раз уж я дошел до этого места, надо раскрыть теперь скрытые пути Владыки мира, которых люди не знают. И все они идут путем истины, как сказано: "Прямы пути Творца,

---

[115] Писания, Притчи, 7:23. «Доколе стрела не разрежет печени его; как птичка спешит в силки и не знает, что на погибель ему».
[116] Писания, Притчи, 1:17-18. «Ибо напрасно расставляется сеть в глазах всякой птицы, а они за кровью их охотятся, подстерегают души их».

праведники пойдут по ним, а грешники споткнутся на них"[117]. Люди не знают и не замечают, насколько возвышенны деяния Творца, и насколько удивительны они. И люди не знают, но все они находятся на пути истины и не отклоняются ни вправо, ни влево"».

160) «"Те, кого возвращают в кругооборот, кто был выслан в изгнание из того мира, и нет для них супруги", – спрашивает, – "эта супруга, с которыми они сочетаются в этом мире, – кто же те женщины, с которыми сочетаются они в этом мире? Ведь у каждого человека есть супруга, кроме этого"», возвращенного в кругооборот.

161) «"Посмотрите теперь, насколько велики и важны могущественные деяния Его. "По тому, кто отвергает первую жену, жертвенник роняет слезы"[118]. Спрашивает: "Почему жертвенник? Но я говорю, что все женщины в мире пребывают в виде этого жертвенника", т.е. Малхут, потому что у каждой женщины есть корень в Малхут. "И поэтому они удостаиваются семи благословений, и все они – от Кнессет Исраэль", Малхут. "И если он отвергает ее", свою первую жену, "возвращается камень" высшего жертвенника, т.е. корень этой женщины, который в Малхут, "к уменьшению и недостатку. И в чем причина этого? В том, что эти отвергнутые соединяются вместе"», и насколько отдалена она от мужа своего, настолько она удалена от своего корня в Малхут.

162) «"И это скрытый смысл сказанного: "И напишет ей разводное письмо, и вручит ей, и отошлет ее из своего дома. И

---

[117] Пророки, Ошеа, 14:10. «Кто мудр, да разумеет это, благоразумный пусть поймет это: ведь прямы пути Творца – праведники пройдут по ним, а грешники споткнутся на них».

[118] Вавилонский Талмуд, трактат Санедрин, лист 22:1. «Сказал рабби Элиэзер: "По каждому, кто отвергает первую жену, даже жертвенник роняет слезы"».

уйдет она из дома его, и пойдет, и выйдет замуж за другого"[119]. Если уже сказал: "И пойдет, и выйдет замуж"[119] – не ясно мне, что это не тот, кто отверг ее? Почему же уточнено: "За другого"? Но это как мы учили. "Другой" мы учили и "другой" написано, и зовется он "другим", поскольку сказано: "Из праха другого произрастут они"[120], ибо возвращенный в кругооборот называется другим. "И отвергнутые соединяются вместе, отвергнутый в том мире", т.е. человек, возвращенный в кругооборот, у которого нет супруги, отосланный из того мира в этот мир, и женщина, "отвергнутая в этом мире", мужем ее. "И если раньше эта женщина находилась в высшем образе", в Малхут, "теперь она подчиняется нижнему образу", т.е. возвращенному в кругооборот, у которого нет супруги, и он взял ее в жены, "и зовется другим"», как объясняется далее, потому что он прилепился к другому богу, и за это снова проходит кругооборот в этом мире.

163) «"И он называется последним. Откуда нам известно, что он называется последним? Ибо сказано: "И последний восстанет на земле"[121]. Таким образом, этот возвращенный в кругооборот называется последним. А здесь сказано: "И возненавидит ее последний муж"[119], "или если умрет последний муж"[119]. Говорит: "Последний", но ведь следовало сказать: "Второй"? И если ты скажешь", что Писание подразумевает запрет, "чтобы не сочеталась браком с десятью, один за другим, то это не так. Разве именно с этим мужем она должна заключить брак, а не с другим?" И почему она должна быть запрещена другому? "И почему он в таком случае называется последним?"»

164) «"Но этот, это тот другой, как мы уже сказали, и он является другим, и он является последним. Ибо теперь этот

---

[119] Тора, Дварим, 24, 1-4. «Если возьмет кто-либо жену и совокупится с нею, и будет тогда, когда не обретет она милости в его глазах, ибо нашел он в ней нечто постыдное, он напишет ей разводное письмо и вручит ей, и отошлет ее из своего дома. И уйдет она из дома его, и пойдет, и выйдет замуж за другого; и возненавидит ее последний муж, и напишет ей разводное письмо и вручит ей, и отошлет ее из дома своего. Или если умрет последний муж, который взял ее себе в жены, не может ее первый муж, отославший ее, вновь взять ее, чтобы была ему женой, после того, как чистоты лишилась. Ибо отвратительно это пред Творцом, и не наводи греха на землю, которую Творец Всесильный твой дает тебе в удел».
[120] Писания, Иов, 8:19. «Вот она – радость пути его! Из праха другого произрастут они».
[121] Писания, Иов, 19:25. «И знал я: избавитель мой жив, и последний восстанет на земле».

камень вращается в праще". Иначе говоря, по отношению к первому телу, которое умерло, называется этот вращаемый в праще, поскольку возвратился повторно в мир, другим и последним. И так как нет у него супруги, он взял эту разведенную. И поэтому Писание называет его другим и последним. "Почему он называется другим" по отношению к первому телу, которое умерло, "ведь упало всё строение", т.е. первое тело, "вернувшись в прах", и его словно и не было, и возвращенный в кругооборот, – "он был таким, каким и был", первым телом, "а не другим? Почему же называют его другим? И также, почему он называется последним, разве он последний? Ведь если он делает прямыми пути свои" и исправляется, "то правильно", что он последний и больше не повторяет кругообороты. А если нет, ведь он повторяет кругообороты и будет зарожден, как и вначале, почему же он называется последним?"»

165) «"Но посмотри, сказано: "И увидел Всесильный всё созданное Им, и вот – хорошо очень"[122]. "Хорошо" – ангел добра, "очень" – ангел смерти. И каждому Творец готовит исправление"», так что даже ангел смерти снова становится свойством «хорошо очень».

166) «"Смотри, сказано: "И река вытекает из Эдена, чтобы орошать сад"[123] – т.е. Зеир Анпин, орошающий Малхут, называемую садом. "Эта река никогда не успокаивается, а все время плодится и размножается и приносит плоды. А другой бог оскопится, и никогда нет у него страстного желания, и он не плодится и не приносит плодов. Ведь если бы он приносил плоды, то загубил бы весь мир"».

167) «"И поэтому человек, способствовавший умножению этой стороны в мире, называется злом, и он никогда не увидит лика Шхины, как сказано: "Не водворится у Тебя зло"[124]. Если этот человек, возвращающийся в кругооборот, нарушает (заповедь) и прилепляется к тому другому богу, который не приносит плодов и не размножается в мире, он из-за этого называется другим. И это имя", ситры ахра (другой стороны),

---

[122] Тора, Берешит, 1:31. «И увидел Всесильный всё созданное Им, и вот – хорошо очень. И был вечер, и было утро – день шестой».

[123] Тора, Берешит, 2:10. «И река вытекает из Эдена, чтобы орошать сад, и оттуда разделяется и образует четыре главных реки».

[124] Писания, Псалмы, 5:5. «Ибо Ты не божество, желающее беззакония, не водворится у Тебя зло».

"привело к тому, что хотя это он", умерший, "он", совершающий кругообращение, "называется другим", как и ситра ахра, "другим, конечно"».

168) «"Последним называется, потому что после первого и далее уже называется последним. И называется" в Торе "последним, – второй это, но сразу называется последним. И так называет его Творец, последним, для того чтобы исправился" в этом кругообороте, "чтобы быть последним, и больше не возвращался" в кругообороты. "Третий тоже" называется последним. Так каждый раз", когда совершает кругообороты, "после первого и далее, называется тоже последним. И так надо называть его, последним, ведь если бы сразу назывался вторым, была бы возможность утверждать, что вернется" еще в кругообороты, "как вначале, и это строение", которое теперь, "разрушилось бы"».

169) «"Откуда нам это известно. Из того, что второй Храм назывался последним, как сказано: "Величие этого последнего Храма превзойдет величие первого"[125]. Ибо после первого и далее называется последним, чтобы не было возможности утверждать, что это строение падет, и они вернутся", чтобы отстроить его, "как вначале"».

170) «"И также этот", совершающий кругооборот, "называется последним", как и второй Храм. "И поэтому сказано: "Не может ее первый муж, отославший ее, вновь взять ее"[119]. Что значит "не может", "не возьмет" следовало сказать? Поскольку эта женщина прилепилась к другому, и опустилась в подчинение нижней ступени", ситры ахра (другой стороны), "Творец не желает, чтобы этот первый опустился со своей ступени, чтобы приносить плоды и слиться с той ступенью, которая не его"».

171) «"Смотри, если эта женщина не замужем, то даже если она будет прелюбодействовать со всеми людьми в мире, если муж пожелает ее, он может вернуться к ней. Но если связала себя браком с другим, она уже не может вернуться на прежнюю ступень, которая была у нее вначале"». И поэтому сказано:

---

[125] Пророки, Хагай, 2:9. «Величие этого последнего Храма превзойдет величие первого, – сказал Творец воинств. И в этом месте Я дам мир, – слово Творца воинств».

«Не может», – «"не может, конечно, вернуться на эту ступень никогда"».

172) «"После того, как чистоты лишилась"[119]. Мы учили, что лишилась чистоты в сердце его. Если так, то даже если удалится и будет прелюбодействовать не замужем", будет запрещена? И отвечает: "Но поскольку прилепилась к другому, она приняла на себя долю той стороны", зла. "А ее первый муж относится к противоположной стороне, добра". Однако, "в добре не будет ему в ней доли никогда, и не будет вовсе размножаться для этого места. Поэтому, если "отошлет ее"[119] последний муж "или если умрет последний муж"[119], она запрещена первому. Но остальным людям она разрешена – возможно, найдет она место, как вначале, и последний восстанет, чтобы соединиться с ней"».

173) «"Тот, у кого есть сыновья от первой жены, и он вводит эту женщину в свой дом, в этот день он связывается с суровым обращающимся мечом, по двум причинам: 1. Поскольку она уже вытолкнула двоих наружу, и теперь он третий. 2. И, кроме того, кли, которым пользовался другой, – как собирается он передать ему свой дух, и (как) соединится с ней и прилепится к ней? Не потому, что она запрещена, но она, несомненно, плохая чета для него"».

174) «"Рабби Левитас, житель деревни Оно, смеялся и насмехался над этой женщиной, если видел, что кто-то сближался с ней, и говаривал: "Сказано: "И смеется она над последним днем"[126] – тот, кто прилепляется к последнему мужу, затем будет посмешищем"».

175) «"Теперь нужно вернуться и внимательно изучить одно место, великое и возвышенное, которое было в мире, и ствол и корень истины, и это Овед, отец Ишая, отца Давида. Ибо сказано, что возвращающийся в круговорот называется последним", а Овед был круговоротом души Махлóна, умершего бездетным. "Как же корень истины вышел из этого места?"»

176) «"Однако Овед был исправлен высшим исправлением, и корень дерева, которое перевернулось", когда его жена

---

[126] Писания, Притчи, 31:25. «Крепость и достоинство – одежда ее, и смеется она над последним днем».

стала его матерью, "он вернул в надлежащее состояние, и тот возвысился благодаря ему и исправился как подобает. Поэтому зовется Овед", от слова служение (авду́т), "чего не удостоились остальные люди в мире"».

177) «"Пришел он", Овед, "обработал (авад) и окопал основание и корень этого дерева, и вышел из лика горечи, и снова исправил образ дерева", Малхут. "Явился Ишай, сын его, усилил его и исправил его, и укрепился в ветвях другого высшего дерева", Зеир Анпина, "и соединил дерево с деревом, и они переплелись друг с другом. Когда явился Давид, он обнаружил эти деревья", Зеир Анпин и Малхут, "переплетающимися и держащимися друг за друга, тогда он принял правление на земле. И Овед способствовал всему этому"».

178) «Заплакал этот старец и сказал (себе): "Ой, старик, старик! Разве не сказал я тебе, что ты вошел в великое море?! Теперь же ты в великих безднах. Исправься, чтобы подняться. Старик, старик, ты привел к этому! Ведь если бы ты промолчал вначале, было бы хорошо тебе. Но ты же не можешь, и некому держать тебя за руку, поскольку теперь ты один. Встань старик, и взойди на более высокую ступень!"»

179) «"Этот Овед исправился и удалился от злосчастного поля могил грешников. Пришел Ишай, сын его, исправил и окопал дерево. И все же, это тайна тайн, и не знаю я, говорить мне или не говорить. Скажи свою речь, старик, конечно скажи, с помощью этого узнаю́тся все остальные, проходящие этот кругооборот. Овед вместе с тем исправил дерево. Когда же пришел царь Давид, он оставался в нижнем дереве некевы", Малхут, "и должен был получить жизнь от другого, ибо собственной жизни у него не было.[127] И если при всем том, что он исправился и исправил всё, было так, то остальные жители мира, проходящие кругооборот, тем более не могут исправиться таким образом"».

180) «"Всеми сторонами он направляет (себя) к кругообороту. Перец был тоже", т.е. был кругооборотом души Эра. "Боаз был тоже", т.е. был кругооборотом души Йегуды. "Овед был тоже", – был кругооборотом души Махлона. "И у всех у них

---

[127] См. Зоар, главу Ваишлах, п. 53. «"Жизни просил он у Тебя – Ты дал ему долголетие навеки". "Жизни просил он у Тебя" – это царь Давид...»

вышло древо со стороны зла и прилепилось затем к стороне добра. Вначале сказано: "И был Эр, первенец Йегуды, неугоден"[128]. Махлон тоже был нечестив, но не настолько. Но зло в них было уничтожено, и впоследствии зародилось добро. То есть, это тот, о котором сказано: "И хорош видом"[129], "и Творец с ним"[130]. Здесь было установлено нижнее дерево, Малхут, как положено. "Воцарился Всесильный над народами"[131]».

181) «"В начале всего, от высшей сущности и основы укоренились ступени: Реувен, Шимон, Леви и Йегуда", и это Хесед, Гвура, Тиферет и Малхут. Что сказано о нем (о Йегуде): "На этот раз возблагодарю Творца"[132], и сказано: "И перестала рожать"[132]. И это как сказано: "Ликуй, бездетная, не рожавшая"[133]. Потому что, когда родился Йегуда, нуква", Малхут, "соединилась с захаром", Зеир Анпином, "но они не были в своем исправлении паним бе-паним, и она", Малхут, "была неспособна родить. Когда отделил ее Творец", т.е. обособил ее от ахораим захара, "и исправил ее, тогда она стала способной забеременеть и родить"», как он объясняет нам далее.

182) «"И в книге Ханоха изречение: "И перестала рожать"[132] сказано не о Лее", Нукве Зеир Анпина, находящейся выше хазе, "а сказано о Рахели: та, что оплакивает сыновей своих, та, что укоренилась в Йегуде", и это нуква, находящаяся ниже хазе, "и это буквы "йуд-хэй-вав יהו" "далет-хэй דה" (Йегуда יהודה). "И перестала рожать"[132] – потому что еще не исправилась"».

183) «"Вначале высший образ был всем", т.е. даже Рахель поднялась и находилась выше хазе. "Реувен (ראובן) – это буквы

---

[128] Тора, Берешит, 38:7. «И был Эр, первенец Йегуды, неугоден в глазах Творца, и умертвил его Творец».

[129] Пророки, Шмуэль 1, 16:12. «И он послал и привел его, а он румян, с глазами прекрасными, и хорош видом. И сказал Творец: "Встань, помажь его, ибо он это!"»

[130] Пророки, Шмуэль 1, 16:18. «И отозвался один из отроков и сказал: "Вот видел я сына у Ишая из Бейт-Лехема, он сведущ в игре и герой ратный, и воин, и разумен в речах, и статен, и Творец с ним"».

[131] Писания, Псалмы, 47:9. «Воцарился Всесильный над народами, Всесильный воссел на престоле святом Своем».

[132] Тора, Берешит, 29:35. «И зачала еще и родила сына, и сказала: "На этот раз возблагодарю Творца!" Потому нарекла ему имя Йегуда. И перестала рожать».

[133] Пророки, Йешаяу, 54:1. «Ликуй, бездетная, нерожавшая, разразись песней и веселись, не мучившаяся родами, ибо многочисленнее сыновья покинутой, чем сыновья замужней, – сказал Творец».

слов "свет сына (אור בן ор бен)", и это означает сказанное: "И сказал Всесильный: "Да будет свет!"[134], – т.е. правая сторона", Хесед Зеир Анпина. "Шимон – левая сторона, и это свет вместе с отходами золота. Ибо Шимон (שמעון) – это буквы слов "название провинности (שם עון шем авон)", левая сторона, Гвура Зеир Анпина. "Леви – соединение всего, чтобы соединиться двум сторонам", так как это средняя линия, соединяющая правую сторону с левой. И это Тиферет Зеир Анпина. И после того, как вышли ХАГАТ Зеир Анпина, расположенные выше хазе, выходит Нуква, называемая Рахель. И это "Йегуда (יהודה)", т.е. нуква, и "нуква прилепляется к захару", т.е. к ХАГАТ Зеир Анпина, "йуд-хэй-вав יהו" – это захар", т.е. ХАГАТ, "далет-хэй דה" – это нуква", Рахель, "которая была с ним"», с захаром.

184) Спрашивает: нуква обозначается буквами «"далет-хэй דה", – почему "далет-хэй דה"? Однако "далет ד" нуква называется в то время, "когда зло слито с ней", т.е. когда она только в свойстве левой (линии), и слита с обратной стороной (ахораим) захара. Она "далет דַּלֵּת" – означает, что она бедная и должна возвратиться в кругооборот", т.е. кругообороты от Йегуды до царя Давида, "чтобы устранить это зло, и пребывать во прахе, чтобы затем вырасти на стороне добра"», т.е. с помощью строения Абы ве-Имы (вырасти) снова, как сказано: «И отстроил Творец Всесильный ту сторону»[135], «"дабы выйти из бедности к богатству. И тогда называется буквой "хэй ה". И поэтому" Йегуда (יהודה) – "это буквы "йуд-хэй-вав יהו" далет-хэй דה"», где «йуд-хэй-вав יהו" – это ХАГАТ Зеир Анпина, "далет-хэй דה" – это нуква, в двух ее вышеуказанных состояниях, когда она соединяется с захаром.

185) Сказал себе: «"Выйди, старик, из бездны, не бойся. Сколько кораблей приготовлено для тебя в час, когда ты поплывешь по морю, чтобы отдохнуть на них". Заплакал, как вначале, и сказал: "Владыка мира, чтобы не сказали высшие станы, что я стар и плачу как ребенок, открыто Тебе, что ради славы Твоей я делаю это, а не ради своей славы. Ибо вначале я должен был остеречься, не заходить в великое море, но теперь, поскольку я в нем, нужно мне плыть во все стороны и выйти из него"».

---

[134] Тора, Берешит, 1:3. «И сказал Всесильный: "Да будет свет!" И был свет».

[135] Тора, Берешит, 2:22. «И отстроил Творец Всесильный ту сторону, которую взял у Адама, чтобы быть ему женой, и привел ее к Адаму».

186) «"Йегуда! Ты, восхвалят тебя братья твои"¹³⁶. То есть, когда мы произносим: "Благословен Ты", Он – благословен", когда Есод Зеир Анпина передает хасадим Малхут, он благословен, "а она – Ты"», а Малхут называется Ты. Ибо имя Ты указывает на хасадим, ведь сказано: «Ты – коэн»¹³⁷, как выяснится далее. «"Ни одному сыну Яаков не сказал: "Ты", но лишь в том месте, где необходимо". Поскольку Малхут происходит от левой стороны, в которой светит Хохма без хасадим, и она нуждается в имени Ты, хасадим, для того чтобы облачить в него Хохму, так как без хасадим Хохма не светит и является тьмой. "Поэтому (сказал Йегуде): "Ты"».

187) «"Восхвалят тебя братья твои"¹³⁶ – все возблагодарят тебя за это имя, конечно. "Восхвалят тебя братья твои"¹³⁶ – благодаря этому имени удалилась и покорилась другая сторона. Ведь когда упоминается оно", имя Йегуда, "то выходит ситра ахра вместе с ней"», т.е. с буквой «**д**алет ד» слова Йегу**д**а (יהודה), указывающей на ее первое состояние, когда она исходит только от левой стороны, от которой питается ситра ахра из-за отсутствия хасадим, которые в правой. «Когда говорят: "Ты", что означает притяжение хасадим от правой стороны, "тогда есть у нее власть и величие, и ситра ахра смиряется и не показывается там. Конечно, этим именем она записывается и очищается от ситры ахра", так как при облачении в хасадим отдаляется от нее ситра ахра. "И это подъем и правление ее", Малхут, "и разбиение и бедствие другой стороны. Когда "восхвалят тебя братья твои"¹³⁶ за это имя, "Ты", тогда "рука твоя на хребте врагов твоих"¹³⁶, тут же ситра ахра подчинится тебе. И это имя стало причиной этого"».

188) «"Я знаю, друзья, я знаю, что этим именем Ты называете вы другое, высшее место, как сказано: "Ты – коэн вовеки"¹³⁷, и оно находится в высшей правой стороне", в Хохме. "Это верно, потому что рабби Шимона восхваляют высшие и низшие, и он удостоился всего. Всё, что он сказал, – так оно и есть, и всё верно"».

189) «"Но когда вы придете к нему, скажите и напомните ему снежный день, когда мы посеяли бобы пятидесяти двух

---

¹³⁶ Тора, Берешит, 49:8. «Йегуда! Ты, восхвалят тебя братья твои; рука твоя на хребте врагов твоих; поклонятся тебе сыны отца твоего».

¹³⁷ Писания, Псалмы, 110:4. «Клялся Творец и не раскается: "Ты коэн вовеки, – по слову Моему, – (как) Малкицедек"».

видов, ибо "Ты – коэн"¹³⁷ означает здесь, что соединяется чаша благословения", т.е. Малхут, называемая Ты, "с правой (стороной)", т.е. Хеседом, который называется коэном, "без всякого разделения. И поэтому: "Ты – коэн вовеки"¹³⁷, ибо здесь соединяется чаша", Малхут, "как подобает"», и поэтому пребывает «вовеки»¹³⁷.

Понятия «снежный день» и «посев бобов пятидесяти двух видов», уже пояснялись выше,¹³⁸ что «снежный день» – это то время, когда Малхут включена только в левую линию. И тогда она переполнена судами, называемыми «лёд» и «снег». И это продолжается, пока не явится средняя линия, Зеир Анпин, и не поднимет экран Малхут в Бину, и т.д., что называется посевом бобов. И тогда раскрываются хасадим, и свечение Хохмы, имеющееся в левой линии строения Малхут, облачается в эти хасадим, что и называется Ты. И тогда удаляются суды снега, и Хохма светит во всем совершенстве. И на это намекнул старец, объясняя выражение: «Ты – коэн вовеки»¹³⁷, ведь после того, как Ты, Малхут, соединяется с хасадим, коэном, вследствие «посева бобов» средней линии, тогда он пребывает вовеки.

190) «"И поэтому говорит Писание: "Йегуда! Ты" – за это Ты "восхвалят тебя братья твои"¹³⁶. Ибо не сказано: "Йегуда, восхвалят тебя братья твои", и не более того, но именно за имя Ты восхвалят его братья. "Ты" – это место", Малхут, "нуждается в этом имени", так как она пребывает в судах, в снеге и льде, с левой стороны, как мы сказали в предыдущем пункте, "а не в другом"», ибо другая ступень не нуждается в нем, и только Малхут исходит от левой стороны и целиком строится с его помощью, но не другая.

191) «"Йегуда – это первый отец" Эра и Онана, "и второй отец" Переца и Зераха, которые являются кругообращением (душ) Эра и Онана. "И у него не было никогда подмены", т.е. не подменилась его ступень, как в случае, когда брат становится его отцом. Когда умерший бездетным проходит кругооборот в сыне, рождающемся от его брата, женившегося на вдове, и брат его становится его отцом, то это является понижением ступени и недостатком. Однако у Йегуды никогда не было подмены и понижения ступени, ибо он был также и первым отцом Эра и Онана, которые возвратились в кругооборот душ Переца и

---

¹³⁸ См. выше, п. 74.

Зераха. "И поэтому Перец побеждал своей отвагой (гвура)"», как сказано: «Как прорываешься ты напролом!»[139], – потому что не было у него понижения ступени. «"Но этого не было у всех остальных жителей мира", входящих в кругооборот, поскольку есть у них понижение, так как брат их становится их отцом. "И поэтому строение Давида отсчитывается от Переца, а не от Боаза, у которого была перемена", ведь он не был первым отцом возвращаемого в кругооборот, т.е. Махлона. "Друзья, если вы всмотритесь" в мои слова, "то это не будет словами, сказанными в недоступной форме", без возможности их понять, "хотя они и неясны"».

192) «"И потому приобрел Йегуда это имя и зовется "Ты". Он в первый раз поднялся за чистоту его", – в случае с Эром и Онаном, "и во второй раз", – в случае с Перецом и Зерахом, "и не менялся никогда. И сыновья Йегуды и семя его благодарят и возглашают: "Ведь Ты – отец наш!"[140] – так как не произошло у них понижения, когда брат становится отцом. "И это не так у остальных возвращающихся в кругоборт в мире. У остальных возвращающихся в кругоборт – два отца и две матери свойственны их строению", потому что кроме первого отца, также и брат его становится его отцом, и тогда у него два отца. И также две матери, когда кроме первой матери, также и жена его становится его матерью. "И эти тайны, они в глубинах морских, в сердце бездны, кто может их извлечь оттуда?! Встань, старик, будь настойчив и укрепись в могуществе своем, и извлеки жемчужины из бездны!"»

193) «"У Боаза вроде была перемена, когда он родил Оведа. Ибо Овед был порожден переменой", т.е. Боаз – второй отец. "Но это не так. Ивцана[141] звали Боаз". И почему зовется Боазом? "Поскольку он является первым отцом, у которого не

---

[139] Тора, Берешит, 38:28-30. «А при родах ее высунул один руку, и взяла повитуха, и навязала ему на руку алую нить, сказав: "Этот вышел раньше". Но едва возвратил он руку свою, как вот вышел брат его. И она сказала: "Как прорываешься ты напролом!" И нарекли ему имя Перец. Потом вышел брат его, у которого на руке алая нить, и нарекли ему имя Зерах».

[140] Пророки, Йешаяу, 63:16. «Ведь Ты – отец наш, ибо Авраам не знал нас, и Исраэль не признаёт нас, Ты, Творец, – отец наш, Избавитель наш, вечно имя Твое».

[141] См. Пророки, Шофтим, 12:8. «И судил после него Исраэль Ивцан из Бейт-Лехема». Ивцан – один из судей Исраэля, судивший за нарушение законов, данных всему народу Творцом.

было перемены". То есть Йегуда, являющийся первым отцом, прошел кругооборот в нем. "И если ты скажешь, что он был", и не является кругооборотом Йегуды, но все же "несомненно, что в момент побуждения его к этому действию", – сочетанию левиратным браком, "кто-то сильный, "как лев и как львица"[142], т.е. Йегуда, "был в нем"», – и поэтому он называется Боаз (בעז), от слов «в нем – сила (бо оз בו עז)», и это Йегуда. И это было «"для того, чтобы не происходило перемен в роду, и" поскольку совершил в нем кругооборот Йегуда, "всё вернулось к первоначальному корню, чтобы все были от одного отца и из одной родословной. И все они – одно целое, и не было перемены в кругооборотах семени Давида, и поэтому "Ты" – от начала и до конца, без какой-либо перемены"».

194) «"Теперь ты вышел, старик, из глубины сердца моря. Йегуда, Ты, безусловно, от начала и до конца. А все остальные сыновья, кроме него одного, недостойны называться "Ты". Благословен удел Давида, который избран таким образом, и поднялся выше остальных корней живущих на земле"».

195) «"Восхвалят тебя все живущие в мире", – следовало бы сказать. В чем смысл сказанного: "Братья твои"[136]? Но так принято у всех живущих в мире, что левиратный брак для повторного кругооборота" умершего бездетным "осуществляется только со стороны братьев, и брат его женится на вдове. А "Ты" сам вошел к его вдове, – и здесь все братья твои восхвалят тебя, что не была продолжена от них, ни от одного из них, царская родословная, – лишь "Ты" один. "Ты" – от начала и до конца, всё ты сделал, и от тебя вышла вся родословная и весь род "льва"».

196) «"Сыновья твои – сыновья льва, которые не были зарождены от подмены братьями своими и не переменились, и не переняли свойств ни ягненка, ни быка, ни козленка". Ибо двенадцать образов имеется в двенадцати знаках удачи, и они соответствуют двенадцати коленам. А сыновья Йегуды все были в образе льва. "И только лев начал строить, и лев завершил строение. Вся твоя родословная – дети льва, ведь если бы кругообращение исходило со стороны брата твоего" в сыновьях

---

[142] Тора, Берешит, 49:9. «Молодой лев – Йегуда. От растерзания, сын мой, ты устранился. Преклонил он колена, лёг, как лев и как львица, кто посмеет тревожить его».

твоих, "переменились бы все образы, и одни смешались бы с другими. За это "будут восхвалять тебя братья твои"[136] – за то, что ни один из них не вошел в кругооборот в родословной сыновей твоих. Вознесена рука твоя (в клятве), что не было в тебе смешения ни от одного из них"».

197) «"От растерзания, сын мой, ты устранился. Преклонил он колена, лег, как лев и как львица, кто посмеет тревожить его"[142]. "От растерзания, сын мой, ты устранился"[142] – т.е. не было поживы и пищи другому на столе твоем. "Преклонил он колена"[142] – во время кончины Эра. "Лег"[142] – во время кончины Онана. А затем укрепился, "как лев"[142] – чтобы породить Переца, "и как львица"[142] – чтобы породить Зераха. "Кто посмеет тревожить его"[142] – как сказано: "И более не познавал он ее"[143], а в таргуме сказано, что уже не прекращал. И это означает: "Кто посмеет тревожить его"[142] – кто посмел сказать, что эта женщина запрещена, кто посмеет сказать, что после того, как восполнила она пути свои, не нужна тебе больше. То есть ставшая вдовой, поскольку восполнила пути свои, не нужна тебе больше, и можно расстаться с ней. Но "кто посмеет тревожить его"[142] – конечно, отныне и далее она принадлежит ему. Ибо вывела она бьющегося в чреве ее"», – т.е. дух первого мужа ее, оставленный в ней при первом соитии, который бьется в чреве ее, а теперь она вывела его.

198) «"Это нераскрытая тайна. Почему брат этого человека?", – должен вступить в брак с вдовой его. "И еще. Почему Йегуда, отец его?", – вошел к его вдове. И почему это не может быть посторонний человек, не являющийся близким родственником? "Однако тот, кто бьется в чреве вдовы", т.е. дух, оставленный в ней умершим мужем, видит, что тот, кто оберегает его", т.е. родственник его, "возводит на него обвинения со всех сторон". Если бы это был посторонний человек, он отверг бы его.[144] Однако близкого его он не желает отвергать, поэтому хочет уйти" оттуда. "И когда выходит, призывает другого, т.е. тот другой дух", основной дух умершего, "и они входят" вдвоем "в чрево этой женщины, как вначале, пока он не отстраивается как вначале", т.е. входит в кругооборот в капле семени нового мужа. И это произошло "в силу возведенного на брата резкого

---

[143] Тора, Берешит, 38:26. «И опознал Йегуда и сказал: "Права она, от меня. Ведь это потому, что я не дал ее Шеле, моему сыну". И более не познавал он ее».

[144] См. выше, п. 146.

обвинения". Ведь поэтому он и решил выйти из нее, как объяснялось выше. "И отныне тому разрешена эта женщина", так как дух обвинителя уже вышел из нее. Поэтому родственник должен вступить с ней в брак, ибо постороннего, неблизкого человека, этот дух отверг бы.

199) «"Благословен удел Йегуды. Вначале он был львенком, а затем львом, т.е. упрочился и распространился, благодаря силе своей, как лев. И завершил свойством "львица". Все остальные жители мира – не так. И поэтому Йегуда" – Ты, "как объяснялось выше"».

200) «"Реувен, Шимон, Леви – их трое, как мы уже сказали", и это ХАГАТ. "Йегуда соединился с ними", и это Малхут, и всё как и должно быть. "Исасхар, Звулун – два бедра (ерехаим)", Нецах и Ход, место, от которого получают питание истинные пророки. Исасхар – правое бедро (ерех)", Нецах. "Сказано: "Из сыновей Исасхара, владеющих знанием (бина) времен"[145], – это значит, что Нецах распространяет свет Бины в Малхут, называемую временами. "И сказано: "Радуйся, Звулун, при выходе твоем"[146], – и это значит, что Ход является окончанием пяти сфирот ХАГАТ Нецах-Ход, представляющих собой меру распространения света Бины, и от него и ниже считается выходом со ступеней. "И в большой мере" есть семь сфирот ХАГАТ НЕХИМ. И тогда "сказано: "Звулун у берега морей разместится, и он – у корабельной пристани"[147] – т.е. (разместится) до Малхут, называемой морем и называемой кораблем. В чем причина?", – что размещается до Малхут. "В том, что "граница его – до Цидона"[146] – т.е. мера его границы (ерех)", Ход, "до Цидона"[146]», – до Малхут, называемой Цидон.

201) «"Биньямин остался наверху, меж бедрами (ерехаим)", и это Есод, и хотя Йосеф является Есодом, "Йосеф был образом его на земле", т.е. Малхут, "и для того чтобы пользоваться этим миром", Малхут. "И с ним пользовался Моше, как сказано:

---

[145] Писания, Диврей а-ямим 1, 12:33. «И из сыновей Исасхара, владеющих знанием времен, чтобы выяснять, что нужно делать Исраэлю, – двести начальников их и все соплеменники их, (действующие) по слову их».

[146] Тора, Дварим, 33:18. «Радуйся, Звулун, при выходе твоем, а ты, Исасхар, в шатрах твоих».

[147] Тора, Берешит, 49:13. «Звулун у берега морей разместится, и он – у корабельной пристани, и предел его – до Цидона».

"И взял Моше кости Йосефа с собою"[148]. Биньямин поднялся наверх", в Есод Зеир Анпина, "и Биньямин – праведник мира"», Есод. И различие между Йосефом и Биньямином подробно объяснялось ранее.[149]

202) «"От колен и ниже", где есть еще две части, "это Дан и Нафтали, Гад и Ашер. В левой ноге: Дан – до стопы", т.е. средняя часть, "Нафтали – это стопа", т.е. нижняя часть. "Поэтому сказано: "Нафтали – стремительная лань"[150] – т.е. стремительны ноги его. В правой ноге: Гад, "и он будет преследовать их по пятам"[151], – т.е. до части "пята", и это средняя часть; Ашер – в части правой пяты, т.е. в нижней части, "и это смысл сказанного: "И окунать будет в елей ногу свою"[152]. И сказано: "Железо и медь затворы твои"[153]». Итак, в трех частях правой ноги: Исасхар находится в верхней части, Гад – в средней, и Ашер – в нижней. А в трех частях левой ноги: Звулун находится в верхней части, Дан – в средней, Нафтали – в нижней.

"Все они", двенадцать колен, – "это высшие формы в форме, которая выше. И поскольку они были созданиями именно в этом мире, установилась в них Шхина, в этих двенадцати частях, двенадцати продолжениях, произошедших от самого Исраэля", Зеир Анпина, "как сказано: "Все эти (אלה) колена Исраэля, двенадцать"[154]. Продолжения Исраэля называются ЭЛЕ (אלה), чтобы распространилось" в них "имя МИ (מי), чтобы это строение было, как подобает, чтобы весь Исраэль стал именем Элоким (אלהים). ЭЛЕ (אלה) – это весь Исраэль. МИ (מי) соединяет

---

[148] Тора, Шмот, 13:19. «И взял Моше кости Йосефа с собою, ибо (Йосеф) клятвенно наказал сынам Исраэля, говоря: "Вспомнив, помянет вас Всесильный, и вы вынесите мои кости отсюда с собою"».

[149] См. Зоар, главу Ваеце, п. 166, со слов: «Объяснение. Здесь завершается ответ на вопрос, который мы задавали раньше: если Йосеф и Биньямин родились от Нуквы...»

[150] Тора, Берешит, 49:21. «Нафтали – стремительная лань, возносящий речи прекрасные».

[151] Тора, Берешит, 49:19. «Гад – рать выступит против него, и он будет преследовать их по пятам».

[152] Тора, Дварим, 33:24. «А об Ашере сказал: "Благословен среди сынов Ашер. Будет он любим братьями своими и окунать будет в елей ногу свою».

[153] Тора, Дварим, 33:25. «Железо и медь затворы твои, и по мере дней твоих благополучие твое».

[154] Тора, Берешит, 49:28. «Все эти колена Исраэля, двенадцать, и это то, что сказал им их отец, когда благословлял их. И благословил он их, каждого – его благословением благословил их».

с собой ЭЛЕ (אלה), и тогда будет строение совершенным, как и должно быть, – действительно единым именем"».

Пояснение сказанного. Известно, что во время действия катнута поднимается Малхут в место Бины на каждой ступени, и тогда каждая ступень разделяется на две, поскольку Малхут, которая поднялась в место Бины, завершила там ступень под Хохмой. И на каждой ступени осталось только две сфиры, Кетер и Хохма, а три сфиры, Бина, Тиферет и Малхут, каждой ступени упали на ступень под ней. И эти пять сфирот КАХАБ ТУМ – это пять букв имени Элоким (אלהים), и считается, что две буквы МИ (מי) имени Элоким (אלהים), т.е. Кетер и Хохма, остались на ступени, а три буквы ЭЛЕ (אלה), т.е. Бина, Тиферет и Малхут, упали с каждой ступени на ступень под ней таким образом, что две буквы МИ (מי) остались в Бине, а три буквы ЭЛЕ (אלה) упали на ступень, которая под ней, т.е. в ЗОН. И также в ЗОН остались две буквы МИ (מי) этой ступени, а три буквы ЭЛЕ (אלה) упали на ступень под ними, т.е. в души праведников.

А во время гадлута возвращается Малхут и опускается из места Бины на свое место, и отменился экран (масах) Малхут, который разделил каждую ступень, и тогда поднимаются опять все нижние половины ступеней, которые упали со своей ступени, и соединяются с высшими, т.е. возвращаются на свою ступень. А буквы ЭЛЕ (אלה) Бины, которые упали в ЗОН, снова поднимаются в Бину и соединяются в одно целое с двумя буквами МИ (מי), которые остались на ней. И восполняется имя Элоким (אלהים), т.е. пять келим КАХАБ ТУМ, с пятью светами НАРАНХАЙ.

И тогда, поскольку буквы ЭЛЕ (אלה) Бины были в ЗОН, они во время своего подъема берут с собой также ЗОН, которые были облачены там, и ЗОН получают там мохин Бины. И таким же образом, когда поднимаются буквы ЭЛЕ (אלה) де-ЗОН, которые упали в души праведников, и соединяются с двумя буквами МИ (מי) де-ЗОН, и восполняется с их помощью имя Элоким (אלהים), они берут с собой также души праведников, которые были облачены в них, и эти души получают там мохин де-ЗОН.[155]

---

[155] См. подробное объяснение в «Предисловии книги Зоар», пп. 13-14 и п. 17, в комментарии Сулам.

И есть, таким образом, два строения. Первое строение – возвращение ЭЛЕ (אלה) в МИ (מי), когда восполняется тем самым имя Элоким (אלהים), как говорилось выше. И это точка шурук. Второе строение – подъем средней линии в МАН благодаря экрану в ней, уменьшающему ГАР де-ГАР и облачающему Хохму в хасадим, и это точка хирик.[156]

И это означает сказанное: «Продолжения Исраэля называются ЭЛЕ», т.е. нижняя половина ступени – Бина, Тиферет и Малхут де-ЗОН, называемые тремя буквами ЭЛЕ (אלה), упавшие в души праведников. И поэтому сказал до этого: «(В) продолжениях, произошедших от самого Исраэля», т.е. от высшего Исраэля, и это Зеир Анпин, и это во время катнута, а во время гадлута, «чтобы распространилось имя МИ (מי), чтобы это строение было, как подобает», так как во время гадлута буквы МИ (מי) снова соединяются с буквами ЭЛЕ (אלה), и строение имени Элоким (אלהים) восполняется в ЗОН. И тогда поднимаются вместе с буквами ЭЛЕ (אלה) также души праведников, которые были облачены там, как уже говорилось. И это означает сказанное: «Чтобы весь Исраэль стал именем Элоким (אלהים)», – т.е. Исраэль внизу, и это колена, которые поднимаются вместе с буквами ЭЛЕ (אלה) и восполняются в МИ (מי), и они тоже включаются в восполненное имя Элоким (אלהים), как мы уже говорили. И это смысл сказанного: «ЭЛЕ (אלה) – это весь Исраэль», – т.е. колена, «МИ (מי) соединяет с собой ЭЛЕ (אלה)», – т.е. после того, как Малхут опускается на свое место, МИ (מי) опять соединяются с ЭЛЕ (אלה), как уже было сказано, «и тогда будет строение совершенным, как и должно быть», – так как две половины ступеней МИ (מי) и ЭЛЕ (אלה) соединяются вместе в одно совершенное строение, «действительно единым именем», – именем Элоким (אלהים).

203) «"Это то, что сказал Яакову покровитель Эсава, как сказано: "Ибо ты боролся со Всесильным (Элоким)"[157], т.е. наверху", – поднялся с буквами ЭЛЕ де-ЗОН и включился в имя Элоким (אלהים), и там соединилось и восполнилось имя "в первом исправлении, в первом строении", – т.е. в строении точки шурук, как объяснялось в предыдущем пункте. "Все они", колена Исраэля, "безусловно, являются первым строением"»,

---

[156] См. Зоар, главу Берешит, часть 1, п. 9. «Высшая точка, Арих Анпин, посеяла внутри чертога ИШСУТ три точки: холам, шурук, хирик...»

[157] Тора, Берешит, 32:29. «И сказал: "Не Яаков отныне наречено имя твое, а Исраэль, ибо ты боролся со Всесильным и людьми, и одолел"».

потому что соединение МИ (מי) с ЭЛЕ (אלה) произошло в первом строении.

204) «"И поэтому нет уничтожения Исраэля никогда во веки веков! А если, не ровен час, были бы уничтожены, имени этого", Элоким (אלהים), "не было бы", потому что три буквы ЭЛЕ (אלה) от Элоким (אלהים) облачены в души Исраэля,[158] "и это означает сказанное: "И истребят имя наше с земли, и что сделаешь Ты имени Твоему великому?"[159] То есть, "это великое имя – это первое строение, первое имя, Элоким (אלהים)". И ему недоставало бы букв ЭЛЕ (אלה), облаченных в души Исраэля. "А теперь Исраэль в изгнании, словно всё строение рухнуло", – т.е. недостает букв ЭЛЕ (אלה) строению имени. "В грядущем будущем, когда вызволит Творец сыновей Своих из изгнания, то МИ (מי) и ЭЛЕ (אלה), которые были разделены в изгнании, соединятся вместе, и имя Элоким (אלהים) будет совершенным, как и должно быть, и весь мир наполнится благоуханием. И это смысл сказанного: "Кто они (ми эле), летящие как облако, и как голуби в окна (голубятен) своих?"[160]»

205) «"И поскольку это одно имя, не написано: "Кто же они (ми ва-эле) (מי ואלה), (летящие как облако)", а написано: "Кто они (ми эле) (מי אלה)" – одним именем, без разделения, и это имя Элоким (אלהים). А теперь, в изгнании, удалилась МИ (מי) наверх, якобы", в Малхут, "и ушла мать", т.е. Малхут, "от сыновей своих", от Исраэля. "И сыновья пали, и имя" Элоким (אלהים), "которое было полным, т.е. первое великое имя, пало"». Ибо лишилось оно букв ЭЛЕ (אלה), облаченных в Исраэль.

206) «"И о нем мы возносим молитвы и возглашаем о святости в местах собраний, об имени Элоким (אלהים), чтобы было восстановлено, как и прежде, и произносим: "Да возвеличится и освятится имя Его великое ... Амен. Да будет благословенно имя Его великое"[161]. Кто это великое имя, самое первое из всех?" – т.е. имя Элоким, которое было восполнено в первом

---

[158] См. выше, п. 202.
[159] Пророки, Йеошуа, 7:9. «Ведь услышат кнаанеи и все жители земли, и окружат нас, и истребят имя наше с земли. И что сделаешь Ты имени Твоему великому?»
[160] Пророки, Йешаяу, 60:8. «Кто они, летящие как облако, и как голуби в окна (голубятен) своих?»
[161] Слова из молитвы «Кадиш», в которой возносится прославление Творцу и благодарение за справедливость Его деяний.

строении, как уже говорилось. "Ибо у него нет собственного строения, но только вместе с нами, потому что МИ никогда не сможет быть восстановлено, но лишь с буквами ЭЛЕ", которые облачены в души Исраэля. "И потому в это время: "Кто они (ми эле), летящие как облако"[160]. И все в мире увидят, что высшее имя исправлено, как подобает"».

207) «"Если имя Его великое", Элоким (אלהים), "исправлено и восстановлено, как подобает, то Исраэль правят надо всем, и все остальные имена снова приходят к своему исправлению. И тогда Исраэль осуществляют верховную власть надо всем, так как все они зависят от имени Его великого, первого для всех строений"», имени Элоким (אלהים). Ибо благодаря ему раскрывается свечение Хохмы, и свет Хохмы усмиряет все клипот, и поэтому Исраэль властвуют надо всем, и также все имена получают от него Хохму и восполняются благодаря ему. То есть, после возведения второго строения, ведь когда оно пребывает в первом строении, ему недостает хасадим, и оно не может светить. А во втором строении оно достигает хасадим, как мы уже сказали.

208) «"И это тайна. Когда создал Творец", т.е. Бина, "миры" – ЗОН, "первым для всех строений образовалось это имя", т.е. оно первое для всех свойств ГАР, поскольку оно является свойством ГАР де-руах. "Как сказано: "Поднимите глаза ваши ввысь и посмотрите, Кто (МИ) создал их (ЭЛЕ)"[162] – создал имя Свое Элоким (אלהים), как подобает. А когда создал ЭЛЕ, то создал его наполненным всеми силами, необходимыми для того, чтобы имя Его было исправлено, как должно". То есть Он облачил его в хасадим, "как сказано: "Выводящий по числу воинства их"[162]».

209) «"Что значит "по числу"[162]?"», в сказанном: «Выводящий по числу воинства их»[162]. «"Но один сын, который светит от края мира и до края его, есть у Творца, и это большое и могучее дерево", т.е. Есод Зеир Анпина. "Вершина (рош) его достигает высоты небес", т.е. Зеир Анпина, называемого небесами, "а в конце его разрастаются корни его, укореняясь в святой земле", Малхут, "и об этом сказано: "Ибо всё на небе

---

[162] Пророки, Йешаяу, 40:26. «Поднимите глаза ваши ввысь и посмотрите, Кто создал их. Выводящий по числу воинства их, всех их по имени называет Он; от Великого могуществом и Мощного силой никто не скроется».

и на земле"¹⁶³. И имя Его – "число", и простирается в высших небесах", Зеир Анпине. "И пять небосводов простираются в небесах", и это ХАГАТ Нецах-Ход, "вплоть до этого "числа", и это – шестой небосвод", т.е. Есод. "И все они", все небосводы, "получают это имя", число, "благодаря ему", Есоду. "Как сказано: "Небеса рассказывают (месаприм)"¹⁶⁴ – благодаря этому числу (миспар) все небеса", т.е. все пять небосводов, "получают это имя благодаря ему. Поэтому: "Выводит воинства по числу их"¹⁶² – ведь если бы не это число, не было бы воинств и порождений никогда"». Ибо Есод производит порождения.

210) «"И поэтому сказано: "Кто исчислит прах Яакова и число произведенных Исраэлем?!"¹⁶⁵ Их было двое, подсчитывающих стадо, и с их помощью производилось исчисление, поскольку не властен был над ними дурной глаз. "Кто исчислит прах Яакова"¹⁶⁵ – это первый, производивший подсчет, "и число произведенных Исраэлем " – это второй исчисляющий"».

211) «"Над этими двоими не властен дурной глаз, ибо "кто исчислит прах Яакова"¹⁶⁵ – это те святые камни, крепкие камни, из которых воды выходят в мир. И об этом сказано: "И будет потомство твое как прах земной"¹⁶⁶, – как мир благословляется этим прахом, так же благодаря ему: "И благословляться будут потомством твоим все народы земли"¹⁶⁷ – точно так же, как и прахом земным"».

Объяснение. Камни – это ступени Малхут, называемой «камень». И когда Малхут находится под властью левой линии без правой, камни становятся очень твердыми, и тогда они – крепкие. И они расположены над бездной, т.е. вследствие судов левой они перекрывают источник вод, т.е. хасадим. И для того,

---

¹⁶³ Писания, Диврей а-ямим 1, 29:11. «Тебе, Творец, величие и могущество, и великолепие, и вечность, и красота, ибо всё на небе и на земле – Тебе! Тебе царство, и превознесен Ты над всеми!»

¹⁶⁴ Писания, Псалмы, 19:2. «Небеса рассказывают о славе Творца, о деянии рук Его повествует небосвод».

¹⁶⁵ Тора, Бемидбар, 23:10. «Кто исчислит прах Яакова и число произведенных Исраэлем?! Да умрет душа моя смертью праведников, и пусть будет кончина моя, как его!»

¹⁶⁶ Тора, Берешит, 28:14. «И будет потомство твое как прах земной, и распространишься ты на запад и на восток, на север и на юг, и благословляться будут тобою все семейства земли, и потомством твоим».

¹⁶⁷ Тора, Берешит, 22:18. «И благословляться будут потомством твоим все народы земли за то, что слушался ты Меня!»

чтобы мир мог существовать, в них образуются дыры благодаря экрану первого сокращения. И воды выходят через эти дыры, и благодаря этому существует мир.[168] И в этом состоянии власти экрана первого сокращения, Малхут называется прахом. И об этом говорится в словах: «И об этом сказано: "И будет потомство твое как прах земной"[166]». Поэтому она – первый исчисляющий, и о ней сказано: «Кто исчислит прах Яакова»[165].

«"И число"[165] – т.е. второй исчисляющий, исчислял, чтобы расположить все эти нуквы, высшие жемчужины", т.е. ступени Бины, "ложа, на котором возлежал Яаков"», т.е. Малхут. Объяснение. «И число» – Есод, несущий в себе экран второго сокращения, поднимающий Малхут в Бину, и вследствие этого подъема Бина называется высшей жемчужиной.[169] И это означает сказанное: «Исчислял, чтобы расположить все эти нуквы, высшие жемчужины», – т.е. поднимает Малхут в Бину, вследствие чего Бина становится свойством «мать, высиживающая птенцов», и называется высшей жемчужиной. И благодаря этому смягчается Малхут, являющаяся «ложем, на котором возлежал Исраэль».

212) «"Оттуда и далее", т.е. после того как установился Есод, чтобы быть исчисляющим в силу экрана второго сокращения, "он исчисляет всё", так как первый исчисляющий скрылся, "потому что он", Есод, "благожелателен, как сказано: "Исчисляет количество звезд"[170], – т.е. благодаря ему все они входят в счет, а о грядущем будущем сказано: "Еще будут проходить стада под рукою считающего"[171]. И мы не знаем, кто он", первый это исчисляющий или второй. "Но поскольку в это время всё будет вместе, без всякого разделения, всё это будет сосчитано с помощью одного исчисляющего"», т.е. первого исчисляющего, ибо тогда будет исправлен экран первого сокращения, а экран второго сокращения отменится. Ведь не будет больше никакого суда в Малхут, из-за которого ей требуется подслащение в

---

[168] См. Зоар, главу Берешит, часть 1, п. 22. «Камни дырявые и влажные...»
[169] См. Зоар, главу Итро, п. 534. «Эта жемчужина, верхняя, когда начинает раскрываться...»
[170] Писания, Псалмы, 147:4. «Исчисляет количество звезд, всех их именами называет».
[171] Пророки, Йермияу, 33:13. «В городах нагорных, в городах низменных и в городах южных, и в земле Биньяминовой, и в окрестностях Йерушалаима, и в городах Иудеи еще будут проходить стада под рукою считающего, – сказал Творец».

Бине. И поэтому остается только первый исчисляющий, о котором сказано: «Кто исчислит прах Яакова»¹⁶⁵.

213) «(Сказал себе): "Встань, старик! Пробудись, соберись с силами и плыви по морю. Провозгласил и сказал: "Кто исчислит прах Яакова и число произведенных Исраэлем?!"¹⁶⁵ В час, когда Творец начнет возрождать к жизни мертвых, – тех, кто вернулся в кругооборот, и это два тела с одним духом", – т.е. тело умершего и тело возвратившегося в кругооборот, у которых есть только один дух на двоих. "Два отца", – отец умершего и отец тела совершающего кругооборот. "И также две матери. Сколько кругооборотов совершают за это", пока не исправится. "Хотя мы это учили, и это так, но "кто исчислит прах Яакова"¹⁶⁵, т.е. первый исчисляющий, "он исправит всё", – все тела возвратившихся в кругооборот, "и не будет потеряно ничего, и всё возродится к жизни"».

214) «"Мы ведь учили: "И пробудятся многие из спящих во прахе земном"¹⁷². "Во прахе земном"¹⁷² – это как мы изучали в книгеХаноха: когда товарищи всмотрелись в буквы, парящие в воздухе, то увидели "алеф-аин-далет אע״ד" "фэй-мем-тав-рейш פמת״ר", то есть "прах земной (адмат афар אדמת עפר)"».

Объяснение. «Парящие в воздухе» – означает, что у них есть ступень руах. И это или в силу экрана первого сокращения, и тогда они называются «прах (афар עפר)», а если посредством экрана второго сокращения, то они называются «земной (адмат אדמת)». Ибо Бина называется «эдом (אדום)», а Малхут, подслащенная в ней, называется «адмат (אדמת)».

215) «"То есть: "И прославлял я мертвых, что уже скончались"¹⁷³. И это буквы "адмат афар (прах земной אדמת עפר)"», – т.е. как мертвые в свойстве «прах (афар עפר)», так и мертвые в свойстве «земной (адмат אדמת)». «"И пробуждается голос и сообщает, и говорит это во втором строении"» – т.е. в теле возвращенного в кругооборот, и он исправляет как тело умершего, относящееся к свойству «прах (афар עפר)», так и свое

---

¹⁷² Писания, Даниэль, 12:2. «И пробудятся многие из спящих во прахе земном: одни – для вечной жизни, а другие – на поругание и на вечный позор».

¹⁷³ Писания, Коэлет, 4:2. «И прославлял я мертвых, что уже скончались, более живых, что здравствуют поныне».

тело, относящееся к свойству «земной (адмат אדמת)». И это он говорит: «И прославлял я мертвых»[173] – т.е. исправляет их.

«"Прах" – это первый прах", т.е. тело умершего, "земной" – т.е. второй, который исправится", т.е. тело возвращенного в кругооборот. "Первая основа считается отходами у него"». Ибо тело умершего бездетным, являющееся основой, оно у второго тела, проходящего кругооборот, считается отходами, поскольку оно исправляет его. Поэтому сказано: «И прославлял я мертвых»[173] – т.е. исправляет их.

216) «"Спящие во прахе земном"[172] – все они пробудятся. Те, которые исправятся, будут "для вечной жизни (досл. для жизни мира)"[172]. Что это за мир? Это нижний мир", т.е. Малхут. "Так как они не удостоились находиться в высшем мире", но опустились в мир нуквы.[174] А те, которые не удостоились исправления, будут "на поругание и на вечный позор"[172]. Что значит "на поругание"? Но поскольку другая сторона будет устранена из мира, то Творец оставит тех, кто стоял у истоков той стороны, чтобы поражались им все живущие в мире"». И это смысл сказанного: «На поругание и на вечный позор»[172].

217) «"Всё это кто вызвал? Тот человек, который не желал плодиться и размножаться в мире и не хотел соблюдать святой союз. Поэтому он вызвал то, что вызвал, и все эти кругообороты, о которых я говорил до сих пор". Сказал себе: "До сих пор, старик. Замолчал он на один миг, и товарищи были поражены, и не знали, день это или ночь, стоят они там или не стоят"».

218) «Провозгласил этот старец и сказал: "Если купишь раба-еврея, шесть лет он будет служить, а в седьмой выйдет на свободу даром"[175]. Это изречение подтверждает все, что мы сказали. Смотри, любой мужчина (захар) пребывает в образе мира захар", т.е. Зеир Анпина, "а любая женщина (некева) пребывает в образе мира некева", т.е. Малхут. "В то время, когда он является рабом Творца, он прилепляется к Нему на протяжении шести первых лет", т.е. сфирот ХАГАТ НЕХИ Зеир Анпина. "А если он отстраняется от своей работы, то отстраняет его Творец, удаляя из этих шести лет мира захар", ХАГАТ

---

[174] См. выше, п. 132.
[175] Тора, Шмот, 21:2. «Если купишь раба-еврея, шесть лет он будет служить, а в седьмой выйдет на свободу даром».

НЕХИ Зеир Анпина, "и тогда передается человеку, состоящему из шести окончаний", ХАГАТ НЕХИ, "и он служит ему шесть лет, в отстранении от высших шести лет"», Зеир Анпина.

219) «"А затем он опускается оттуда и передается миру некева. Не хотел он находиться в свойстве захар, опустился и пребывает в Нукве", Малхут. "Приходит Нуква, являющаяся седьмой" сфирой, "и забирает его"». И это о ней сказано: «А в седьмой выйдет на свободу даром»[175]. «"И вот отныне и далее он относится к миру Нуквы"».

220) «"Не захотел он пребывать в ней, в ее изгнании"», как сказано: «Полюбил я господина своего, и жену свою, и детей своих, не выйду на волю»[176]. «"Он опускается вниз и прилепляется внизу, и держится. Отныне и далее, он отстранен от мира захар и от мира некева, потому что соединился с этими рабами, которые от другой стороны"».

221) «"Теперь, поскольку это так", т.е. держится в другой стороне (ситра ахра), "ему требуется порок, и оставить в нем впечатление (решимо) от этого порока"», т.е. как сказано: «И проколет господин ухо его шилом»[176]. «"Ибо любой порок – от другой стороны"». И тогда: «И останется он служить ему навеки (ле-олам)»[176], – т.е. до юбилейного года (йовель), который называется «олам». «"А начиная с юбилейного года и далее, он возвращается в кругооборот, и возвращается в мир, как вначале, и прилепляется к миру некева, но не более. Если удостоился, производит потомство в мире некева", Малхут. "И все они тайна, о которой сказано: "За ней – девицы, подруги ее, к тебе приводят их"[177]. И он достоин, когда он исправился и удостоился этого"».

222) «"А если не удостоился, даже в кругообороте юбилейного года, то словно его и не было. То есть он возвратился" в кругооборот "и не восполнил свои дни в мире, чтобы жениться и произвести потомство. Что сказано: "Если одиноким придет,

---

[176] Тора, Шмот, 21:5-6. «Но если, подумав, скажет раб: "Полюбил я господина своего, и жену свою, и детей своих, не выйду на волю", пусть господин приведет его к судьям, и подведет его к двери или к косяку, и проколет господин ухо его шилом, и останется он служить ему навеки».

[177] Писания, Псалмы, 45:15. «В узорчатых одеждах подведут ее к царю, за ней – девицы, подруги ее, к тебе приводят их».

одиноким выйдет"[178]. Если он одиноким входит в тот мир, не произведя потомства, и не хотел стараться в этом, и вышел из этого мира одиноким, не посеяв семени, он движется, словно камень в праще, пока не достигает места твердой скалы", находящейся позади Эденского сада.[179] "И, войдя туда, выгоняет дух одиночки, оставившего нукву" и пришедшего туда, – т.е. тот дух, который остался в женщине (нукве) от первого ее мужа.[179] "И продолжает идти в одиночку, подобно змее, которая ни с кем не соединяется в пути", – потому что он расстался с двумя духами, пребывавшими в этой женщине, и ушел один.[179] "И он прогоняет его"», этот дух умершего бездетным, который явился сейчас туда, т.е. выталкивает его оттуда с тем, чтобы тот прошел кругооборот и исправился.

223) «"И тут же выходит из этого места, из твердой скалы, этот одиночка без нуквы, и отправляется странствовать по миру, пока не находит спасителя", возвращающего его для исправления в этот мир. "И это означает: "Если одиноким придет, одиноким выйдет"[178]» – без нуквы, т.е. тот, который не хотел жениться на женщине, чтобы произвести потомство. И поскольку нет у него четы, он вынужден жениться на разведенной.[180]

224) «"Если же он женат"[178] – т.е. был женат и старался с ней, но не смог" породить сыновей, "то он не изгоняется, как тот, другой, не приходит одиноким и не уходит одиноким. Но "если же он женат"[178], Творец не лишает награды любое созданное Им творение. И хотя он не удостоился сыновей, что сказано: "То выйдет жена его с ним"[178]. И оба они возвращаются в кругооборот и удостаиваются соединиться вместе, как вначале. И он не женится на разведенной женщине", как тот, другой, у которого нет четы, "а берет ту же жену, с которой он прикладывал старания вначале, но они не удостоились детей. Теперь же они удостоятся вместе, если исправят свои деяния, и поэтому сказано: "То выйдет жена его с ним"[178]».

---

[178] Тора, Шмот, 21:3. «Если одиноким придет, одиноким выйдет; если же он женат, то выйдет жена его с ним».
[179] См. выше, п. 116.
[180] См. выше, п. 162.

225) «"Если господин его даст ему жену"¹⁸¹. Писание возвращается к другим случаям, к тому, кто вышел один, без никакой нуквы. И избавит его то место, которое называется "седьмой", т.е. Малхут. "И эта "седьмая" называется господином его, она – Господин всей земли. Если этот Господин его поступит с ним милосердно и вернет его в этот мир, как он был, и даст ему ту жену, про которую сказано, что "жертвенник роняет слезы по нему"¹⁸², т.е. отосланную жену,¹⁸³ "и они соединяются вместе, "и та родит ему сыновей или дочерей, жена и ее дети останутся у господина ее"¹⁸¹, у Малхут святости, "как мы учили"».

226) «"Ведь если он совершил возвращение и исправил то место, которому причинил ущерб, еще при жизни своей, он допускается к святому Царю, Он принимает его и исправляет его затем надлежащим образом. И он называется совершившим возвращение, так как удостоился он проживания в месте той "реки, которая берет начало и вытекает", т.е. Малхут, так как река, которая берет начало и вытекает – это Есод, а место его пребывания – это Малхут. "И он исправляет себя относительно первоначального состояния. А когда исправился и совершил возвращение, он восходит как подобает. И нет ничего в мире, и нет ключа в мире, что не было бы вскрыто этим совершающим возвращение"».

227) «"Что значит: "Одиноким выйдет"¹⁷⁸? Мы уже это учили, но в этом заключается еще один скрытый смысл. "Одиноким (бе-гапó בְּגַפּוֹ) выйдет"¹⁷⁸ – это как сказано: "Возглашает на вершинах (аль гапéй עַל גַפֵּי) городских высот"¹⁸⁴. Так же как там "гапéй (גַפֵּי)" означает похвалу и возвышение, так же и здесь "гапó (גַפּוֹ)" означает похвалу и возвышение, – место, куда поднимаются совершающие возвращение, и даже законченные праведники не могут стоять там". И поэтому, когда совершил возвращение, Творец сразу же принимает его"».

---

¹⁸¹ Тора, Шмот, 21:4. «Если господин его даст ему жену, и та родит ему сыновей или дочерей, жена и ее дети останутся у господина ее, а раб выйдет один».

¹⁸² Вавилонский Талмуд, трактат Санедрин, лист 22:1. «Сказал рабби Элиэзер: "По каждому, кто отвергает первую жену, даже жертвенник роняет слезы"».

¹⁸³ См. выше, п. 161.

¹⁸⁴ Писания, Притчи, 9:3. «Послала своих прислужниц, возглашает на вершинах городских высот».

228) «"Мы учили, что в мире нет ничего, что может устоять перед возвращением, и всех их, конечно же, принимает Творец. И если (человек) совершает возвращение, то уготован для него путь жизни. И хотя он испортил то, что испортил, всё исправляется и всё возвращается к надлежащему виду. Ибо даже того, о ком дана клятва, Творец принимает его, как сказано: "(Как) жив Я, – сказал Творец, – что даже если бы ты был Конияу..."[185] И сказано: "Запишите человека этого бездетным..."[186] А когда совершает возвращение, сказано: "И сыновья Йехоньи: Ассир ... сын его"[187]. Отсюда (видно), что возвращение разбивает множество приговоров и решений суда, и множество железных оков, и нет того, кто может устоять перед возвращением"».

229) «"И об этом сказано: "И выйдут и увидят трупы людей, злоумышляющих против Меня"[188]. Не сказано: "Злоумышлявших против Меня", а "злоумышляющих против Меня"[188] – т.е. тех, "кто не пожелал совершить возвращение и раскаяться в том, что сделали. Но если раскаялись" и совершили возвращение, "принимает их Творец"».

230) «"Поэтому человек этот, хотя и злоумышлял против Него, и совершил нарушение в том месте, где нельзя, но (если) вернулся к Нему, Он принимает его и милосерден к нему. Ибо Творец полон милосердия, преисполняется милосердием ко всем созданиям Своим, как сказано: "И милосердие Его – ко всем созданиям Своим"[189]. Даже к животным и птицам простирается Его милосердие. И если к ним простирается милосердие Его, то тем более – к людям, которые знают и известны тем, как восславлять Господина своего, простирающего к ним Своё милосердие, и оно пребывает над ними. И поэтому сказал

---

[185] Пророки, Йермияу, 22:24. «(Как) жив Я, – сказал Творец, – что даже если бы ты был Конияу, сыном Йеоякима, царем Иудейским, (перстнем с) печатью на правой руке Моей, то и оттуда Я сорвал бы тебя».

[186] Пророки, Йермияу, 22:30. «Так сказал Творец: запишите человека этого бездетным, мужем злополучным во дни его, ибо не удастся более никому из потомков его сидеть на престоле Давида и править в Иудее».

[187] Писания, Диврей а-ямим 1, 3:17. «И сыновья Йехоньи: Ассир, Шеальтиэль сын его».

[188] Пророки, Йешаяу, 66:24. «И выйдут и увидят трупы людей, злоумышляющих против Меня, ибо червь их не изведется, и огонь их не погаснет, и будут они мерзостью для всякой плоти».

[189] Писания, Псалмы, 145:9. «Добр Творец ко всякому и милосердие Его – ко всем созданиям Своим».

Давид: "Велико милосердие Твое, Творец, по обычаю Твоему оживи меня"[190]».

231) «"Если к грешникам простирается милосердие Его, то уж тем более – к праведникам. Но кто нуждается в исцелении? Те, кто испытывает боль. А кто испытывает боль? Те, кто являются грешниками. И они нуждаются в исцелении и милосердии, чтобы Творец жалел и не оставлял их. И Он не удаляется от них, и они вернутся к Нему" в раскаянии. "Когда Творец приближает, Он приближает правой, а когда отталкивает, отталкивает левой. И в час, когда отталкивает, правая приближает. С этой стороны – отталкивает, а с этой – приближает. И Творец не лишает их Своего милосердия"».

232) «"Смотри. "А он дерзко шел по пути сердца своего"[191]. А затем сказано: "Пути его видел Я, и исцелю его, и буду водить его, и заплачу утешениями ему и скорбящим его"[192]. И объясняет. "А он дерзко шел", – хотя грешники и делают все, что делают, злоумышленно, и идут по пути сердца своего, и другие предостерегают их, но они не желают слушать их", все же "в час, когда совершают возвращение, и выбирают хороший путь возвращения, то уготовано для них исцеление"».

233) «"Теперь надо разобраться, это изречение говорит о живых или говорит о мертвых? Ведь начало изречения не соответствует концу, а конец – началу. Вначале изречение указывает на живых"», и говорит: «А он дерзко шел по пути сердца своего»[191], «"а конец его указывает на мертвых"», и говорит: «И заплачу утешениями ему и скорбящим его»[192]. «"Но это изречение говорит, пока человек еще жив, и это так. "А он дерзко шел по пути сердца своего"[191] – потому что злое начало в нем обладает большой силой и возрастает в нем. И поэтому ходит дерзко, и не желает совершить возвращение"».

234) «"Творец видит пути его, что он идет путями зла, без всякой пользы. Говорит Творец: "Я должен держать его за

---

[190] Писания, Псалмы, 119:156. «Велико милосердие Твое, Творец, по обычаю Твоему оживи меня».
[191] Пророки, Йешаяу, 57:17. «За грех корыстолюбия его гневался Я, и поразил его, скрывал (лик Свой) и негодовал, а он дерзко шел по пути сердца своего».
[192] Пророки, Йешаяу, 57:18. «Пути его видел Я, и исцелю его, и буду водить его, и заплачу утешениями ему и скорбящим его».

руку". И это смысл сказанного: "Пути его видел Я"¹⁹² – что идет он во тьме, Я желаю дать ему исцеление. И это означает: "И исцелю его"¹⁹², – Творец вкладывает в сердце его путь возвращения и дает исцеление душе его. "И буду водить его"¹⁹², как сказано: "Иди, веди этот народ"¹⁹³ – Творец ведет его прямым путем, как тот, кто берет за руку другого и выводит его из тьмы"».

235) «"И заплачу утешениями ему и скорбящим его"¹⁹² – ведь создается впечатление, что он умер", а не как в начале изречения. Да, безусловно, он мертв, и так существует, – ведь поскольку он грешник, то называется мертвым. Что же означает: "И заплачу утешениями ему и скорбящим его"¹⁹²? Однако Творец милостив к людям, и когда человек вступает в (возраст) тринадцать лет и далее, Творец приставляет к нему двух ангелов-хранителей, которые оберегают его, один – справа, а другой – слева"».

236) «"Когда человек идет прямым путем, они радуются за него и поддерживают его в радости, возглашают перед ним, говоря: "Воздайте славу образу Царя". Но когда он идет кривым путем, они скорбят о нем и отстраняются от него. Когда держал его Творец и вел его прямым путем, то сказано: "И заплачу утешениями ему и скорбящим его"¹⁹². "И заплачу утешениями ему"¹⁹² – вначале, когда он сожалеет о том, что сделал вначале, и о том, что сделал сейчас, и совершает возвращение. А затем "и скорбящим его"¹⁹², – т.е. ангелам, которые испытывали скорбь по нему, отстранившись от него. Теперь же, когда они вернулись к нему, это является утешением со всех сторон"», как то, что он раскаивается в содеянном, так и то, что получает утешение от бед своих и от скорби своей.

237) «"И теперь он жив, безусловно. Жив со всех сторон. Он держится за Древо жизни, и поскольку держится за Древо жизни, то называется совершающим возвращение. Ведь Кнессет Исраэль", Малхут, "тоже называется возвращением"». Ибо «возвращение (тшува תשובה)» состоит из букв воззвания – «верни (ташув תשוב) "вав ו" к "хэй ה"», где «вав ו» – это Древо жизни, Зеир Анпин, а «хэй ה» – Малхут. И поэтому называется

---

¹⁹³ Тора, Шмот, 32:34. «А теперь иди, веди этот народ туда, куда указал Я тебе; вот, ангел Мой пройдет пред тобою. А в день взыскания Моего взыщу Я с них за грех их».

Малхут возвращением. «"А он сам называется совершающим возвращение (досл. мужем возвращения), и первые говорили – именно мужем возвращения", т.е. мужем Малхут, называемой возвращением. Иначе говоря, он дает ей (наполнение). "Поэтому даже завершенные праведники не могут стоять в том месте, в котором стоят мужи возвращения"».

238) «"Царь Давид сказал: "Пред Тобой одним согрешил я, и зло в глазах Твоих совершил"[194]. "Пред Тобой одним"[194], – что значит "пред Тобой одним"? Но дело в том, что есть прегрешения, в которых человек грешит пред Творцом и пред людьми. И есть грехи, в которых человек грешит пред людьми, но не пред Творцом. А есть грехи, в которых грешит только пред Творцом, но не пред людьми. Царь Давид согрешил только пред Творцом, но не пред людьми"». И поэтому сказал: «Пред Тобой одним согрешил я»[194].

239) «"И если ты скажешь, что он ведь совершил грех с Бат-Шевой. И мы учили, если кто-то вступил в связь с женщиной, то сделал ее запрещенной для мужа своего", и получается, что "грешит пред ближним и пред Творцом. Это не так. Тот грех, о котором ты говоришь, был законным действием, и Давид взял разрешенное ему, потому что у нее было разводное письмо от мужа, пока тот еще не ушел на войну, поскольку таков обычай всего Исраэля: давали временное разводное письмо своим женам все те, кто уходил на войну. И так же поступил Урия с Бат-Шевой. И после того, как прошло время, и она была разрешена каждому, взял ее Давид. И по праву сделал он все, что сделал"».

240) «"Ведь если бы это было не так, и было запрещено, Творец не оставил бы ее у него. И подтверждением этого является сказанное: "И утешил Давид Бат-Шеву, жену свою"[195]. Это является свидетельством того, что она – жена его. Разумеется, она была его женой и четой, уготованной ему со дня сотворения мира. Вот доказательство того, что Давид не совершал греха с Бат-Шевой, как мы сказали"».

---

[194] Писания, Псалмы, 51:6. «Пред Тобой одним согрешил я и зло в глазах Твоих совершил; (прости), дабы прав Ты был в слове Твоем, чист в суде Твоем».

[195] Пророки, Шмуэль 2, 12:24. «И утешил Давид Бат-Шеву, жену свою, и вошел к ней, и лег с нею; и родила она сына, и нарекла ему имя Шломо. И Творец возлюбил его».

241) «"И что это за грех, который Давид совершил только лишь пред Творцом, но не пред другим? Он в том, что убил Урию мечом аммонитян"[196]. И не убил его в час, когда тот сказал ему: "И господин мой Йоав"[197], – ведь он сам был господином его, и Писание подтверждает это, как сказано: "Вот имена храбрецов, которые были у Давида"[198], но не у Йоава". Выходит, что он выступал против царства, а выступающим против царства полагается смерть. "И не убил он его в этот час, а убил его "мечом аммонитян"[196]».

242) «"И Писание говорит, что нет за ним ни одного нарушения, "только в поступке с Урией Хитийцем"[199], "только"[199] указывает, что лишь в поступке с Урией" он прегрешил, "но не" грешил "пред самим Урией. И Творец сказал: "А его убил ты мечом аммонитян"[196]. У аммонитян каждый меч был отмечен знаком "извивающегося змея" в виде дракона – идола, которому они поклонялись. Сказал Творец: "Ты дал силу этой мерзости!" Ибо в час, когда убили аммонитяне Урию, и многих из сыновей Исраэля вместе с ним, усилился в этот час меч аммонитян, и во много раз увеличилась сила поклонения этой мерзости"».

243) «"И если ты скажешь, что Урия не был праведником, поскольку сказано о нем: "Урия Хитиец (а-хити́ грешный)", то это не так. Он был праведником, но название места его было Хити́. Подобно тому, как сказано: "А Ифтах Гиладянин (а-гилади́)"[200] – по названию его места он так звался"», и так же – Урия Хитиец.

---

[196] Пророки, Шмуэль 2, 12:9. «Отчего же пренебрег ты словом Творца, сделав то, что есть зло в глазах Моих: Урию Хитийца убил ты мечом и жену его взял ты себе в жены; а его убил ты мечом аммонитян».

[197] Пророки, Шмуэль 2, 11:11. «И сказал Урия Давиду: "Ковчег и Исраэль, и Йегуда пребывают в шатрах, и господин мой Йоав и рабы господина моего стоят станом в поле, а я войду в дом свой есть и пить и спать с женою своею! Жизнью твоею (клянусь) и жизнью души твоей – не сделаю я этого"».

[198] Пророки, Шмуэль 2, 23:8. «Вот имена храбрецов, которые были у Давида: заседавший в совете мудрецов главный из трех Адино Эцниянин, (поразивший) восемьсот человек в один раз».

[199] Пророки, Мелахим 1, 15:5. «За то, что Давид делал праведное в очах Творца и не отступал во все дни жизни своей от всего того, что Он заповедал ему, кроме поступка с Урией Хитийцем».

[200] Пророки, Шофтим, 11:1. «А Ифтах Гиладянин был человеком храбрым. Он был сыном блудницы; а породил Ифтаха Гилад».

244) «"Поэтому сказано: "В поступке с Урией Хитийцем"[199], но не пред самим Урией, – так как тот уже подлежал смерти за то, что выступал против царства, как сказано выше. "Ибо (Давид) привел к тому, что мерзость аммонитян возобладала над станом Всесильного в стане Давидовом, который был в точности высшей формой" воинств высшей Малхут. "И в час, когда Давид нанес вред своему стану, он причинил вред наверху другому стану. И поэтому сказал Давид: "Пред Тобой одним согрешил я"[194]. "Пред Тобой одним", но не пред другим был грех, совершенный им. И это означает" сказанное Писанием: "В поступке с Урией"[199]. И это смысл" сказанного Писанием: "Мечом аммонитян"[196]», – что грех не был пред самим Урией, но в поступке с Урией, что дало силу мечу аммонитян.

245) «"Сказано: "Ибо очи Творца наблюдают (мешотетот, ж. род) за всей землей"[201] – это некевот", потому что говорит в женском роде. "И сказано: "Очи Творца, наблюдают (мешотетим, м. род) они"[202] – это зхарим", так как говорит в мужском роде. "И они ведь знают", поскольку есть в них свойства захар и некева. "Давид сказал: "И зло в глазах Твоих совершил"[194]. "В глазах Твоих", – ведь следовало сказать: "Пред глазами Твоими"? Но, сказав: "В глазах Твоих", Давид имел в виду, – "в месте, в котором прегрешил я", "в глазах Твоих" было, ведь знал я, что глаза Твои наготове и находятся предо мной, но не дорожил я ими. Таким образом, грех, который я совершил, был "в глазах Твоих"».

246) «"Ибо прав Ты в слове Твоем, чист в суде Твоем"[194], и не будет у него возможности сказать перед Тобой: "Проверь меня, Творец, и испытай меня"[203]. Каждый мастер, если говорит, он говорит о своем искусстве. Давид был острословом Царя, и, хотя сам находился в беде, всё же, поскольку предстал перед Царем, снова обратился к своему острословию, чтобы порадовать Царя"».

---

[201] Писания, Диврей а-ямим 2, 16:9. «Ибо очи Творца наблюдают за всей землей, чтобы поддерживать преданных Ему всем сердцем. Безрассудно ты поступил на сей раз. За то отныне будут у тебя войны».

[202] Пророки, Зехария, 4:10. «Ибо кто презирал день малый? И радоваться будут, и увидят камень отвеса в руке Зрубавеля; эти семь – очи Творца, наблюдают они за всей землей».

[203] Писания, Псалмы, 26:2. «Проверь меня, Творец, и испытай меня; очисти мои почки и сердце!»

247) «"Сказал он: "Владыка мира, я сказал: "Проверь меня, Творец, и испытай меня"²⁰³. А Ты сказал, что не устою я в испытании Твоем. Потому и согрешил я, "дабы прав Ты был в слове Твоем"¹⁹⁴, и чтобы было слово Твое истинным, ведь если бы я не прегрешил, то было бы мое слово истинным, а Твое — напрасным. А теперь, когда я согрешил для того, чтобы Твое слово было истинным, я дал место для оправдания слова Твоего. Поэтому я это сделал — "дабы прав Ты был в слове Твоем, чист в суде Твоем"¹⁹⁴. Ибо Давид вернулся к искусству своему и говорил, находясь в беде, остроумные речи Царю"».

248) «"Мы изучали, что Давиду не пристал этот поступок, — ведь сказал он: "И сердце мое опустело во мне"²⁰⁴. Это так, но Давид размышлял: "Есть два чертога в сердце. В одном из них — кровь, а в другом — дух. Один, тот, что полон крови, — это обитель злого начала. Но мое сердце не такое, ибо пусто оно, и не дал я обители для дурной крови, чтобы поселить в нем злое начало. И сердце мое, конечно, опустело оно, без плохого обитателя". И поскольку так это, Давиду не пристало прегрешение, совершенное им, но это для того, чтобы дать повод грешникам сказать: "Царь Давид согрешил и раскаялся, и простил его Творец, остальных же людей — тем более". Именно об этом сказал Давид: "Научу преступных путям Твоим, и грешники к Тебе обратятся"²⁰⁵».

249) «"А Давид восходит на гору Масличную, восходит и плачет. И голова его покрыта, и идет он босой"²⁰⁶. "Голова его покрыта, и идет он босой"²⁰⁶, — почему? Он был виновен, и хотел показать, что он виновен, для того чтобы получить наказание. И народ был отдален от него на четыре локтя. Счастлив раб, который так служит Господину своему, и признает грех за собой, для того чтобы, раскаявшись в нем, прийти к полному возвращению"».

250) «"Смотри, более того то, что сделал ему Шими, сын Геры, более всех бед, которые прошли над ним до сего дня,

---

²⁰⁴ Писания, Псалмы, 109:22. «Потому что беден и нищ я, и сердце мое опустело во мне».
²⁰⁵ Писания, Псалмы, 51:15. «Научу преступных путям Твоим, и грешники к Тебе обратятся».
²⁰⁶ Пророки, Шмуэль 2, 15:30. «А Давид восходит на гору Масличную, восходит и плачет; и голова его покрыта, и идет он босой; и все люди, бывшие с ним, покрыли головы свои и восходили, плача».

но Давид в ответ против него ничего не сделал, ибо так было угодно Ему, и благодаря этому были искуплены грехи его"».

251) «"Теперь надо разобраться. Шими был учеником мудреца и обладал большой мудростью. Почему же он вышел навстречу Давиду и сделал ему все, что сделал? Но это исходило из другого места, и Он привнес это в сердце его. И всё это" сделал "во благо Давиду. Ибо то, что сделал ему Шими, заставило его совершить полное возвращение, и разбило сердце его сокрушением великим, и много слез он пролил в сердце своем пред Творцом. И поэтому он был уверен, что Творец повелел тому: "Ругай". Знал он, что из другого, высшего места, это низошло"».

252) «"Два повеления дал Давид сыну своему Шломо: первое – относительно Йоава, второе – относительно Шими, наряду с другими повелениями, которые наказал он ему. Относительно Йоава он наказал ему: "И также ты узнал, что сделал мне Йоав, сын Церуи"[207] – это было скрыто настолько, что даже Шломо не следовало об этом знать. Но поскольку было известно другим, стало известно и Шломо. Поэтому сказал: "И также ты узнал"[207] – т.е. не полагалось ему знать"».

253) «"Относительно Шими, как сказано: "И вот с тобой Шими, сын Геры"[208]. "И вот с тобой" – поскольку он готов для тебя всегда, ибо тот был его равом, и потому он не сказал о Йоаве: "И вот с тобой Йоав", однако о Шими, находившемся с ним всегда, сказал: "И вот с тобой"».

254) «"И послал царь, и призвал Шими, и сказал: "Построй себе дом в Йерушалаиме"[209]. Где же в этом мудрость царя Шломо? Но всё он сделал с мудростью, предусмотрев все возможности, ибо Шими был умен; и повелел Шломо: "Я хочу, чтобы

---
[207] Пророки, Мелахим 1, 2:5. «И также ты узнал, что сделал мне Йоав, сын Церуи, как поступил он с двумя военачальниками Исраэльскими: с Авнером, сыном Нера, и с Амасой, сыном Йетера, как он убил их и пролил кровь бранную во время мира, и обагрил кровью бранною пояс на чреслах своих и обувь на ногах своих».
[208] Пророки, Мелахим 1, 2:8. «И вот с тобой Шими, сын Геры биньяминянина из Бахурима; он злословил меня тяжким злословием в день, когда я шел в Маханаим, но сошел навстречу мне к Ярдену, и я поклялся ему Творцом, сказав: "Я не умерщвлю тебя мечом"».
[209] Пророки, Мелахим 1, 2:36. «И послал царь, и призвал Шими, и сказал: "Построй себе дом в Йерушалаиме, и будешь жить там, и никуда не выходи оттуда"».

умножилась Тора на земле благодаря Шими. И пусть не выходит наружу"».

255) «"Еще. Другое предусмотрел Шломо с мудростью, как сказано: "Вышел, и, выйдя, злословит"[210]. Что значит "Вышел, выйдя", (указанное) дважды, хватило бы сказать: "вышел и злословит"? Первый раз "вышел" из дома учения, чтобы проклинать Давида. А другой выход был выходом из Йерушалаима, к рабам его, из-за которого он умер. Первый выход – к царю, второй выход – к рабам его. И всё это видел Шломо и усмотрел благодаря духу святости второй выход, и поэтому сказал: "И будет в тот день, когда ты выйдешь"[211], – знал он, что из-за этого выхода тот умрет"».

256) «"Что значит: "И осыпал его пеплом"[212]? Сказал Шломо: "У отца моего это было через пепел, у Шими будет через воду", как сказано: "И будет, в тот день, когда ты выйдешь и перейдешь поток Кидрон"[211]. Там был пепел, а здесь – вода. Обоих осудил Шломо, чтобы был осужден посредством пепла и воды подобно неверной жене тот, кто поносит путь отца его"».

257) «"Сказано: "И он злословил меня тяжким злословием"[208]. И сказано: "И я поклялся ему Творцом, сказав: "Я не умерщвлю тебя мечом"[208]. Что значит "мечом"? Разве Шими был глуп и не понял, что если (Давид) поклялся ему так, как бы не сказал затем: "Мечом нет, зато копьем или стрелой умерщвлю"?»

258) «"Однако, два слова здесь. Первое то, что сказал ребенок, сын той огромной рыбы, чешуя которой поднимается до облачных высей: "Клятва царя Давида. Когда хотел дать клятву, он извлекал свой меч, где было высечено имя Творца, и там клялся". И так же он поступил с Шими, как сказано: "И я поклялся ему Творцом, сказав: "Я не умерщвлю тебя мечом"[208]. На чем была эта клятва? На мече. И другое" это потому, что

---

[210] Пророки, Шмуэль 2, 16:5. «И дошел царь Давид до Бахурим, и вот, оттуда выходит человек из рода дома Шауля по имени Шими, сын Геры, – вышел, и, выйдя, злословит».

[211] Пророки, Мелахим 1, 2:37. «И будет, в тот день, когда ты выйдешь и перейдешь поток Кидрон, будь уверен, что непременно умрешь; кровь твоя падет на твою голову».

[212] Пророки, Шмуэль 2, 16:13. «И шел Давид и люди его дорогою, а Шими шел со стороны горы навстречу ему и злословил, и бросал камни в него, и осыпал его пеплом».

"рассудил Шломо, сказал: "С проклятием подошел он к отцу, – со словами. Так вот" и я, "со словами к нему, и сразил его неназываемым именем Творца, а не мечом. И поэтому сделал так Шломо"».

259) «"Теперь надо разобраться. Если Давид поклялся ему, почему же он его убил? Ведь, похоже, что клятва эта была с коварным умыслом, поскольку в сердце было одно, а на устах – другое? Но, конечно же, Давид не убивал его. Известно, что органы тела способны принять всё, а сердце не примет (отклонения) даже на тонкий волос. Царь Давид был сердцем" Исраэля, "и принял то, что не полагалось ему получать", – то есть то, что Шими бросал в него камни и осыпал пеплом.[212] И поэтому сказано: "И будешь знать, как тебе поступить с ним"[213]. А кроме того, дерево", то есть то, что было в свойстве Малхут, называемой малым деревом, "вынуждало его быть мстительным и злопамятным, словно змея"».

260) «"Сказано: "Ибо не хочешь Ты жертвы, я принес бы ее; всесожжения не желаешь Ты. Жертвы Всесильному (Элоким) – дух сокрушенный. Сердца разбитого и удрученного, Всесильный, не отвергай!"[214] "Ибо не хочешь Ты жертвы"[214] – разве Творец не желает приношения Ему жертв? Ведь Он постановил о приношении жертв грешниками для искупления грехов. Однако, Давид произнес это пред именем Элоким", являющимся свойством суда, а жертва приносится не имени Элоким, а имени "**йуд**-вав-далет יו" "**хэй**-алеф הא" "**вав**-алеф-вав ואו" "**хэй**-алеф הא", поскольку суровому суду, т.е. свойству суда, жертва не приносится. Как сказано: "Если кто-то принесет от вас жертву Творцу (АВАЯ)"[215] – имени АВАЯ, а не имени Элоким. И также сказано: "Если кто-то принесет в жертву хлебный дар Творцу (АВАЯ)"[216], "благодарственную жертву Творцу

---
[213] Пророки, Мелахим 1, 2:9. «И ныне вину с него не снимай, так как ты человек мудрый и будешь знать, как тебе поступить с ним, и сведи седину его в крови в преисподнюю».
[214] Писания, Псалмы, 51:18-19. «Ибо не хочешь Ты жертвы, я принес бы ее; всесожжения не желаешь Ты. Жертвы Всесильному – дух сокрушенный. Сердца разбитого и удрученного, Всесильный, не отвергай!»
[215] Тора, Ваикра, 1:2. «Обратись к сынам Исраэля и скажи им: "Если кто-то принесет от вас жертву Творцу, – от животных, от крупного скота и от мелкого приносите жертву вашу"».
[216] Тора, Ваикра, 2:1. «Если кто-то принесет в жертву хлебный дар Творцу, то из тонкой муки будет его жертва; и польет это елеем, и возложит на это левону».

(АВАЯ)"²¹⁷, "мирную жертву Творцу (АВАЯ)"²¹⁸». И не указано имя Элоким.

261) «"И поэтому, когда царь Давид обращался к имени Элоким, нужно сказать: "Ибо не хочешь Ты жертвы, я принес бы ее; всесожжения не желаешь Ты"²¹⁴ – так как этому имени приносят только лишь дух сокрушенный. Как сказано: "Жертвы Всесильному (Элоким) – дух сокрушенный"²¹⁴. Жертвоприношение Всесильному (Элоким) – это печаль и сокрушение сердца. И поэтому тот, кто видел дурной сон, должен обнаружить печаль, поскольку находится в свойстве Элоким, а жертвоприношением свойству суда должна быть печаль и дух сокрушенный. И эта печаль помогает от дурного сна, и суд не властвует над ним. Ибо жертву, соответствующую свойству суда, он принес Ему"».

262) «"Сердца разбитого и удрученного, Всесильный (Элоким), не отвергай!"²¹⁴ Что такое "не отвергай" – значит есть сердце, которое Он отвергает? Да, сердце гордое, сердце заносчивое, – это то сердце, которое Он отвергает. Но "сердца разбитого и удрученного, Всесильный (Элоким), не отвергай!"²¹⁴»

263) «"Принеси по воле Твоей благо Циону, воздвигни стены Йерушалаима"²¹⁹. Что означает "принеси благо", – ведь кажется, что есть в нем благо, а теперь", зачем нужно молиться за "улучшение этого блага? Да, именно так", нужно молиться об улучшении, "ибо с того дня, как Творец позаботился о возведении высшего Храма, и до сих пор, улучшение желания не пребывало над этим строением, и поэтому оно не улучшилось. Ибо в час, когда пробудится высшее желание, оно улучшит и зажжет света этого строения и этого деяния до такой степени, что даже высшие ангелы не смогут созерцать этот Храм и это строение. И тогда улучшится Храм и вся работа его"». И об этом он молился: «Принеси по воле Твоей благо Циону»²¹⁹.

264) «"Воздвигни стены Йерушалаима"²¹⁹ – разве с того дня, как Он позаботился о возведении высшего Храма, и до сих пор,

---

²¹⁷ Тора, Ваикра, 22:29. «И когда вы режете благодарственную жертву Творцу, то приносите ее так, чтобы она приобрела вам благоволение».

²¹⁸ Тора, Ваикра, 22:21. «И если кто приносит мирную жертву Творцу, исполняя обет, или в дар, из крупного скота или из мелкого: без порока будет, для благоволения; никакого порока не должно быть на ней».

²¹⁹ Писания, Псалмы, 51:20. «Принеси по воле Твоей благо Циону, воздвигни стены Йерушалаима».

Он еще не воздвиг их? И если стены Йерушалаима Он все еще не воздвиг, то Храм – тем более"» не воздвиг. И как же он сказал: «Принеси по воле Твоей благо Циону»[219], т.е. Храму? Ведь сначала воздвигаются стены, а затем – Храм? «Однако все деяния Творца не такие, как деяния людей. Люди, когда возводят Храм внизу, вначале воздвигают стены города, а затем – Храм. Стены города воздвигаются вначале, чтобы защитить себя, а затем начинается строительство Храма. Творец – не так, но Он строит Храм вначале, а в конце, после того, как опускает его с небес и располагает на своем месте, тогда воздвигаются стены Йерушалаима, т.е. стены города. И поэтому сказал Давид: "Принеси по воле Твоей благо Циону"[219] – вначале, а затем: "Воздвигни стены Йерушалаима"[219]».

265) «"Здесь кроется тайна, во всех действиях, совершаемых Творцом, вначале Он предваряет то, что снаружи, а затем создает разум, действующий внутри. А здесь это не так", ибо Он предварил строительство Храма возведению стен, находящихся снаружи. "Смотри, во всех действиях, которые совершает Творец и предваряет то, что снаружи, Он ведь в замысле предваряет разум", т.е. то, что внутри. "А в действии Он предваряет то, что снаружи. Ибо любая клипа (внешняя оболочка)", то есть то, что снаружи, "это от иной стороны, а разум исходит от разума", т.е. от стороны святости. "И всегда Он предваряет иную сторону, и она умножается и растет, и сохраняет плод. А когда" плод созревает, "кожура (клипа) выбрасывается наружу, и "наготовит грешник, а оденется праведник"[220], и выбрасывают эту клипу и благословляют Праведника мира"».

266) «"Но здесь при строительстве Храма", – в грядущем будущем, "когда иная сторона уже устранена из мира", нет необходимости предварять то, что находится снаружи. "Ибо разум и клипа – оба они принадлежат Ему. И поэтому Он предваряет разум, как сказано: "Принеси по воле Твоей благо Циону"[219] сначала, а затем: "Воздвигни стены Йерушалаима"[219]. Ибо стена, находящаяся снаружи, т.е. клипа, действительно

---

[220] Писания, Иов, 27:13-17. «Вот доля грешнику от Всевышнего и судьба притеснителей, которую они получат от Всемогущего: если умножатся сыновья его, мечу они обречены, и потомки его не насытятся хлебом; оставшихся после него схоронит мор, и вдовы его по нему не заплачут; если накопит он серебра, как песка, и наготовит одежды, как праха, то наготовит он, а оденется праведник, и непорочному достанется серебро».

принадлежит Ему. Как сказано: "И Я буду ему, – слово Творца, – стеной огненной вокруг"²²¹ – Я, а не сторона зла"».

267) «"Исраэль являются высшим разумом мира, Исраэль возник первым в замысле", потому что в замысле внутренняя сущность предшествует клипе. "Народы-идолопоклонники, являющиеся клипой Исраэля, предшествовали" в действии, ибо в действии клипа предшествует плоду, как мы уже объясняли. "Как сказано: "И вот цари, которые царствовали на земле Эдома, прежде чем царствовал царь у сынов Исраэля"²²². А в будущем Творец с самого начала даст разум без клипы, как сказано: "Исраэль – святыня Творцу, начаток урожая Его"²²³, то есть разум предшествует клипе. Но хотя разум и будет возведен без клипы, кто протянет руку, чтобы отведать от него, – ведь сказано: "Все, поедающие его, будут осуждены, бедствие придет на них, – сказал Творец"²²³?»

268) «"Об этом времени сказано: "Тогда захочешь Ты жертвы справедливости"²²⁴ – ибо тогда всё соединится в одно целое, и будет имя Творца совершенно во всех своих исправлениях. Тогда жертвоприношение будет полным – для АВАЯ-Элоким. Так как теперь (имя) Элоким не соединяется с жертвой, ведь если бы оно соединилось с ней, сколько иных божеств (элоким) навострило бы уши для того, чтобы присоединиться туда", и питаться, не ровен час, от святости. "Но об этом времени сказано: "Ибо велик Ты и творишь чудеса, Ты, Всесильный (Элоким), один"²²⁵ – и нет иного божества (элоким)"».

269) «"Об этом времени сказано: "Знайте же ныне, что Я – Я это, и нет Всесильного (Элоким), кроме Меня"²²⁶. Достаточно

---

²²¹ Пророки, Зехария, 2:9. «И Я буду ему, – слово Творца, – стеной огненной вокруг, и для славы (его) буду посреди него».

²²² Тора, Берешит, 36:31. «И вот цари, которые царствовали на земле Эдома, прежде чем царствовал царь у сынов Исраэля».

²²³ Пророки, Йермияу, 2:3. «Исраэль – святыня Творцу, начаток урожая Его. Все поедающие его будут осуждены; бедствие придет на них, – сказал Творец».

²²⁴ Писания, Псалмы, 51:21. «Тогда захочешь Ты жертвы справедливости, жертвы всесожжения и жертвы цельной, тогда возложат на жертвенник Твой быков».

²²⁵ Писания, Псалмы, 86:10. «Ибо велик Ты и творишь чудеса, Ты, Всесильный, один».

²²⁶ Тора, Дварим, 32:39. «Знайте же ныне, что Я – Я это, и нет Всесильного, кроме Меня. Я умерщвляю и оживляю, Я поражаю и исцеляю, и нет спасителя от руки Моей».

было сказать: "Знайте же, что Я – Я это", почему сказано: "Ныне"? Однако, прежде этого не было, а в то время будет. Сказал Творец: "Ныне же знайте то, чего не могли видеть прежде"».

270) «"Что Я – Я"[226]. Почему сказано дважды? Для того чтобы уточнить, что нет там Всесильного (Элоким), кроме Него. Ибо (меняется значение) в зависимости от того, сколько раз сказано Я: если один раз и не более, то там была иная сторона, но теперь: "Я – Я это, и нет Всесильного (Элоким), кроме Меня"[226] – ибо вся иная сторона устранена. И это в точности: "Я – Я"[226]».

271) «"Я умерщвляю и оживляю"[226] – до сих пор смерть приносилась другой стороной, отныне и впредь: "Я умерщвляю и оживляю"[226]. Отсюда следует, что в то время", т.е. возрождения из мертвых, "все те, кто не отведали вкус смерти от Него", от Творца, "будет для них смерть, и Он тотчас возродит их" к жизни. "Почему?" – смерть стала посылаться Творцом. "Для того чтобы ничего не осталось от той скверны в мире, и был новый мир, содеянный руками Творца"».

272) «"Но если, подумав, скажет раб: "...Не выйду на волю"[227], как мы уже выяснили,[228] тогда он отмечает его пороком"», то есть: «И проколет господин ухо его шилом»[227]. «"Если одиноким придет"[229]. Что значит "одиноким"? Мы учили, как в таргуме: сам по себе. Тогда хорошо. Но мы ведь учили, что весь мир держится на одном лишь плавнике левиатана"».

273) «"И скрытый смысл этого в том, что когда находится" левиатан, "захар вместе с нуквой, потому что захаром и нуквой создал их Творец, в любом месте, куда бы они не направились, мир содрогается. И если бы Творец не оскопил самца и не охладил самку, они бы мутили мир. И поэтому тот не производит потомства. И это означает: "Если одиноким придет"[229] – если он оказывается под этим органом" левиатана, "который не производит потомства, то "одиноким выйдет"[229] – он выталкивается

---

[227] Тора, Шмот, 21:5-6. «Но если, подумав, скажет раб: "Полюбил я господина своего, и жену свою, и детей своих, не выйду на волю", пусть господин приведет его к судьям, и подведет его к двери или к косяку, и проколет господин ухо его шилом, и останется он служить ему навеки».
[228] См. выше, п. 220.
[229] Тора, Шмот, 21:3. «Если одиноким придет, одиноким выйдет; если же он женат, то выйдет жена его с ним».

оттуда и не входит в предел Царя вообще, и выталкивается и изгоняется из того мира. "Одиноким выйдет"¹⁷⁸ – выйдет, конечно, одиноким"».

274) «"Смотри, что сказано: "В одиночестве умрут"²³⁰. "В одиночестве" – включая и захара, и некеву. В свойстве захар входит, в свойстве нуква выходит.²³¹ Входит – в одном (свойстве), выходит – в другом. И это – то место, к которому он прилепился в том мире", т.е. к Малхут. "Поскольку Творец не желает, чтобы представал пред Ним тот, кто оскопил себя в этом мире"».

275) «"Ты можешь увидеть из жертвоприношений, что не приносили в жертву Ему оскопленного – выносили его, чтобы не приближался к нему. И повелел Он, сказав: "И на земле вашей (такого) не делайте"²³². И также в поколения – запрещено оскоплять существа, созданные Творцом в мире. Ибо любое оскопление – от иной стороны"».

276) «"И если он прилагал старания и взял себе жену, но не произвел потомства и не желал, хотя и есть у него жена, или же она не желает, и он является в тот мир бездетным, что сказано: "Если же он женат"²²⁹, и они не следовали деянию рук Творца", чтобы родить детей, "то выйдет жена его с ним"²²⁹. Он приходит к одиночеству захара, а она – к одиночеству некевы", Малхут, "и каждый – "если одиноким придет, одиноким выйдет"²²⁹».

277) «"Если господин его даст ему жену"²³³. Как мы учили: "Если господин его"²³³ – это Господин всей земли", Малхут. "Даст ему жену"²³³ – отсюда следует, что не во власти человека взять себе жену, но поднимать всё с помощью весов", соответственно весу своих заслуг он поднимается. И поэтому "даст ему жену"²³³ – так как это не в его власти. И кто она? Это та, что не его", которая не является его четой, "и не предназначена ему. И кто же она? Это та" женщина, "которая предназначалась

---

²³⁰ Тора, Ваикра, 20:20. «И всякий, кто ляжет с тетей своей, наготу дяди своего открыл, – грех свой понесут они, в одиночестве умрут».
²³¹ См. выше, п. 219.
²³² Тора, Ваикра, 22:24. «И (с ятрами) раздавленными, и разбитыми, и оторванными, и отсеченными не приносите Творцу, и на земле вашей (такого) не делайте».
²³³ Тора, Шмот, 21:4. «Если господин его даст ему жену, и та родит ему сыновей или дочерей, жена и ее дети останутся у господина ее, а он выйдет один».

другому, но он был первым, благодаря милосердию, и женился на ней. И дана была ему та, которая не была предопределена ему"».

278) «"И Творец видит издалека, и видит, что та женщина готова произвести потомство в мире", и после того, как "тот стал первым, благодаря милосердию, она была дана ему, и он произвел плоды, посеяв семя в женщине, которая не его. Поэтому "жена и ее дети останутся у господина ее, а он выйдет один"[233]. О, несчастный бедняга, – столько прилагал усилий впустую, усердствовал и старался взрастить плоды в саду, не принадлежащем ему, а вышел ни с чем"».

279) «Сказал себе: "Старик, старик, в такие времена ты бы не толкал ворота ногами, подобно тому, кто лежит без сил на земле, поскольку ослаб, и из-за большой слабости, так как не может" открыть эти ворота, "толкает их ногами. Крепись, старик, и не бойся". Этот несчастный бедняга, который старался напрасно, – почему? Если из-за того, что посадил в другом саду, не принадлежащем ему, то ладно. Но здесь Творец дал ему этот сад, чтобы сажать в нем, – ведь он же не взял его?"» сам.

280) «"Но смотри, все деяния Творца, Он все их вершит по суду, и нет ничего впустую. Тот, кому Творец дает жену, и он производит с ней плоды и молодые побеги, он не такой как все остальные в этом кругообороте. И не похож тот, кто старается в этом мире укрепить дерево и не может, на того, кто не желал усердствовать, чтобы размножиться, и срывал и бросал листья этого дерева, и привел к уменьшению плодов его"».

281) «"Тот, которому господин его даст жену для того, чтобы производить плоды, он старался вначале укрепить дерево и не смог, нет у него таких уж заслуг, ведь если бы он был по-настоящему достоин, не должен был бы возвращаться в кругооборот. Ибо сказано: "Дам Я им в доме Моем и в стенах Моих память и имя, лучше сыновей и дочерей"[234]. А теперь, когда не удостоился, Творец видит, что он прилагал старания родить сыновей и не мог, такому "господин его даст ему жену"[233]. И после того, как смилостивился над ним Творец и дал ему" жену

---

[234] Пророки, Йешаяу, 56:4-5. «Ибо так сказал Творец бездетным: «Тем, кто будет хранить субботы Мои, и изберет угодное Мне, и будет держаться завета Моего – дам Я им в доме Моем и в стенах Моих память и имя, лучше сыновей и дочерей, имя вечное дам им, которое не истребится"».

"в милосердии Своем, Творец берет принадлежащее Ему изначально, и берет то, что Он взял от этого источника" прежде. Поэтому "жена и ее дети останутся у господина ее"[233]. А затем он вернется и постарается сам за себя восполнить недостающее ему. На этом заканчивается выяснение скрытого смысла этого отрывка"».

282) «Сказал себе: "Старик, старик, ты сказал о том, что он напрасно старался" произвести сыновей, "и не уследил за собой, что ты сам идешь напрасно из-за того, что сказал. Ведь отрывок этот преследует тебя и разрушает всё строение, которое ты выстроил до сих пор, и ты думаешь, что плывешь по морю по воле своей. А что с этим" изречением, "где сказано: "Но если, подумав, скажет раб: "Полюбил я господина своего, и жену свою, и детей своих, не выйду на волю"[227]?"» Ведь он возвращается и удостаивается их, и не старался напрасно.

283) «"Эх, старик, старик, усталый, бессильный. Что ж ты будешь делать? Ты думал, что никто не будет преследовать тебя, ведь этот отрывок преследует тебя, и показался из-за стены, как лань в поле". Другими словами, он не помнил о нем раньше, и неожиданно вспомнил о нем. И словно "делает прыжки, преследуя тебя, сделал тринадцать прыжков, преследуя тебя"», и это тринадцать слов этого отрывка, от «а если заявит»[227] до слов «на волю»[227], не включая их самих, «"и догнал тебя. Что ж ты будешь делать, старик? Теперь ты должен собраться с силами, ибо стойким воином был ты до сего дня. Старик, старик, вспомни снежный день, когда мы сажали бобы, и выступило много доблестных воинов против тебя, и ты один победил тринадцать доблестных воинов, каждый из которых убил льва, прежде чем ел"».

Объяснение. «Посев бобов в снежный день» – мы уже выяснили раньше,[235] что это подъем Малхут в Бину, вследствие чего упали Бина и ТУМ всех ступеней, начиная с Бины, которая вышла из рош Арих Анпина, до конца всех ступеней. «В снежный день» – мохин левой, приходящие вместе с точкой шурук.[235] И известно, что вследствие подъема Малхут в Бину благодаря точке холам, поделились десять сфирот на

---

[235] См. выше, п. 74.

тринадцать сфирот, ибо образовались дважды ХАГАТ.[236] Поэтому он сказал: «Снежный день, когда мы сажали бобы» – т.е. он поднял МАН для восхождения Малхут в Бину, чтобы отменить суды снега. «И выступило много доблестных воинов против тебя» – деление сфирот на тринадцать, «каждый из которых убил льва, прежде чем ел» – т.е. вследствие судов снежного дня были отменены хасадим, называемые «лев», что определяется как убиение, чтобы они смогли получить свет Хохмы от левой линии. А притяжение светов называется едой. «И ты один победил тринадцать доблестных воинов» – ибо поднял МАН для восхождения Малхут в Бину, и тогда уменьшились тринадцать воинов левой линии, и соединились с хасадим правой линии, называемыми «лев», и более не убивали его.

284) «"Если ты одолел этих тринадцать воинов, то эти"» тринадцать слов отрывка: «Но если, подумав, скажет»[227], «в которых нет никакой силы, а только слова, тем более. "Но если, подумав, скажет"[227], – написано. Ибо пути Творца – вершить суд" и справедливость "для всех. Когда подошло время найти супруга для той женщины", которую раб взял в жены, "что делает Творец? Умерщвляет того" раба, который взял ее в жены, но это не его супруга. "И берет ее супруг ее, а тот" раб "выходит из этого мира в полном одиночестве"».

285) «"Но если, подумав, скажет раб"[227]. Ведь установили товарищи, согласно простому толкованию изречения: "Но если, подумав"[227] – в начале шести лет, "скажет"[227] – в конце шести лет, до наступления седьмого года. Ибо если скажет даже в первый день седьмого года, то слова его недействительны. Почему написано "раб"[227]? Потому что должен сказать в то время, когда он еще раб, в шестой год. Если подумал в начале шести лет, но не сказал в конце шести лет, это ничего не стоит. Поэтому уточнено дважды: "Если, подумав, скажет"[227]».

286) «"А здесь", в нашем случае, "пока раб еще находится со своей женой, он умножает молитвы и просьбы к святому Царю каждый день, подобно тому, как вначале он взял ее благодаря милосердию,[237] так же и в конце – благодаря милосердию. И это означает: "Подумав, скажет"[227]. "Подумав"[227] – вначале, когда

---

[236] См. «Предисловие книги Зоар», статью «Роза», Обозрение Сулам, п. 2, со слов: «Итак, мы видим, что вследствие выхода Бины из рош Арих Анпина в ней возникло два отдельных свойства...»
[237] См. выше, п. 277.

был первым благодаря милосердию. "Скажет"²²⁷ – в конце", когда будет просить, чтобы не выгоняли его из-за супруга ее, "и будет принята" молитва его "в милосердии. Что он скажет? "Полюбил я господина своего"²²⁷ – из-за этого, вследствие множества молитв, люблю я Творца. Исправляет свои поступки и говорит: "Полюбил я господина своего, и жену свою, и детей своих, – не выйду на волю"²²⁷. И Творец принимает его, благодаря этому возвращению и множеству вознесенных молитв"».

287) «"Что делает Творец? То, что Он был готов вернуть его в кругооборот, дабы терпеть наказания в этом мире за содеянное, Он не возвращает его в этот мир. А что Он делает? Приближает его к суду небесного собрания, и там его судят и передают его в место наказания ударами. И отмечает его Творец", шилом²²⁷, "как он передан в место расплаты, и помечает его пороком, чтобы находился под властью крайней плоти до определенного времени, а затем вызволяет его"».

288) «"Если в то время, когда прокалывают ему отверстие, шилом, наступил юбилейный год, и даже один день юбилейного года, то считается, словно уже пробыл (под властью крайней плоти) всё это время до юбилейного года. Наказывается он так, но не более. Наступает юбилейный год, и он освобождается, и вводят его в пределы" Творца. "Хватит на этом". Старец закрыл глаза на мгновение».

289) «Провозгласил и сказал: "Слушайте, горы, спор Творца, и твердыни, основы земли"²³⁸. Сказал он себе: "Эй, старик, до сих пор пребывал ты в глубинах моря, а сейчас перешел к могучим горам, чтобы сразиться с ними! Разумеется, до сих пор ты был в могучем море, но прежде чем опуститься в пучины морские, столкнулся с этими могучими горами посреди моря, и встретился с ними. Теперь ты должен сражаться с пучинами моря и этими горами"».

290) «"Усталый бессильный старик, кто привел тебя к этому? Ты пребывал в мире, и захотел всего этого, – ты это сделал, ты и страдай! Теперь тебе не осталось ничего, как только вступить в сражение и победить всех, не отступая ни на шаг. Соберись с

---

²³⁸ Пророки, Миха, 6:2. «Слушайте, горы, спор Творца, и твердыни, основы земли, ибо спор у Творца с народом Его и с Исраэлем спорить будет Он».

силами, препояшь чресла свои и не бойся сокрушить эти горы, чтобы не обрушились они на тебя. Скажи им: "Горы высокие, горы могучие, как твердо вы стоите!"»

291) «"Два изречения приводятся, в одном сказано: "Встань, спорь перед горами, и пусть услышат холмы голос твой"[239], а в другом сказано: "Слушайте, горы, спор Творца"[238]. Но есть горы, и есть горы. Есть горы, возвышающиеся высоко-высоко", ХАГАТ, "о них сказано: "Слушайте, горы, спор Творца"[238]. А есть горы, являющиеся нижними горами, ниже них", НЕХИ, "о них сказано: "Встань, спорь перед горами"[239]. Ибо есть ищущий с ними ссоры", т.е. в них пребывают суды. "И поэтому есть горы, и есть горы"».

292) «"И если ты скажешь: "Старик, ведь сказано: "Пусть услышат холмы голос твой"[239]. Эти холмы – это все, что внизу, а ты делаешь их горами". Но это так: относительно тех высоких гор эти называются холмами, а когда они сами по себе, называются горами"».

293) «"Смотри, сказано: "И твердыни, основы земли"[238]. Если сказано горы, то кто же они, эти твердыни? Однако горы и твердыни – все они одно целое. Но" горы, "это три высших горы наверху, над их вершинами", твердынь, "и это ХАГАТ. "А твердыни – это три ниже них", т.е. НЕХИ. "И все они – одно целое. Горы – наверху, и о них сказал Давид: "Поднимаю глаза мои к горам"[240], и это три первых", ХАГАТ. "А "твердыни, основы земли"[238], – это три последних, которые ниже них", и это "две опоры Храма", т.е. Нецах и Ход, "а одна – это радость Храма", Есод. "И они называются основами земли, тверды они", т.е. крепки, "и твердынями называются"».

294) Сказал себе: «"Старик, старик, ты ведь знал – тот, кто идет в сражение и не умеет защищаться, не победит в сражениях. Нужно наносить удар рукой, и остерегаться в мысли своей, чтобы то, что думает другой, думал и он", и тогда защитит себя. "И правая рука всегда предназначена для нанесения удара, а мысли его и левая рука предназначены для того, чтобы принять

---

[239] Пророки, Миха, 6:1. «Слушайте, прошу, что говорит Творец: встань, спорь пред горами, и пусть услышат холмы голос твой».
[240] Писания, Псалмы, 121:1. «Песнь ступеней. Поднимаю глаза мои к горам – откуда придет помощь мне?»

295) «"Ты сказал: "И твердыни, основы земли"²³⁸. "Твердыни – внизу", НЕХИ. "А горы – наверху", ХАГАТ. "Берегись, старик, ибо другая мысль против тебя, как сказано: "Учение Эйтану Эзрахи"²⁴¹. И это старец Авраам, который назывался Эйтаном (твердыней). И если Авраам – твердыня, Ицхак и Яаков тоже твердыни", а праотцы – это ХАГАТ. Таким образом, ХАГАТ называются твердынями. "Вставай, старик, ибо узнал ты, что это мнение – удар по твоему мнению"».

296) «"И изрек он притчу свою, и сказал: "Твердыня – обиталище твое"²⁴². "Твердыня" – это утро Авраама, т.е. "утром на рассвете"²⁴³, и это столп", т.е. Есод, "на котором держится весь мир", Малхут. "И его свет приобретен от Авраама", т.е. Есод. "Рекой, вытекающей из Эдена"⁸¹ называется", и это Есод. Получается, что Есод называется твердыней?! Сказал сам себе: "Эй, старик, старик, вот одно мнение против тебя, а ты не умеешь защититься. Как ведется сражение?! Старик, где твоя отвага?! Наверное, не для отважных эта война!"»

297) «"Сказано: "Учение Эйтану Эзрахи"²⁴¹. И сказано: "Учение Давиду". Это река, вытекающая из Эдена", т.е. Есод, "и оно объясняет Давиду", Малхут, "сообщая ему об этих скрытых возвышенных вещах". И поэтому называется этот Есод учением. "И если учение – это река, вытекающая из Эдена", т.е. Есод, находящийся внизу, в НЕХИ, "Эйтан Эзрахи – это Авраам, и я знаю, что он, конечно же, наверху", в ХАГАТ. "И хотя я старик, я все же вынужден разбить такое представление. Ведь Эйтан Эзрахи" – это две ступени. Как сказано: "Утром на рассвете"²⁴³, свет – это Авраам", Хесед, "утро – это река", Есод. "Так же и здесь: "Эйтан Эзрахи". Эзрах – это Авраам, Эйтан – это, как мы сказали, река, берущая начало и вытекающая из Эдена"», Есода.

---

²⁴¹ Писания, Псалмы, 89:1-2. «Учение Эйтану Эзрахи. Милости Творца вечно воспевать буду, из рода в род возвещать буду верность Твою устами своими».

²⁴² Тора, Бемидбар, 24:21. «И увидел он Кени, и изрек он притчу свою, и сказал: "Твердыня – обиталище твое, и устрой в скале гнездо свое"».

²⁴³ Тора, Берешит, 44:3. «Утром на рассвете эти люди были отосланы, они и ослы их».

298) «"А теперь, старик, поднимись, встань на свою колесницу, ибо ты сейчас упадёшь и не сможешь подняться. Ведь царь Шломо выступил со своим воинством и колесницами, и доблестными воинами, и всадниками. И они идут тебе навстречу. Поднимись и оставь это поле, чтобы не нашли тебя там. Сказано: "И собрались к царю Шломо все мужи Исраэля в месяц Эйтаним, в праздник, он же седьмой месяц"[244], – т.е. месяц, в котором родились эйтаним. И кто они? Это праотцы, твердыни мира. И это месяц Тишрей (תשרי), в котором буквы расположены в обратном алфавитном порядке, снизу вверх"», в последовательности «тав-шин-рейш-куф תשרק» «цади-пэй-аин-самех צפעס» и т.д. Ибо порядок букв в слове Тишрей – обратный. Таким образом, Эйтаним (твердыни) – это праотцы, то есть ХАГАТ.

299) «"И кроме того, из твоих (собственных) слов" следует, что, поскольку Эйтан Эзрахи – это две ступени, "лучше тебе оставить это поле и не находиться там. Ведь если бы было написано: "Учение Эйтана Эзрахи", было бы правильно "так, как ты сказал", что это две ступени. "Теперь же, когда написано: "Учение Эйтану Эзрахи"[241] – твоя война ничего не стоит", так как отсюда следует, что это одна ступень, а не две. "Непременно уходи с поля и не показывайся там"».

300) «"Эй, бедный и несчастный старик, как ты уйдёшь с поля? Ведь если победят тебя, и ты убежишь с поля, все живущие в мире будут преследовать тебя. И не будет у тебя лица, чтобы показаться человеку, никогда. Здесь клянусь я, что не покину поля. И здесь я встречусь лицом к лицу с царём Шломо, и со всяким мужем Исраэля, и его доблестными воинами, и всадниками, и колесницами. Творец поможет тебе, старик, так как устал и обессилел ты. Встань, старик, соберись с силами и укрепись, ведь до этого дня ты был самым отважным среди воинов"».

301) «Провозгласил и сказал: "Учение Эйтану Эзрахи"[241]. Если бы было написано: "Учение Давиду", то объяснение было бы, как ты сказал", что это Есод, который даёт наполнение Малхут, называемой Давид. "Но написано: "Учение Эйтану"[241]. Есть учение, и есть учение, – есть учение наверху и есть учение внизу. "Учение Эйтану"[241] – поскольку в то время, когда та

---

[244] Пророки, Мелахим 1, 8:2. «И собрались к царю Шломо все мужи Исраэля в месяц Эйтаним, в праздник, он же седьмой месяц».

река", Есод, "пробуждается в стремлении своем, то все органы радуются и соединяются с ней. И если он достигает такого подъема, когда высший разум", т.е. Хесед, который стал Хохмой, "благоволит к нему и радуется ему, тогда "учение Эйтану Эзрахи"²⁴¹, т.е. он обучает" Есод "и сообщает ему через Авраама, любящего его", т.е. Хесед, который поднялся и стал Хохмой, "всё, что необходимо. И этот высший разум", т.е. Хохма, "является "учением Эйтану", Есоду. "А когда царь Давид", Малхут, "исправляется в своем стремлении" к Есоду, Есод – "учение Давиду", так же как высший разум – учение" Есоду. "И поэтому есть учение, и есть учение"».

302) «"В месяц Эйтаним"²⁴⁴, – рожденные в этом месяце, Эйтаним, так как строение внизу", НЕХИ, "подобно тому, что наверху", ХАГАТ, и поэтому родились в нем "горы" и "твердыни (эйтаним)". "Горы", ХАГАТ, "скрыты", потому что скрылась в них Хохма и не светит. "Твердыни" – это "ярхин (ноги)", Нецах и Ход, прочные, как бронза, и "твердыня (эйтан)", расположенная между ними"», т.е. Есод, передающий свечение Хохмы.

303) «"Встань, старик, ударь по каждой стороне. В час, когда Моше взошел для получения Торы, Творец передал ему семьдесят ключей Торы", т.е. семь сфирот ХАГАТ НЕХИМ, в каждой из которых – десять сфирот, всего – семьдесят. "Когда он дошел до пятьдесят девятого", т.е. до Есода в десяти сфирот Есода, "был один ключ, упрятанный и скрытый", т.е. Малхут в десяти сфирот Есода, которая называется атерет (венец) Есода, "которого Он не передал ему. Умолял Его. Ответил ему: "Моше, все высшие и нижние ключи зависят от этого ключа"». Ибо атара (венец) – это экран второго сокращения, с помощью которого установились все парцуфы ВАК в пяти парцуфах Ацилута, и он является ключом всех мохин.²⁴⁵

«"Обратился к Нему: "Владыка мира! Как называется он?" Ответил ему: "Эйтан (твердыня), и все твердыни зависят от него", потому что НЕХИ, расположенные от хазе и ниже, называемые твердынями, – это парцуф ВАК де-гуф. А ХАГАТ, расположенные от хазе и выше, – это ГАР де-гуф. И поэтому

---

²⁴⁵ См. «Предисловие книги Зоар», статью «Манула и мифтеха», п. 42, со слов: «Поэтому сказано: "И эта печать" – которая утвердилась в Бине, "была утверждена и скрыта в ней, подобно тому, как кто-то прячет всё, закрывая под один ключ"...»

властвует в них ключ (мифтеха), и это атерет Есода.²⁴⁶ "С его помощью поддерживаются" НЕХИ, находящиеся "вне гуф письменной Торы", т.е. Зеир Анпина, поскольку от хазе и ниже считается вне гуф, ХАГАТ. "Он", Зеир Анпин "извещает его", т.е. передает Даат (знание), "и обучает его. И он", атерет Есода, – "это основа и ключ письменной Торы"», Зеир Анпина. Ибо без этого экрана атерет Есода, относящегося ко второму сокращению, Зеир Анпин не был бы способен получить ГАР.²⁴⁷

304) «"И когда устанавливается по отношению к нему устная Тора", Малхут, "он", атерет Есода, "становится ее ключом", т.е. Есодом Малхут. "И, конечно, тогда" этот Есод "называется учением Давиду", т.е. Малхут. "И поскольку наследует его устная Тора"», Малхут, и он становится ее Есодом (основой), называемым «решет (רשת решетка)»,²⁴⁸ которая светит снизу вверх, и поэтому в ней «"буквы в обратном порядке. И поэтому называется" тогда ее Есод "Тишрей (תשרי)"», где буквы расположены в обратном порядке, в последовательности «тав-шин-рейш-куф תשרק». «"Это "тав-шин-рейш תשר", но, поскольку это святое имя", Малхут, "отпечатал в нем Творец букву "йуд י" от имени Своего", и называется поэтому "Тишрей (תשרי)". На жертвеннике", и это тоже имя Малхут, "Он отпечатал при помощи него", ее Есода, "хэй ה" де-АВАЯ (הויה), т.е. "хэй ה" от "решетка (а-решет הרשת) до половины жертвенника"²⁴⁹. Явилась Двора", и это тоже имя Малхут, "и Он отпечатал при помощи нее "вав ו", т.е. как сказано: "И воспела (ותשר) Двора"²⁵⁰. И в этом месте", в Есоде Малхут, "печать святого имени, которое Он запечатлел в нем"».

---

²⁴⁶ См. «Предисловие книги Зоар», статью «Манула и мифтеха», п. 41, со слов: «И мы уже знаем, что Атик установился во втором сокращении, т.е. поднял нижнюю "хэй ה" в свои никвей эйнаим, чтобы создать парцуф Арих Анпин...»

²⁴⁷ См. Зоар, главу Берешит, часть 1, п. 3, со слов: «В свойстве суда, т.е. в свойстве Малхут мира АК, прежде чем она подсластилась в Бине, в свойстве милосердия, мир не мог существовать...»

²⁴⁸ См. Зоар, главу Берешит, часть 2, п. 273, со слов: «Эти триста шестьдесят пять сухожилий переплетаются в семнадцать решеток, каждая из которых называется решеткой сухожилий, и они сочетаются друг с другом...»

²⁴⁹ Тора, Шмот, 27:4-5. «И сделай к нему сетку в виде медной решетки, и сделай на этой решетке четыре медных кольца на четырех ее углах. И помести ее под выступом жертвенника снизу, и будет решетка до половины жертвенника».

²⁵⁰ Пророки, Шофтим, 5:1. «И воспела Двора, и Барак, сын Авиноама, в тот день, говоря».

Объяснение. Ибо буквы «решет (רשת)» являются названием Есода Малхут. И Зеир Анпин запечатлел имя Его, т.е. «йуд-хэй-вав יהו», в этих буквах «решет (רשת)» в трех местах: здесь, в Тишрей (תשרי) – «йуд י», в «решетке (הרשת) жертвенника»[249] – «хэй ה», и в «и воспела (וַתָשַׁר) Двора»[250] – «вав ו».

305) «"И этот ключ", атерет Есода, "когда он открывает устную Тору", т.е. устанавливается в качестве ее Есода, как мы уже объясняли, "нужно знать его. И это то, что мы говорим "тания (תניא мудрец)"», и это буквы «эйтан (איתן твердыня)», и тогда сказано: «"Твердыня (эйтан איתן) – обиталище твое"[242]», потому что Малхут называется обиталищем, а когда она получает наполнение от атерет Есода, сказано о ней: «Твердыня – обиталище твое»[242]. И называется «"Брайта", что означает "вне гуфа"», т.е. Зеир Анпина. Ибо Брайта – от слова «вовне (ле-бар)», т.е. «внешнее». «"Эйтаним (איתנים твердыни)" в письменной Торе, Зеир Анпине, – "это "танаим (תנאים мудрецы)" в устной Торе, Малхут. "И они являются поддерживающими основами вне гуфа", т.е. НЕХИ. "Теперь нужно дать знать об этом: в то время, когда эти" НЕХИ "в письменной Торе", Зеир Анпине, "называются "эйтаним (איתנים твердыни)", в устной Торе называются "танаим (תנאים мудрецы)". Ибо "эйтан (איתן) твердыня)" – это в письменной Торе, "тания (תניא мудрец)" – в устной Торе. И все как подобает"».

306) «"Друзья, ведь я – в поле! Царь Шломо со своими бесстрашными воинами придет и обнаружит одного усталого, обессилевшего старика. А он – сильный, отважный и побеждающий в войнах. Я знаю, что он придет. И он стоит за скалой в поле и наблюдает за мной – как я проявляю свою отвагу в поле. Он один смотрит на меня, он – муж мира, обладатель мира. И он уходит восвояси. Теперь, старик, ты проявил отвагу и ты один в поле. Возвращайся на место свое, снимай с себя свое оружие"».

307) «"Слушайте, горы, спор Творца, и твердыни, основы земли"[238]. "Слушайте, горы"[238] – как мы уже говорили, "и твердыни, основы земли"[238], – основы земли, рузумеется", т.е. Малхут, которая называется землей. "Ибо от них", от твердынь, т.е. НЕХИ, "получает питание" Малхут. "И от них получает изобилие свое каждый день, и" поэтому "они – "основы земли"[238]».

308) «"Ибо спор у Творца с народом Его"[238]. Кто может устоять в споре Творца с Исраэлем? И об этом он сказал этим: "Слушайте, горы, спор Творца"[238] – это один спор. "Встань, спорь перед горами"[239] – это второй спор. И выиграл в них Творец, все эти споры с Исраэлем, и все эти наставления – все они, словно отец наставляет сына. И мы уже это объясняли"».

309) «"Сказано о Яакове в час, когда Он является, чтобы победить его: "Но спор у Творца с Йегудой, и взыщет Он с Яакова"[251]. Что это за спор? Это как сказано: "Во чреве обманул он брата своего"[252]. Именно за это приходит назидание и все эти споры. Разве это не является великим деянием – "во чреве обманул он брата своего"[252]? Это не является малозначительным действием – то, что он сделал во чреве. Неужели он занимался обманом во чреве? Да, конечно"».

310) «"И мы также учили, что во всем препятствовал Яаков Эсаву, чтобы у того не было никакой доли в святости. Эсав не возмутился, но лишь от одного, и это два, как сказано: "Что обманул меня этот дважды"[253]. "Что обманул меня дважды", следовало сказать, что значит: "Что обманул меня этот дважды"[253]? Это указывает, что "один равнялся двум, и оба были следствием одного. И что это? Это – "первородство (бхорати́ (בְּכֹרָתִי))"[253], а когда буквы поменялись местами, то стало "благословение (бирхати́ (בִּרְכָתִי))"[253]. Это "дважды"[253] – один, который был равен двум"».

311) «"И не знал Эсав, что его брат сделал ему во чреве, однако ангел-покровитель его знал. Но Творец прогремел небесами и воинствами в ответ на этот голос" обвинения покровителя Эсава, "ибо благословения и первородства не требовал его покровитель, и не сказал. Ведь он должен был требовать благословения и не потребовал. Он потребовал братства,

---

[251] Пророки, Ошеа, 12:3. «Но спор у Творца с Йегудой, и взыщет Он с Яакова за пути его, и воздаст ему по деяниям его».

[252] Пророки, Ошеа, 12:4. «Во чреве обманул он брата своего, и силою своей боролся с ангелом Всесильного».

[253] Тора, Берешит, 27:36. «И сказал он: "Потому ли нарек ему имя Яаков (יעקב), что обманул (יעקבני) меня этот дважды: мое первородство взял и вот ныне взял мое благословение!" И сказал: "Неужели ты не оставил мне благословения?"»

конечно же, как сказано: "И от родственника твоего не скрывайся"²⁵⁴. И не хотел Яаков давать ему есть, пока не взял у него его первородство"».

312) «"Что это за первородство, которое он взял? Взял у него первородство, которое наверху и которое внизу", – т.е. святость первородства наверху, чтобы приносить жертвы и т.д., и первородство внизу, чтобы получать вдвойне и т.п. "Первородство (бхора בְּכֹרָה)" написано "без "вав ו". Тогда он обманул своего брата, безусловно, тем, что сделал его пятой, и оставил его сзади. Что значит сзади? Тот опередил его тем, что вышел в этот мир первым. Сказал Яаков Эсаву: "Получи ты этот мир первым, а я потом"».

313) «"Смотри, что сказано: "А затем вышел его брат, держась рукою за пяту (ба-акéв בַּעֲקֵב) Эсава"²⁵⁵. Что значит "за пяту Эсава"²⁵⁵? Разве может прийти в голову, что его рука держит ногу его? Это не так. Но рука его держит того, кто является пятой. И кто это? Это Эсав, потому что Эсав называется пятой (акéв עָקֵב) с того часа, как обошел (акáв עָקַב) его брат его, и со дня сотворения мира называл его Творец пятой", так как Эсав является свойством змея, "и сказано о нем: "Он будет разить тебя в голову, а ты будешь разить его в пяту"²⁵⁶. Ты, который назывался пятой, будешь разить вначале, а в конце он размозжит голову твою, которая над тобой. И кто он?" – голова его. Это "Сам, который является головой змея, наносящего удар по этому миру"».

314) «"И поэтому: "Во чреве обманул он брата своего"²⁵², постановив о нем быть пятой, и взял Эсав этот мир первым. Поэтому сказано: "И вот цари, которые царствовали на земле Эдома, прежде чем царствовал царь у сынов Исраэля"²²². Об

---

²⁵⁴ Пророки, Йешаяу, 58:7. «Не в том ли (пост), чтобы разделил ты с голодным хлеб твой и бедняков скитающихся ввел в дом? Когда увидишь нагого, одень его, и от родственника твоего не скрывайся».

²⁵⁵ Тора, Берешит, 25:26. «А затем вышел его брат, держась рукою за пяту Эсава, и нарек ему имя Яаков. А Ицхаку шестьдесят лет при рождении их».

²⁵⁶ Тора, Берешит, 3:15. «И вражду положу между тобою и между женой, и между твоим потомством и ее потомством. Он будет разить тебя в голову, а ты будешь разить его в пяту».

этом сказал царь Шломо: "Наследство, поспешно захваченное вначале, не благословится в конце"[257] – т.е. в конце мира"».

315) «"И поэтому: "Во чреве обманул он брата своего, и силою своей боролся с ангелом Всесильного"[252]. Что значит "силою своей"? Так разъясняется: силой своей и отвагой своей, как полагается. Но это не так. Разъяснение сказанного такое: Яаков был высшим образом и святым телом (гуф), и с того дня, как появился Адам Ришон, не было тела, которое могло бы сравниться с телом Яакова" и красотой его. "Как красота Адама Ришона, точно такой же была красота Яакова, и образ Яакова был полностью образом Адама Ришона"».

316) «"В час, когда змей явился к Адаму Ришону и соблазнил его, этот змей возобладал над ним. И в чем причина? Это потому, что еще не действовала сила и могущество Адама Ришона, ведь пока еще не родился тот, в ком были бы сила и могущество его. И кто это – сила и могущество Адама Ришона? Это Шет, который был в точности по образу Адама Ришона. Как сказано: "И родил подобного себе, по образу своему, и нарек ему имя Шет"[258]. Что значит "подобного себе, по образу своему"[258]? То есть, тот родился обрезанным. А когда покровитель Эсава явился Яакову, уже родились сила и могущество Яакова, т.е. Йосеф. И это означает: "И силою своею боролся с ангелом Всесильного"[252]» – и это Йосеф, который был его силой.

317) «"Тот голос женщины, к которому может пристать голос змея, как кобель к сучке, кто он? Но сам посмотри, что нет среди всех голосов женщин в мире такого, чтобы голос змея мог прилепиться к ней и пристать к ней, и сообщиться с ней, – но только две женщины, к которым может пристать голос змея. Одна – та, которая не бережется, как следует, во время своей нечистоты и не следит за днями очищения, или же совершает омовение на день раньше. А другая – та жена, которая задерживает время супружеской близости, желая досадить своему мужу, кроме случая, когда сам муж не придерживается и не следит за этим"».

---

[257] Писания, Притчи, 20:21. «Наследство, поспешно захваченное вначале, не благословится в конце».

[258] Тора, Берешит, 5:3. «И жил Адам сто тридцать лет и родил подобного себе, по образу своему, и нарек ему имя Шет».

318) «"Вот эти две женщины. Ибо так же, как они спешат" преждевременно совершить омовение, "также и задерживаются с этим голосом змея, пока не сольётся голос с голосом. И так же, как задерживают время супружеской близости, чтобы досадить мужу задержкой заповеди, так же и голос змея спешит слиться с голосом такой женщины. И вот эти две женщины, к голосу которых пристаёт голос змея, как кобель к сучке. Нечистота" следует "за нечистотой, вид – за подобным ему видом"».

319) «"И если ты скажешь: "Каким образом это касается нас – сообщается голос с голосом или нет?!" Горе, что так безрассудно пропадают жители мира! Когда этот голос женщины смешивается и соединяется с голосом змея в час, когда грешница и злодейка" Лилит "выходит из своей эйфы[259] и блуждает по миру, если она встречает эти два голоса, голос змея и голос этой жены, то эта женщина", Лилит, "возбуждается от них, а они – от неё, а после того, как возбуждается, образуется дух (руах), который сопровождает её до тех пор, пока он", этот дух, "блуждая, не войдёт в нутро этой женщины"».

320) «"И этот ребёнок, которого она порождает; когда является та злодейка", Лилит, "она навещает дух, вызванный порочным соединением с голосом змея, бьющийся в ней. "И он", этот дух "забавляется с ребёнком до тех пор, пока не появляется та злодейка" Лилит, "как будто женщина, навещающая сына другой женщины, и болтает с ним, и забавляется с ним, пока не приходит его мать. Так действует этот дух, и часто случается, что он", этот дух, "является посланником той злодейки", Лилит, "и убивает его. Это означает сказанное: "И от руки их притеснителей сила"[260], и не так, как вы объясняете" это изречение, "но" это означает, что "сила этого духа" притесняет его. "И поэтому дважды написано в этом изречении: "Но нет им утешителя"[260], один раз – от злодейки Лилит, а другой раз – от того духа"».

Пояснение сказанного. Есть голос и речь. Вместе – это свойство ГАР. А есть голос, которому недостаёт речи, и это ВАК без рош. И суды, которые заставляют его быть свойством ВАК, – они или от экрана второго сокращения, или от экрана первого

---

[259] Эйфа – мера объёма. Торой запрещается пользование неверной мерой.
[260] Писания, Коэлет, 4:1. «И вновь увидел я всех притесненных, которые созданы под солнцем, и вот слёзы притесненных, но нет им утешителя, и от руки их притеснителей сила, но нет им утешителя».

сокращения. И в этом отличие голоса женщины от голоса змея. Ибо голос женщины является подобием высшей Малхут, которая получает наполнение от Зеир Анпина, мужа ее, и он – от второго сокращения. А голос змея – от первого сокращения.

И это означает сказанное: «Что нет среди всех голосов женщин в мире такого, чтобы голос змея мог прилепиться к ней»[261], потому что голос женщины оберегаем Зеир Анпином, и он – от второго сокращения. А голос змея – от первого сокращения, и нет у него власти над ней, но только над двумя женщинами, отдаляющими своих мужей или преждевременным омовением, приносящим нечистоту мужу ее, или тем, что она задерживает момент супружеской близости и огорчает мужа своего. И поскольку происходит разделение между женой и мужем ее, они теряют защиту Зеир Анпина свыше, и голос змея может пристать к ним. И это смысл сказанного выше: «Вот эти две женщины...»[262]

Но вместе с тем, не может голос змея соединиться с голосом женщины иначе, как с помощью клипы Лилит, которая является некевой свойства ситры ахра и змея. И поэтому сказано: «Если она встречает эти два голоса... возбуждается от них, а они – от нее, а после того, как возбуждается, образуется дух»[263], и этот дух является скверной змея. Поскольку он рождается и выходит от двух голосов, женщины и змея, есть в нем смешение двух судов, первого сокращения и второго сокращения. И поэтому есть у него сходство с сыном этой женщины с той стороны, что он от второго сокращения, как и тот, и поэтому «он забавляется с ребенком»[264]. И есть у него сила убить его силой суда первого сокращения. И это смысл сказанного: «"И от руки их притеснителей сила"[260], и не так, как вы объясняете, но сила этого духа», т.е. сила первого сокращения в нем.

321) «Сказал себе: "Эй, старик, теперь есть у тебя любящие, и ты говоришь как тот, кто никогда не видел этих вступающих в битву, – ведь все в мире с тобой. Теперь, с этого момента и впредь, я не буду снимать с себя оружие, чтобы напомнить свое имя"».

---

[261] См. выше, п. 317.
[262] См. выше, п. 318.
[263] См. выше, п. 319.
[264] См. выше, п. 320.

322) «"Тот "грех лежит"²⁶⁵», т.е. змей, о котором сказано: «У входа грех лежит»²⁶⁵, и это вход Малхут. «"Он стоит на входе, как пёс. В то время, когда выходит последний крик, который издает женщина", опускаясь на колени, т.е. перед родами, "он отходит от этого входа и уходит оттуда, и идет вслед за этой женщиной. Почему? Потому что Творец посылает один ключ", чтобы открыть ее утробу. "И тогда возносится голос, и появляется ключ. А этот змей отправляется вслед за голосом, вышедшим в мир, и добирается до той горы, что в чреве", т.е. до Есода, потому что НЕХИ называются нижними горами, и кусает ее туда и отверзает ее утробу,²⁶⁶ "и бьется там; пока она не очистится от скверны укусов злобного змея. И Творец создает причины и вершит деяния, как подобает"».

Внутренний смысл сказанного. Это то, что было сказано рабби Шимоном раньше.²⁶⁷ И он говорит: «Есть одна лань на земле...», т.е. Нуква Зеир Анпина, «и когда должна родить, она закрыта со всех сторон». И смысл сказанного в том, что души рождаются от Нуквы Зеир Анпина, и прежде, чем они рождаются и выходят в мир Брия, они должны пройти зарождение (ибур) в ТАНХИ Нуквы, от ее хазе и ниже, называемых «чрево», и там они получают свечение Хохмы с помощью Нуквы, которая получает Хохму от власти левой линии и передает душам. И известно, что Нуква, которая входит под власть левой линии, застывает, и закрываются все ее входы и врата.²⁶⁸ И это означает сказанное: «И когда должна родить, она закрыта со всех сторон»²⁶⁷, потому что она застыла из-за власти левой линии. И завершает там: «И Творец проявляет милосердие к ней и посылает к ней одного змея, кусающего в наготу ее... и тотчас родит она». Объяснение. Ибо тогда Творец, т.е. средняя линия, снова поднимает Малхут в место Бины, и уменьшает уровень левой линии, и соединяет ее с правой, и передает ей хасадим, и тогда она раскрывается и рождает. И поскольку Малхут поднимается в место Бины, Нуква возвращается в состояние ВАК,

---

²⁶⁵ Тора, Берешит, 4:7. «Ведь если исправишься, прощен будешь, а если не исправишься, у входа грех лежит, и к тебе его влечение, – но ты властвуй над ним!»

²⁶⁶ См. Зоар, главу Бешалах, п. 183. «И когда должна родить, она закрыта со всех сторон...»

²⁶⁷ См. Зоар, главу Бешалах, пп. 182-183. «Сказал рабби Шимон: "Есть одна лань на земле, и Творец делает для нее многое..."»

²⁶⁸ См. Зоар, главу Берешит, часть 1, п. 367, со слов: «В то время, когда высший небосвод опускается из своего места к месту хазе и поднимает все эти ступени в рош Арих Анпина, Нуква получает мохин...»

и Бина и ТУМ Нуквы падают в мир Брия, и змей обретает силы питаться от НЕХИ Нуквы, так как в то время, когда у нее есть ГАР, ее ТАНХИ находятся в Ацилуте, и клипот не могут питаться от Нуквы. Поскольку об Ацилуте сказано: «Не водворится у Тебя зло»²⁶⁹.

Но когда они упали в Брия, то (клипот) уже могут питаться от нее. И считается, что подъем Малхут в Бину, произведенный Творцом с целью соединить линии друг с другом и открыть ее утробу, называется привлечением змея, чтобы жалить ее в НЕХИ, т.е. питаться от них. Таким образом, открытие утробы и присасывание змея приходят, как одно целое. Но Творец вынужден был это сделать, для того чтобы Нуква могла родить.

И это означает сказанное здесь: «Тот "грех лежит"²⁶⁵», т.е. змей, «он стоит на входе, как пёс», т.е. находится вне Ацилута, как пёс, находящийся вне дома. И нет у него силы получить хоть какое-нибудь питание от Нуквы Ацилута. «В то время, когда выходит последний крик, который издает женщина», – т.е. последний из семидесяти голосов рожающей, опустившейся на колени в последний момент перед родами, «он отходит от этого входа и уходит оттуда, и идет вслед за этой женщиной», – он отходит от входа и следует за самой Нуквой, чтобы прилепиться к ней. «Почему? Потому что Творец посылает один ключ» – т.е. экран де-хирик, на который выходит ступень хасадим, раскрывающая ее утробу, поднимающая Малхут Нуквы в Бину Нуквы, т.е. в Тиферет, а ТАНХИ от ее хазе и ниже падают в Брия, как мы уже сказали. «И тогда возносится голос, и появляется ключ» – и последний голос возносится, и появляется ключ, и ее ТАНХИ падают в мир Брия, как уже было сказано. Тогда «змей отправляется вслед за голосом, вышедшим в мир», – змей отправляется вслед за этим голосом и прилепляется к нему, «и добирается до той горы, что в чреве», – т.е. до Есода, и присасывается там. И это то, что называется, по словам рабби Шимона, «кусает в наготу ее»²⁶⁷, потому что, когда ТАНХИ Нуквы находятся в Брия, он может питаться от них. «И бьется там; пока она не очистится от скверны укусов злобного змея», – т.е. пока она снова не возвращает свои ТАНХИ из Брия в Ацилут, и снова притягивает ГАР, и тогда она очищается от укуса

---

²⁶⁹ Писания, Псалмы, 5:5. «Ибо Ты не божество, желающее беззакония, не водворится у Тебя зло».

змея, т.е. присасывания его, так как нет у него никакой силы питаться от Ацилута.

323) «"И всё это" присасывание змея "происходит вследствие того, что это чрево", ТАНХИ Нуквы, "отторгнуто", т.е. они упали в мир Брия, как говорилось выше. "Разумеется", что змей "отторгнут от этого чрева, и нет у него доли" в нем, ведь затем она снова притягивает ГАР. И эти ТАНХИ, которые упали в Брия, возвращаются в Ацилут. "Он отторгается также и от чрева внизу, чрева остальных женщин мира", так как женщины внизу являются ветвями высшей Нуквы. "И хотя он приносит им беды, нет у него позволения властвовать над ними. Однако предоставлено ему чрево, над которым он властвует, чрево неверной жены, о которой сказано: "И вздуется чрево ее"[270]. Ибо в этом чреве он вершит возмездие по воле своей, и это чрево Творец предоставил ему, чтобы не быть отторгнутым окончательно. Теперь слушайте, любимые, не видел я вас, но говорил это вам. "Все речения трудны – человек не сумеет их выразить"[271], даже речения Торы, – трудны они"».

324) «"Сказано: "И остался Яаков один, и боролся некто с ним"[272], и сказано: "Увидел, что не может одолеть его, и затронул сустав бедра его"[273]. И это бедро добыл он", ситра ахра, у Яакова, "и это бедро было слабым до тех пор, пока не пришел Шмуэль. В чем слабость его? В том, что он не привлек" свет "пророчества. Когда пришел Шмуэль, он взял это бедро и вынес его из того места ситры ахра, похитив его у нее.[274] И с этого времени она лишилась его, и нет у нее вообще доли в святости"».

---

[270] Тора, Бемидбар, 5:27. «И даст ей выпить воды, и будет, если она осквернилась и нарушила верность мужу своему, то войдет вода, проклятие наводящая, горечью, и вздуется чрево ее и опадет ее бедро, и станет жена проклятием в среде своего народа».

[271] Писания, Коэлет, 1:8. «Все речения трудны – человек не сумеет их выразить; не насытится глаз увиденным, и не наполнится ухо услышанным».

[272] Тора, Берешит, 32:25. «И остался Яаков один. И боролся некто с ним, до восхода зари».

[273] Тора, Берешит, 32:26. «И увидел он, что не может одолеть его, и затронул сустав бедра его и вывихнул бедренный сустав Яакова, когда боролся с ним».

[274] См. Зоар, главу Берешит, часть 1, п. 145. «И ни один человек не удостоился получения оттуда ступени пророчества, пока не пришел Шмуэль...»

325) «"Творец не притесняет ее (ситру ахра) и не отталкивает от всего, из-за того, что Шмуэль забрал ее бедро, но дает ей одну часть. И что она собой представляет? Дает ей бедро и чрево неверной жены вместо бедра и чрева, которые тот забрал у нее. И поэтому оба их отдал Творец ей", ситре ахра, "чтобы место святости было свободным от всякой скверны"».

326) «"И сделать опавшим бедро"[275], но следовало сказать: "И опадет бедро". "Сделать вздутым чрево"[275], следовало сказать: "И вздуется чрево". Но это подобно тому, как бросают собаке кость, говоря ей: "Бери, это твоя доля"». И поэтому говорит Писание: «И сделать опавшим бедро»[275], «сделать вздутым чрево»[275]. «"Ни от чего не было ей так плохо, как от того, что похитили у нее бедро, добытое ею с таким трудом"», как сказано: «И боролся некто с ним»[272], «"и она заработала его, а он вытянул у нее из рук. И поэтому бросил ей Творец кость неверной жены, и притащила она ее к себе, как мы сказали, и этим насытилась и была довольна"».

327) «"Все эти колесницы (меркавот) и сопутствующие им всегда желают заполучить бедро, и устремляются за ним. И поэтому эти колени (биркей) мудрецов устали от этого", от ситры ахра (нечистых сил), "все стремление которых к бедру, и уж тем более, бедру мудрецов. Но всё вернулось на свое место, и Творец не убавляет ничего от всего, что необходимо, и не желает, чтобы кто-либо приблизился к святости, кроме народа Его, удела Его, доли Его и наследия Его. И как действует Творец наверху, действуют и Исраэль внизу. И так необходимо действовать. И мы так учили, что нельзя Исраэлю обучать идолопоклонников Торе. Как сказано: "Изрекает Он слово Свое Яакову, уставы Свои и законы Свои – Исраэлю. Не сделал Он такого никакому народу"[276]» – так как их надо отдалить от святости.

328) «"Поэтому отстранял ее Яаков и отстранял ее Шмуэль, чтобы не было у нее доли в святости. И это – причина непрестанной ненависти к Исраэлю. Это похоже на собаку, которая утащила свежую курицу с рынка и принесла ее. Но не успела

---

[275] Тора, Бемидбар, 5:22. «И войдет эта вода, наводящая проклятие, в утробу твою – сделать вздутым чрево и сделать опавшим бедро. И скажет жена: Амен, амен!»

[276] Писания, Псалмы, 147:19-20. «Изрекает Он слово Свое Яакову, уставы Свои и законы Свои – Исраэлю. Не сделал Он такого никакому народу, и законов (Его) не знают они. Алелуйа».

она уничтожить ее, как пришел какой-то человек и отобрал ее, а затем дал ей какую-то затасканную кость, от которой никакого проку"».

329) «"Так же и с покровителем Эсава: вывели его из того чрева, забрали у него то бедро, а затем дали ему одну кость, – т.е. те самые чрево и бедро неверной жены, – но не другую. Эта та кость, которую передали ему в удел и долю, поручив ему. Поэтому все суды Творца – суды истинные, а люди не знают их и не следят за действиями Творца. Всё вершится путем истины. Она", ситра ахра, "нарушила верность мужу своему, как сказано: "Которая оставляет друга юности своей"[277]. Так же и здесь, женщина, подобная ей на земле"», т.е. неверная жена, передается ей.

330) «"Смотри, тот, кто находит друга, подобного ему, совершающего такие же действия в мире, любит его и прилепляется к нему, и проявляет к нему милосердие. Но не такова ситра ахра. Когда она находит тех, кто оставляет сторону святости, относящуюся к Творцу, и поступает подобно ей и прилепляется к ней, она желает уничтожить его и устранить из мира. Женщина эта поступала подобно ей и прилепилась к ней, и посмотри, что она сделала с ней: "И вздуется чрево ее и опадет ее бедро"[270]. Творец не так – того, кто оставляет ситру ахра и прилепляется к Творцу, Он любит и проявляет к нему все милосердие в мире". Сказал себе: "Теперь старик, подготовься, потому что змей выступил и хочет затеять ссору с тобой, но не может"».

331) «Провозгласил и сказал: "Какая польза человеку от всех трудов его, что трудится он под солнцем?"[278] Но разве Шломо не был призван научить именно этому? Если бы было сказано: "От трудов его, совершаемых" – то было бы хорошо, так как оставался бы труд", от которого есть польза. "Но поскольку сказано: "От всех трудов его"[278], это включает все, – т.е. не остается ничего, в чем была бы польза"».

332) «"Однако Шломо сказал это не каждому человеку. Есть в мире такой тип людей, которому свойственно всегда делать

---

[277] Писания, Притчи, 2:16-17. «Чтобы спасти тебя от жены чужой, от чужестранной, чьи речи льстивы, которая оставляет друга юности своей и забыла завет Всесильного своего».

[278] Писания, Коэлет, 1:3. «Какая польза человеку от всех трудов его, что трудится он под солнцем?»

зло и действовать во зло, и он никогда не занят добром, ни одного мгновения. Поэтому сказано: "Трудов его"[278], а не сказано: "Стараний его". Поскольку "труды его" означает нечестивые деяния, "как сказано: "Возвратится беззаконие его на голову его"[279], "И не видел нечестия в Исраэле"[280]. Однако "старания его" указывают на добрые деяния, "как сказано: "Если ты кормишься трудами (досл. старанием) рук своих, счастлив ты и благо тебе"[281], и сказано: "И труд (досл. старание) рук моих увидел Всесильный"[282]. Но о "трудах его" сказано: "Несправедливость и зло"[283], ибо труды его – всегда во зло. "И поэтому"» сказал (Шломо): «Какая польза человеку от всех трудов его, что трудится он под солнцем?»[278], «это "под солнцем"[278]», что указывает на ситру ахра, находящуюся под солнцем.

333) «"В час, когда этот человек занимается злом, сказано: "Не будет ему ни правнука, ни внука в народе его"[284]. Ибо желание Творца – чтобы не производил потомства. Ведь если бы он мог производить потомство, перемутил бы весь мир. Поэтому сказано: "Какая польза человеку от всех трудов его?"[278] И тот, кто не заботится о создании потомства, прилепляется к той стороне человека нечестивого, и входит под его крылья"».

334) «"Рут сказала: "Простри края (досл. крылья) одежды своей над рабой твоей"[285] – чтобы, соединившись с праведником, произвести потомство. И Творец тоже простирает крылья

---

[279] Писания, Псалмы, 7:17. «Возвратится беззаконие его на голову его, и на темя его насилие его опустится».

[280] Тора, Бемидбар, 23:21. «Не усмотрел обмана в Яакове, и не видел нечестия в Исраэле, – Творец Всесильный его с ним, и трубление Царю в нем».

[281] Писания, Псалмы, 128:2. «Если ты кормишься трудами рук своих, счастлив ты и благо тебе».

[282] Тора, Берешит, 31:41-42. «Вот, двадцать лет я в доме твоем: служил я тебе четырнадцать лет за двух дочерей твоих и шесть лет за скот твой, но ты переменял мою плату десятки раз. Не будь за меня Всесильный отца моего, Всесильный Авраама и Страх Ицхака, то теперь отправил бы ты меня ни с чем; горе мое и труд рук моих увидел Всесильный и рассудил вчера».

[283] Писания, Псалмы, 10:14. «Видел Ты, ибо смотришь Ты на несправедливость и зло, чтобы воздать рукой Своей; на Тебя полагается несчастный, сироте помогал Ты».

[284] Писания, Иов, 18:19. «Не будет ему ни правнука, ни внука в народе его, и не останется никого в жилищах его».

[285] Писания, Рут, 3:9. «И сказал он: "Кто ты?" А она сказала: "Я Рут, раба твоя. Простри края одежды своей над рабой твоей, ибо ты – близкий родственник"».

Свои над человеком, чтобы он плодился и размножался в мире. Но тот, кто не желает производить потомство, "одиноким (бе-гапо́ בְּגַפּוֹ) придет"[178] – под крылом (бе-гаф גַּף) нечестивого человека, который бездетен, как тот змей, пребывающий в одиночестве. И "одиноким выйдет"[178] – поскольку не заботился о создании потомства. И мы уже учили" об этом "все необходимое"[286]».

335) «"Спор", который вел Творец, "мы ведь учили,[287] что этот спор, как сказано: "Встань, спорь пред горами"[288]. Это "горы" внизу", НЕХИ. "Зачем этот спор? Он потому, что от них зависит все прегрешение, совершаемое против их Отца в небесах. И в чем причина? В том, что Исраэль знали о служении", т.е. о заклинаниях, "всех ангелов небесных. И не было у них недостатка даже в одном имени из них, и во всем служении их"».

336) «"И с двух сторон они блудодействовали вслед за ними. С одной, они знали, как привлечь силы созвездий и удачи на землю. А с другой, они умели заклинать их во всём, что им было нужно. И за это Творец захотел вести с ними", с этими горами, "спор и тяжбу", потому что все ангелы и высшие правители получают свои силы от этих НЕХИ, называемых горами, "и когда с ними будет вестись спор и тяжба", и ослабнут их света, "вся их цепочка" т.е. ангелы и правители, находящиеся в БЕА, "нарушится, так как не будет в них пользы", из-за того, что прекратилась их сила. "И поэтому сказано: "И пусть услышат холмы голос твой"[288]. Кто такие "холмы"? Это праматери", т.е. семь чертогов в мире Брия, "и это ступени, именуемые "за ней – девицы"[289], т.е. семь девиц,[290] прислуживающих Малхут. "Ибо так поступали Исраэль пока взаимодействовали с нижними ступенями". Сказал себе: "Смотри, старик, надо вернуться к тому, о чем мы говорили раньше"».

---

[286] См. выше, п. 221.
[287] См. выше, п. 291.
[288] Пророки, Миха, 6:1. «Слушайте, прошу, что говорит Творец: встань, спорь пред горами, и пусть услышат холмы голос твой».
[289] Писания, Псалмы, 45:15. «В узорчатых одеждах подведут ее к царю, за ней – девицы, подруги ее, к тебе приводят их».
[290] Писания, Мегилат Эстер, 2:9. «И понравилась ему эта девица, и приобрела благоволение его, и он поспешил выдать ей притирания ее и все, назначенное на долю ее, и приставить к ней семь девиц подобающих из дома царского, и перевести ее и девиц ее в лучшее отделение женского дома».

337) «"Это бедро, о котором мы сказали, – много атак совершили Исраэль" на ситру ахра "из-за этого бедра. Мордехай показывал злодею Аману его бедро. И тот злился за это, потому что оно полагалось ему", ведь он завладел им у Яакова, "а он", Мордехай, "злил его этим", ибо показывал ему после того, как его похитили у него. "Смотрите, друзья, что сказано: "И взяла Ривка любимые одежды Эсава, своего старшего сына, которые при ней в доме"[291]. В этих его одеяниях обобрал его Яаков, и вывел его из всех благословений его и из первородства"».

338) «"И поэтому строения (меркавот) ее", ситры ахра, "нашли повод придраться к мудрецам, и это их трение, которым они досаждают одеяниям мудрецов всегда, т.е. их бедрам и одеяниям, так как две эти вещи принадлежали ситре ахра, и всё", вся злоба их, "из-за того, что отняли это у нее. Поэтому нет у них иных придирок, как только к мудрецам. И поэтому эти одежды мудрецов, которые изнашиваются, это вследствие их трения, и колени, которые утомляются, из-за них, конечно же. Это ведь принадлежало им, и поэтому они предъявляют претензии к ним", к мудрецам, "и к тому, что это от них. И требуют с мудрецов, поскольку те относятся к этому свойству "живущий в шатрах"[292], т.е. к Яакову. "Поэтому не бывает беспричинных наговоров, и нельзя обойтись без тяжбы и правосудия. И всё становится на свое место"».

339) «"Шломо сказал: "И вновь увидел я всех притесненных"[293]. Мы ссылались на это изречение и уже учили.[294] Однако Писание говорит: "И вновь увидел я (досл. И вернулся я и увидел)"[293]. Что же это за место, из которого вернулся Шломо? Если ты скажешь, что" это означает – "после того, как сказал одно, вернулся, как прежде, и сказал другое"», и поэтому сказано: «И вернулся я»[293], «"это верно. Но" ему следовало сказать: "Вернулся и увидел я"», почему он говорит: «И вернулся я»[293]?

---

[291] Тора, Берешит, 27:15. «И взяла Ривка любимые одежды Эсава, своего старшего сына, которые при ней в доме, и облачила в них Яакова, своего младшего сына».

[292] Тора, Берешит, 25:27. «И выросли отроки, и стал Эсав человеком, сведущим в охоте, человеком поля; а Яаков – человеком непорочным, живущим в шатрах».

[293] Писания, Коэлет, 4:1. «И вновь увидел я всех притесненных, которые созданы под солнцем, и вот слезы притесненных, но нет им утешителя, и от руки их притеснителей сила, но нет им утешителя».

[294] См. выше, п. 320.

340) «"Там мы изучали, что каждый день Шломо вставал рано утром, и обращал свое лицо к восточной стороне", т.е. к Тиферет и средней линии, "и видел то, что видел. А затем возвращался к южной стороне", т.е. к Хесед и правой линии, "и видел то, что видел. А затем возвращался к северной стороне", к Гвуре и левой линии, "и стоял там. Опускал свои глаза и поднимал голову"».

341) «"В тот час появлялись огненный столп и облачный столп,[295] и над облачным столпом появлялся один орел. И орел этот был большой и могучий. И появлялся он", орел, "так: правое крыло было над огненным столпом, а тело и левое крыло – над облачным столпом. И этот орел приносил с собой два листа в клюве своем. Являлись облачный столп и огненный столп и этот орел над ними и склонялись пред царем Шломо"».

342) «"Приближался орел и склонялся пред ним, и давал ему эти листья. Брал их царь Шломо и вдыхал их запах, и узнавал их по особому признаку, и говорил: "Этот лист – от падающего, а этот – от видящего". Когда было два листа, он знал, что оба они, падающий и видящий, хотят сообщить ему известия"».

343) «"Что он делал? Отмечал свой трон печатью, на которой было высечено святое имя. И брал перстень, на котором было высечено святое имя, и поднимался на возвышение, и садился верхом на этого орла, и отправлялся в путь. И поднимался тот орел в заоблачные выси, и в каждом месте, где он пролетал, мерк свет. Мудрецы, которые были в том месте, где мерк свет, узнавали его и говорили: "Царь Шломо находится в пути и пролетает здесь". И не знали, в какое место он направлялся. Глупцы, которые были там, восклицали: "Это тучи пролетают и погружают мир во мглу"».

344) «"Этот орел воспарял с ним высоко и пролетал четыреста парсаот, пока не достигал гор тьмы. И там (находится) Тармод – в пустыне, среди гор. И он спускался туда. Поднимал голову, осматривал горы тьмы и узнавал там о них всё, что нужно. Он знал, куда именно нужно входить, садился верхом на орла, как и раньше, летел и проникал вглубь гор тьмы, пока

---

[295] Тора, Шмот, 13:21-22. «И Творец шел перед ними днем в столпе облачном, чтобы указывать им дорогу, и ночью в столпе огненном, чтобы светить им, чтобы шли они днем и ночью. Не отходил столп облачный днем и столп огненный ночью от народа».

не достигал места, где находится оливковое дерево. Взывал с силой и возглашал: "Творец, вознесена рука Твоя – они не видят"²⁹⁶».

345) «"Он проникал все глубже, пока не приближался к этому месту", оливкового дерева, "держал перед ними перстень и приближался, и там он узнавал все, что хотел, из тех чуждых мудростей, которые желал познать. После того, как открывали ему всё, что он хотел, он садился на того орла и возвращался на свое место. Когда он садился на свой престол, то собирался с мыслями, и произносил согласно своему постижению речения возвышенной мудрости. В этот час произносил он: "И вернулся я и увидел"²⁹³. "Вернулся я"²⁹³, разумеется, с этого пути, обратился от этой мудрости, и пришел в себя, в сердце и в разуме, тогда-то: "И увидел всех притесненных"²⁹³».

Внутренний смысл сказанного. Старец выясняет здесь порядок получения мохин Хохмы (мудрости), и царь Шломо, о котором сказано: «И был он мудрее всех людей»²⁹⁷, притягивал их каждый день. И поскольку раскрытие Хохмы происходит только в Малхут, которая называется нижней Хохмой, и время ее правления – ночью, поэтому сказано: «Шломо вставал рано утром», пока еще властвует тьма. Он вначале соединял три линии, называемые юг-север-восток, друг с другом. Сначала он соединял три линии, находящиеся в средней линии, и это означает сказанное: «И обращал свое лицо к восточной стороне»²⁹⁸, т.е. к средней линии, «и видел то, что видел», т.е. притягивал туда Хохму, называемую ви́дением. «А затем возвращался к южной стороне», к правой линии, «и видел то, что видел», т.е. притягивал туда Хохму, называемую ви́дением. «А затем возвращался к северной стороне», левой линии, где находится источник выхода Хохмы, «и стоял там», чтобы получить Хохму. И известно, что вследствие согласования средней линией двух линий исчезают ГАР Хохмы, и остаются только ВАК Хохмы. И это означает сказанное: «Опускал свои глаза», – т.е. уровень Хохмы, чтобы не получать от ГАР Хохмы, «и поднимал голову (рош)», – и притягивал свойство рош, только рош

---

²⁹⁶ Пророки, Йешаяу, 26:11. «Творец, вознесена рука Твоя – они не видят. Увидят, стыдясь, ревность о народе, и огонь пожрет врагов Твоих».

²⁹⁷ Пророки, Мелахим 1, 5:11. «И был он мудрее всех людей: Эйтана Эзрахи, и Эймана, и Калкола, и Дарды – сыновей Махола; и славилось имя его среди всех народов вокруг».

²⁹⁸ См. выше, п. 340.

от ВАК Хохмы. И поэтому старец пояснил это в общем виде. А теперь он поясняет частные особенности, имеющие место при получении Хохмы от левой стороны.

И известно, что место выхода света Хохмы находится в Бине, т.е. после того, как она снова стала Хохмой, благодаря точке шурук, ее левой линии.[299] Однако место раскрытия Хохмы находится в Малхут, и именно поэтому она называется нижней Хохмой.[300] И это раскрытие происходит с помощью двух линий, правой и левой, в Малхут, называемых «облачный столп» и «огненный столп».[301] А Бина называется большим и могучим орлом, ибо просто «орел» – это Зеир Анпин.

И это смысл сказанного: «В тот час»[302], когда он привлекал ВАК Хохмы, порядок был следующим – «появлялись огненный столп и облачный столп»[302], т.е. две линии, правая и левая в Малхут, в которых место раскрытия Хохмы, «и над облачным столпом появлялся один орел», т.е. Бина, и это означает сказанное: «И орел этот был большой и могучий», потому что так называется Бина, большим и могучим орлом, как мы уже сказали. Ибо из Бины притягивают Хохму к Малхут, так как в Бине – место (ее) выхода, а в Малхут – место раскрытия. И поэтому нужны они обе: нужен орел, т.е. Бина, и нужны облачный столп и огненный столп в Малхут, поскольку там место раскрытия. И это означает сказанное: «И появлялся он так, правое крыло», – т.е. правая линия Бины, «было над огненным столпом», – опиралась на «огненный столп», т.е. левую линию Нуквы, и там находятся также свойства диним Нуквы, называемые «огонь», которые исходят от экрана де-хирик средней линии. И эти суды привели к подчинению левой линии и ее соединению с правой. Таким образом, правая линия Бины получила силу своей власти благодаря этому «огненному столпу». И поэтому старец говорит, что правая расположена над «огненным столпом». «А тело и левое крыло – над облачным столпом», а «левое крыло»,

---

[299] См. Зоар, главу Берешит, часть 1, п. 9. «Высшая точка, Арих Анпин, посеяла внутри чертога ИШСУТ три точки: холам, шурук, хирик...»

[300] См. Зоар, главу Берешит, часть 1, п. 340. «И, кроме того, так же как высшая Хохма является началом (решит ראשית), так же и нижняя Хохма считается началом (решит ראשית)...»

[301] См. Зоар, главу Бешалах, п. 158. «Сказал рабби Шимон: "Облачный столп днем" – это Авраам", Хесед. "А "огненный столп ночью" – это Ицхак", Гвура...»

[302] См. выше, п. 341.

т.е. левая линия Бины, и там место выхода Хохмы, расположена над «облачным столпом», т.е. правой линией Малхут, свойством хасадим, так как Хохма не может светить без хасадим.

И нужно знать, что левая линия, из которой выходит Хохма, делится на два свойства, называемые «падающий» и «видящий». Ибо ты знаешь, что в силу экрана де-хирик, благодаря которому средняя линия объединяет две линии, исчезают ГАР Хохмы, и остаются только ВАК Хохмы.[303] Вследствие исчезновения ГАР Хохмы из левой линии, из нее выпадают три нижних кли, НЕХИ, и остаются келим ХАБАД ХАГАТ левой линии без НЕХИ. И то, что высшие света приводят к падению нижних келим, это по причине обратного соотношения, которое имеется между келим и светами, и в светах – нижние входят вначале, а в келим – высшие возрастают вначале.[304] И если бы не упали НЕХИ де-келим благодаря средней линии, Хохма не могла бы светить из-за отсутствия хасадим. И поэтому часть НЕХИ, которые выпали из средней линии, называется «падающий». А ХАБАД ХАГАТ, которые остались в левой линии со светами ВАК Хохмы, исправленные с помощью хасадим, благодаря соединению с правой линией, называются «видящий», ибо в них раскрылась Хохма, называемая «глаза».

И это (означает) сказанное им: «И этот орел приносил с собой два листа в клюве своем» – т.е. два эти свойства левой линии Бины, называемые «падающий» и «видящий». «Являлись облачный столп и огненный столп и этот орел над ними и склонялись пред царем Шломо» – ибо склонение головы (рош) называется поклоном. И поскольку он принес два листа, от «падающего» и «видящего», им уже недоставало ГАР Хохмы, называемых рош, и это определяется, что опускали свою голову и кланялись, чтобы исправить Хохму перед Шломо. И также, в момент передачи, он говорит: «И склонялся пред ним, и давал ему эти листья»[305], – по вышеназванной причине. И сказано: «Брал их царь Шломо и вдыхал их запах» – т.е. притягивал Хохму, поскольку притяжение Хохмы называется запахом (реах). «И узнавал их по особому признаку» – т.е. узнавал по особому признаку в них, насколько можно притягивать Хохму,

---

[303] См. Зоар, главу Лех леха, п. 22. «Экран де-хирик, на который выходит средняя линия, происходит от свойства суда, имеющегося в Малхут...»
[304] См. «Введение в науку Каббала», п. 24.
[305] См. выше, п. 342.

и насколько нельзя. «И говорил: "Этот лист – от падающего", относящегося к ГАР Хохмы, и нельзя притягивать, "а этот – от видящего"», и это ВАК Хохмы, и можно притягивать. И вот вначале падающий совсем не был исправлен, а пребывал в падении и ущербе, но затем исправился также и падающий, так как стало понятно, как исправить падение в нем, ведь если бы не падающий, который вызвал среднюю линию, не могла бы светить Хохма в ВАК из-за недостатка хасадим, как известно. И поэтому пребывало исправление также над падающим. И это означает сказанное: «Когда было два листа", т.е. также и падающий был исправлен, "он знал, что оба они, падающий и видящий, хотят сообщить ему известия», – т.е. падающий тоже сообщал ему речения мудрости, как и видящий, поскольку они светили друг в друге.

Теперь выясняет старец, как поднялся Шломо и облачился в сущность левой линии, Бины, в место тьмы, то есть свечения Хохмы без хасадим, являющегося беспросветной тьмой. Однако там – место выхода Хохмы, и затем, когда она входит в среднюю линию, то облачает эту Хохму в хасадим, и тогда Хохма снова становится светом, как известно. И прежде, чем отправился Шломо в место тьмы, находящееся в левой линии, он боялся, чтобы не потерпеть там неудачу, притянув Хохму сверху вниз, что относится к свойству греха Древа познания. И поэтому «отмечал он свой трон печатью, на которой было высечено святое имя»[306], – так как святое имя оберегало трон, т.е. Малхут, чтобы она не получала Хохму сверху вниз. «И брал перстень, на котором было высечено святое имя». Мохин называются перстнем в то время, когда святое имя пребывает над ними и оберегает их, чтобы они не притянули Хохму сверху вниз. «И поднимался на возвышение», – т.е. в Бину, потому что Малхут называется домом, а Бина называется возвышением, «и садился верхом на этого орла, и отправлялся в путь», – т.е. облачался на Бину, называемую орлом. «И поднимался тот орел в заоблачные выси», – т.е. притягивал Хохму в левой линии, и это притяжение вызывает тьму, и поэтому сказано: «И в каждом месте, где он пролетал, мерк свет», – из-за свечения левой линии. «Мудрецы, которые были в том месте, где мерк свет, узнавали его», – узнавали, что тьма наступает в силу свечения левой линии. «Глупцы, которые были там, восклицали:

---
[306] См. выше, п. 343.

"Это тучи пролетают и погружают мир во мглу"», – думали, что это случайно, и тучи приводят к этому.

И сказано: «Этот орел воспарял с ним высоко и пролетал четыреста парсаот», – т.е. соединял свои ХУГ ТУМ, три линии и получающую их Малхут, и поскольку они исходят из Бины, сфирот которой исчисляются в сотнях, вместе их четыреста. А поскольку их источник – это парса, т.е. экран второго сокращения, поэтому они называются «четыреста парсаот». И следует знать, что есть два вида соединения трех линий. Вначале средняя линия соединяет две линии, правую и левую, друг с другом под властью правой линии. И тогда передаются только хасадим, но они – с включением Хохмы. А затем она соединяет две линии друг с другом под властью левой линии, и тогда передается свет Хохмы. И это означает сказанное: «Пока не достигал гор тьмы». То есть первый вид, когда соединяет линии под властью правой линии, и это определяется как достижение им гор тьмы вследствие включения Хохмы в хасадим, но еще по-настоящему не приходит к горам тьмы, где властвует левая линия. «И там (находится) Тармод – в пустыне, среди гор», и это смысл сказанного: «И пошел Шломо… И отстроил он Тадмор в пустыне»[307] – это соединение двух линий друг с другом под властью правой линии. И поэтому может Шломо отстроить его, несмотря на то, что он был расположен «в пустыне, в земле незасеянной»[308]. Из-за включения левой линии там была пустыня, но поскольку основой его являются хасадим, он смог сделать ее местом поселения. «И он спускался туда» – т.е. спускался из Бины на землю, что означает, что притягивал этот свет сверху вниз, так как это свет хасадим. «Поднимал голову» – т.е. притягивал ГАР, называемые рош, «осматривал горы тьмы» – т.е. осматривал их издали, ибо вследствие включения Хохмы в хасадим он видел их, но еще не проник в них, так как находился под властью правой линии, хасадим. «И узнавал там о них всё, что нужно», – т.е. получал все необходимое со стороны света хасадим для восполнения ГАР. «Он знал, куда

---

[307] Писания, Диврей а-ямим 2, 8:3-4. «И пошел Шломо на Хамат-Цову и одолел ее. И отстроил он Тадмор в пустыне, и все города для запасов, что воздвиг в Хамате».

[308] Пророки, Йермияу, 2:2. « Иди и возгласи в слух Йерушалаима, говоря: так сказал Творец: "Я помню о благосклонности ко Мне в юности твоей, о любви твоей, когда ты была невестою, (как) шла ты за Мною по пустыне, по земле незасеянной"».

именно нужно входить», – т.е. постиг, что достоин уже войти вглубь самих гор тьмы, под властью левой линии.

И сказано, что он «садился верхом на орла, как и раньше» – т.е. снова поднялся в Бину и произвел там соединение второго вида, о котором говорилось выше, т.е. объединил две линии, правую и левую, под властью левой, «летел и проникал вглубь гор тьмы», – т.е. входил в сами горы тьмы, находящиеся в левой линии, «пока не достигал места, где находится оливковое дерево», – сила экрана первого сокращения, называемого «оливковое дерево», которое скрыто там, в горах тьмы. «Взывал с силой и возглашал: "Творец, вознесена рука Твоя – они не видят"» – т.е. молился, чтобы сила суда была скрыта и упрятана там, чтобы не видеть.[309] «Он проникал все глубже, пока не приближался к этому месту»[310], – то есть он входил в горы тьмы, до места оливкового дерева, «держал перед ними перстень», – т.е. перстень, на котором высечено святое имя, который оберегает, чтобы он не ошибся, притянув Хохму сверху вниз, как мы уже сказали. «И там он узнавал все, что хотел, из тех чуждых мудростей, которые желал познать», – Хохма, притягиваемая сверху вниз, в нарушение запрета, называется чуждой мудростью (хохмой). От гор тьмы он получил также и эту Хохму, хотя сам ее не притягивал. «После того, как открывали ему всё, что он хотел… он снова возвращался на свое место» – т.е. он выходил из свойства левой линии и возвращался на свое место в среднюю линию. «Когда он садился на свой престол, то собирался с мыслями (даат)», – т.е. притягивал свет Даат из средней линии. «И произносил согласно своему постижению (даат) речения возвышенной мудрости», – т.е. Хохма, которую получил раньше, когда находился в левой линии, светила сейчас в его Даат. «В этот час произносил он: "И вернулся я и увидел"[293]. "Вернулся я"[293], разумеется, с этого пути» – т.е. пути, который он проделал в левой линии, «обратился от этой мудрости» – т.е. обратился от той Хохмы (мудрости), которую получил там, и пришел к свечению Даат. «И пришел в себя, в сердце и в разуме» – т.е. Хохма, которую получил там, включилась в него, и улеглась в его сердце и разуме. «Тогда-то: "И увидел всех притесненных"[293]» – так как все они притесненны из-за того, что привязаны к левой линии, и не желают идти путем средней линии.

---

[309] См. Зоар, главу Ваеце, п. 23.
[310] См. выше, п. 345.

346) «"Разве может прийти в голову, что всех притесненных в мире видел царь Шломо?"» Ибо Писание говорит: «И увидел всех притесненных»²⁹³. «"Но кто эти притесненные, о которых говорится? Это дети, умирающие на коленях своих матерей, и они притеснены с разных сторон: притеснены в высшем месте наверху", со стороны их руаха, "и притеснены снизу", со стороны тела (гуф). "И на это уже указывали товарищи, и это так, – однако много их", этих притесненных, помимо тех. Сказал себе: "Встань, старик, соберись с силами, старик, скажи свое слово, ведь, безусловно, ты скажешь без страха"».

347) «"Нет притесняемого, подобного тем притесняемым, которых он притеснял вначале", т.е. согрешившего, "или" вследствие его прегрешения наказание переносилось "с третьего поколения на другое", четвертое, и он сурово притеснялся из-за этого прегрешения. Ибо дети, о которых говорилось выше, умирают, не совершив прегрешения, и поэтому не притесняются так сурово, в отличие от тех, кто прегрешил, или же их прадеды совершили грех, "как сказано: "Карающий за вину отцов детей до третьего и до четвертого поколения"³¹¹».

348) «"Как он притеснялся?", – т.е. в чем было прегрешение его? Царь Шломо возмущался и говорил: "Человек, преследуемый за кровь души, будет бегать до могилы, и никто не поддержит его"³¹². Поскольку он преследуется из-за" прегрешения "крови души", которую пролил, "то он или сын его, или внук его будут притесняться через весы (неверные)",³¹³ ситрой ахра, "как сказано: "Будет бегать до могилы, и никто не поддержит его"³¹², – до той самой ямы" ситры ахра, только лишь добежит из места святости, "и никто не поддержит его"³¹² – в этом мире. Поскольку он преследуется из-за" прегрешения "крови души, он или потомство его будут притесняться этой ситрой ахра"».

349) «"Есть самый притесняемый из всех притесняемых"», преследуемый за нарушение заповеди «не притесняй»,

---

³¹¹ Тора, Шмот, 20:4-5. «Не делай себе изваяния и всякого изображения того, что на небе наверху, и того, что на земле внизу, и того, что в воде ниже земли. Не поклоняйся им и не служи им, ибо Я – Творец Всесильный твой, Владыка ревностный, карающий за вину отцов детей до третьего и до четвертого поколения, тех, кто ненавидит Меня».
³¹² Писания, Притчи, 28:17. «Человек, преследуемый за кровь души, будет бегать до могилы, и никто не поддержит его».
³¹³ См. выше, п. 27.

совершенное отцом его или дедом. «"Как сказано: "Не притесняй ближнего своего"³¹⁴, а он нарушил и притеснял его", – воздают ему мерой за меру, "и он притесняем через сыновей его ситрой ахра. И поэтому сказал: "Всех притесненных"²⁹³. Сказал Шломо: "Я поднимаюсь и знаю обо всех этих притесняемых – в каждой стороне, в которой (ситра ахра) притесняла"» – но не то, чтобы видел всех притесняемых в мире.

350) «"Почему же они притесняемые, "которые созданы под солнцем"²⁹³? И почему "которые созданы", – ведь следовало сказать: "которые жили"? И если это создание для восславления, то их создание может быть лишь выше солнца"» – поскольку там место восславления и исправлений. Почему же говорит Писание: «Под солнцем»²⁹³?

351) «"Но, разумеется, "созданы"²⁹³, и как созданы? Однако если они преследуемы из-за своего духа, то зачем они приходят в этот мир?" – в кругооборот. Ведь создание (асия) приходится на тело, которое относится к миру Асия. "Но, конечно же, эти силы духа (руах) созданы, т.е. они созданы в духе и теле в этом мире. Когда их тело (гуф) стало совершенным, и был создан дух (руах) и облачился в тело чистое и непорочное, без скверны прегрешений в этом мире, тогда это тело (гуф) стало притесняемым так же, как притесняем дух (руах). И это – то тело, от которого" ситра ахра "наслаждается больше всего. И есть там другие притесняемые духи различных видов, которые не созданы в телах", т.е. они не проходили кругооборот в этом мире, "но те – это притесняемые, которые созданы"» в телах, и поэтому говорит Писание: «Которые созданы»²⁹³.

352) «"Есть другие, "которые созданы"²⁹³ потому, что люди причинили беспокойство своему Господину. И кто они? Это те, кто овладел женой друга своего втайне или открыто. Ребенок, который родился от них, притесняем он, не по воле их Господина и без ведома мужа этой женщины. Такие деяния преследуемы, и они причиняли беспокойство Творцу создавать для них тело и формировать для них образ. Это те притесняемые, "которые созданы"²⁹³, и созданы их тела, конечно же, вынужденно. Поэтому сказал царь Шломо: "И увидел я всех притесненных"²⁹³

---

³¹⁴ Тора, Ваикра, 19:13. «Не притесняй ближнего своего и не грабь, и не останется у тебя на ночь плата наемному работнику до утра».

– во всех видах притесняемых нахожусь я и знаю их. Это те, "которые созданы"²⁹³ в Асия"».

353) «"Как эти, так же и притесняемые, которые уже созданы в свойстве крайней плоти, когда взял и умножил, и лелеял это тело (гуф), и сделал его, а затем", когда оно достигает тринадцати лет, отнимают его у него, и забирают его. Таким образом, "притесненных, которые созданы"²⁹³. И над всеми стоял царь Шломо и сказал: "Стою я над всеми притесненными, которые созданы", и знаю о них.

354) «"И вот слезы притесненных"²⁹³, все они проливают слезы с жалобой пред Творцом. Эти проливают слёзы, потому что крайняя плоть", ситра ахра, "много делала для них и растила их до тринадцати лет, а затем отнимают их от крайней плоти, и Творец забирает их. Вот тебе притесняемые, которые уже созданы"».

355) Достигший тринадцати лет и одного дня, «"совершивший преступление", наказуемое смертью, "предается смертной казни. У них есть жалоба, и в будущем они скажут: "Владыка мира! Разве предают суду однодневного младенца, который согрешил?! Мне исполнился всего лишь день, ибо с этого дня", после тринадцати лет, "Творец называет меня сыном. Как сказано: "Творец сказал мне: "Ты – сын Мой, сегодня Я родил тебя"³¹⁵. Владыка мира! Разве вершат суд над однодневным младенцем?! "И вот слезы притесненных, но нет им утешителя"²⁹³».

356) «"А есть другой притесняемый, тот притесняемый, который называется незаконнорожденным (мамзер). Как только он покидает мир, немедленно отделяют его от общества святого народа. Этот незаконнорожденный, бедный и несчастный, проливает слезы пред Творцом, и жалуется перед Ним: "Владыка мира! Если прегрешили родители мои, я какой грех совершил, – ведь мои деяния были благопристойными пред Тобой?!" "И вот слезы притесненных, но нет им утешителя"²⁹³. И так у всех этих притесненных есть жалоба пред Творцом. И в этой жалобе "нет им утешителя"²⁹³, и нет того, кто дал бы ответ их сердцу"».

---

³¹⁵ Писания, Псалмы, 2:7. «Возвещу как закон! Творец сказал мне: "Ты – сын Мой, сегодня Я родил тебя"».

357) «"А сказанное им: "И вот слезы притесненных"²⁹³ – это те, кто умер в лоне матери. Эти заставляют проливать слезы всех жителей мира, ибо нет слез, исходящих от сердца, подобных этим слезам, поскольку все живущие в мире поражены и восклицают: "Ведь истинны суды Творца, и приходят путями истины! Почему же умерли эти несчастные дети, которые не согрешили, где справедливый суд, вершимый Владыкой мира?! А если за прегрешения отцов они уходят из мира, то почему?!" Безусловно, "нет им утешителя"²⁹³».

358) «"Этим плачем в том мире они отстаивают свою жизнь. И мы учили, что имеется для них исправленное место в том мире, в котором не могут находиться даже законченные праведники, и Творец любит их и привязывается к ним, и с их помощью исправляет Свое высшее собрание. И о них сказано: "Из уст младенцев и грудных детей основал Ты силу"³¹⁶. И какую пользу они приносят там, и для чего поднимаются туда? Это как сказано: "Из-за неприятелей Твоих, чтобы остановить врага и мстителя"³¹⁶. И также есть другое место – для совершивших возвращение"».

359) «"Десять вещей созданы в канун субботы… и шрифт, и письмо, и скрижали"³¹⁷. И сказано: "А скрижали – деяние Всесильного (Элоким) они, и письмо – письмо Всесильного (Элоким) оно"³¹⁸. Как отсюда мы делаем вывод, что это было в канун субботы, а может быть – тысячу лет спустя? А может быть – в час, когда стояли Исраэль у горы Синай? Но все было именно так, – было это в канун субботы. Во всем действии начала творения не упоминается полное имя, но каждый раз имя Элоким, – во всём, что было создано. И везде там имя Элоким, пока не завершилась вся работа в канун субботы. И когда завершилось все деяние, называется полное имя АВАЯ-Элоким"».

360) «"И хотя именем Элоким было создано всё, но не завершилось в действии всё, что было создано, до кануна субботы.

---

³¹⁶ Писания, Псалмы, 8:3. «Из уст младенцев и грудных детей основал Ты силу – из-за неприятелей Твоих, чтобы остановить врага и мстителя».

³¹⁷ Мишна, раздел Незикин, трактат Авот, часть 5, мишна (закон) 6. «Десять вещей созданы в вечер субботы: уста земли и устье колодца, и уста ослицы, и радуга, и ман, и посох, и шамир, и шрифт, и письмо, и скрижали».

³¹⁸ Тора, Шмот, 32:16. «А скрижали – деяние Всесильного они, и письмо – письмо Всесильного оно, начертано на скрижалях».

ГЛАВА МИШПАТИМ Сава (старец)

В этот час всё завершилось в действии (асия עשיה), как сказано: "Свою работу, которую делал (аса עשה)"[319]. "От всей работы Своей, которую сделал"[319] – т.е. та, которая устояла в результате этого деяния. И поэтому сказано: "А скрижали – деяние Всесильного (Элоким) они"[318] – т.е. после того, как был завершен мир именем Элоким в действии", т.е. в канун субботы, "а не затем, когда сказано АВАЯ-Элоким. И этим был завершен мир и мог существовать"».

361) «"Смотри, в тот час, когда Моше разбил скрижали, как сказано: "И разбил их под горою"[320], поднялся океан", море, "с места своего, и собрался затопить мир. Тут же: "И взял он тельца, которого они сделали, и пережег его в огне, и стер его в прах, и рассеял по воде"[321]. Встал Моше пред водами океана, воскликнув: "Во́ды, во́ды! Что вы хотите?!" Ответили они: "Ведь мир существует лишь из-за Торы, начертанной на скрижалях. И за Тору, которой изменили Исраэль, и сделали золотого тельца, мы хотим смыть этот мир"».

362) «"Немедля сказал им: "Вот – всё, что они сделали в прегрешении тельца, возьмите себе. Разве недостаточно всех этих тысяч (людей), которые пали из-за них?!" Сразу же: "И рассеял (прах) по воде"[321]; и не утихали воды, пока не набрал он воды от них", от вод океана, "и не заставил их (Исраэль) пить ее. Тотчас опустился океан на место свое"».

363) «"Ибо в пустыне не было воды, как сказано: "Это не место посевов... и воды нет для питья"[322], и он вынужден был взять от вод океана. "И если ты скажешь, что в колодец Мирьям он бросил прах, ни в коем случае Моше не позволил бы упасть туда памяти об этом злодеянии, а затем пить оттуда. И кроме того, у них еще не было колодца, пока они не дошли до Матаны

---

[319] Тора, Берешит, 2:2. «И завершил Всесильный в седьмой день свою работу, которую делал, и отдыхал в седьмой день от всей работы Своей, которую сделал».

[320] Тора, Шмот, 32:19. «И было: когда он приблизился к стану и увидел тельца и пляски вокруг него, воспылал гнев Моше, и бросил он скрижали, которые нес в руках, и разбил их под горою».

[321] Тора, Шмот, 32:20. «И взял он тельца, которого они сделали, и пережег его в огне, и стер его в прах, и рассеял по воде, и заставил сынов Исраэля пить эту воду».

[322] Тора, Бемидбар, 20:5. «И зачем вы вывели нас из Египта? Чтобы привести нас на это место дурное? (Это) не место посевов и инжира, и винограда, и гранатовых яблок; и воды нет для питья».

в пустыне. Как сказано: "Колодец, выкопанный старейшинами... а из пустыни – в Матану"³²³. И оттуда они овладели этим колодцем". Сказано тут: "По воде (досл. над водою)"³²¹, и сказано там: "Над бездной"³²⁴», как там – океан, так и тут – океан.

364) «"Что означает: "Начертано (харут חרות) на скрижалях"³¹⁸? Мы указывали, что это свобода (херут חירות) от ангела смерти, свобода от порабощения царствами, свобода от всего. Свобода – это печать будущего мира, в нем есть свобода во всех разновидностях свободы. И если не были бы разбиты" скрижали, "всё, что пришло затем в мир, не пришло бы, и Исраэль были бы подобны высшим ангелам наверху. Как сказано: "А скрижали – деяние Всесильного (Элоким) они"³¹⁸. То есть, не говори, что после завершения мира и упоминания полного имени" АВАЯ-Элоким "появились" скрижали, "но с момента, когда был завершен мир именем Элоким, еще до наступления субботы"», как было сказано выше.

365) «"Деяние Всесильного (Элоким) они"³¹⁸. Что означает "они"? Ведь это слово лишнее. Поменяй порядок букв в слове "они (хэма המה)", и получишь "от "хэй-хэй" מהה", что означает "от двух сторон"», т.е. от двух «хэй ה» имени АВАЯ (היה), Бины и Малхут. «"Одна – в действии"», – последняя «хэй ה», Малхут, «"а другая – от высшей свободы"», – первая «хэй ה», Бина, «"записанная наверху", в Бине, "чтобы оберегать всё. "И письмо – письмо Всесильного (Элоким) оно"³¹⁸ – т.е. черный огонь на белом огне. "Письмо Всесильного (Элоким) оно (הוא)"³¹⁸ – это как сказано: "И выполнять будет Леви, он (הוא)"³²⁵», и это Бина называется «он (הוא)», «"свобода, как мы уже сказали, ибо йовель", Бина, "называется свободой и несет свободу всему миру"».

366) «"На этом завершаются" речи мои, "отныне и впредь знайте, что сторона зла не будет властна над вами. И я, Йева Сава, нахожусь перед вами, чтобы преподнести эти речения". Встали они", рабби Хия и рабби Йоси, "словно пробудились ото

---

³²³ Тора, Бемидбар, 21:18. «Колодец, выкопанный старейшинами, вырытый вождями народа жезлом, посохами своими. А из пустыни – в Матану».

³²⁴ Тора, Берешит, 1:2. «Земля же была пустынна и хаотична, и тьма над бездной, и дух Всесильного витал над поверхностью вод».

³²⁵ Тора, Бемидбар, 18:23. «И выполнять будет Леви, он (выполнять будет) служение при Шатре собрания, и они понесут их вину. Закон вечный для поколений ваших, и среди сынов Исраэля не получат они удела».

сна, и распростерлись перед ним, и не могли говорить, затем заплакали"».

367) «Провозгласил рабби Хия и сказал: "Положи меня печатью на сердце свое, печатью – на руку свою"[326]. "Положи меня печатью"[326], – в час, когда соединилась Кнессет Исраэль", Малхут, "с мужем своим", Зеир Анпином, "она сказала: "Положи меня печатью". Этой печати свойственно, когда она соединяется с тем местом, которым соединяется, оставлять на нем весь образ свой, несмотря на то, что эта печать переходит с места на место и не остается там, и ушла уже из него, весь свой образ оставила она там, и там находится образ ее. И так же сказала Кнессет Исраэль: "Поскольку привязалась я к тебе, весь образ мой будет запечатлен в тебе, и куда бы я ни пошла, туда или сюда, ты найдешь мой образ, запечатленный в тебе, и будешь помнить меня"».

368) «"И "печатью – на руку твою"[326], как сказано: "Его левая рука под моей головой, а правая обнимает меня"[327]. И так же, будет образ мой запечатлен там, и так я буду соединена с тобой навек и не забуду о тебе. "Ибо сильна как смерть любовь"[326] – по воздействию своему сильна, как то место, в котором пребывает смерть. Любовь – это то место, которое называется любовью вечной"».

369) «"Тяжка как преисподняя ревность"[326] – и это тоже", как в случае любви, "потому что эти имена", любовь и ревность, "исходят от той стороны", т.е. от левой стороны. "Стрелы (досл. угли) ее – стрелы огненные"[326]. Что это за угли такие? Это драгоценные камни и жемчужины, которые родились от этого огня", т.е. высшие ступени, то есть "от того пламени, которое исходит от высшего мира", от левой линии Бины, "и соединяется с Кнессет Исраэль, чтобы всё стало полным единством". И сказал старцу: "В нас ведь любовь и пламя сердечного огня после тебя. Да будет желанием твоим, чтобы образ наш был запечатлен в сердце твоем так же, как твой образ запечатлен в нашем сердце". Поцеловал их" старец, "и благословил их, и пошли они"».

---

[326] Писания, Песнь песней, 8:6. «Положи меня печатью на сердце свое, печатью – на руку свою. Ибо сильна, как смерть, любовь, тяжка как преисподняя ревность, стрелы ее – стрелы огненные, пламя великое».

[327] Писания, Песнь песней, 2:6. «Его левая рука под моей головой, а правая обнимает меня».

370) «Когда пришли они к рабби Шимону и рассказали обо всем, что с ними произошло, удивился он и сказал: "Счастливы вы, что удостоились всего этого, и то, что вы были с высшим львом, отважным воином, и многие воины рядом с ним ничто, и не признали вы его сразу. Радуюсь и удивляюсь я, как спаслись вы от наказания его, только Творец пожелал вас спасти". Провозгласил о них: "Путь праведных – как светило лучезарное, светящее все сильнее, до полного дня"[328]. "Когда пойдешь, не будет стеснен шаг твой, и когда побежишь, не споткнешься"[329]. "И народ твой, все праведники, ветвь насаждения Моего, дело рук Моих для прославления"[330]».

---

[328] Писания, Притчи, 4:18. «Путь праведных – как светило лучезарное, светящее все сильнее, до полного дня».

[329] Писания, Притчи, 4:12. «Когда пойдешь, не будет стеснен шаг твой, и когда побежишь, не споткнешься».

[330] Пророки, Йешаяу, 60:21. «И народ твой, все праведники, ветвь насаждения Моего, дело рук Моих для прославления, навеки унаследуют землю».

ГЛАВА МИШПАТИМ

Если подерутся люди
(Раайа Меэмана)

371) «"Если подерутся люди и ударят беременную женщину, и случится у нее выкидыш, то понесет наказание, которое потребует с него муж той женщины"[331]. "Если подерутся люди"[331] – это Михаэль и Сам". Михаэль – со стороны святости, Сам – со стороны скверны. "И ударят беременную женщину"[331] – это Кнессет Исраэль, Малхут, "и случится у нее выкидыш (досл. и выйдут дети ее)"[331] – в изгнание, "то понесет наказание"[331] – Сам, "которое потребует с него муж той женщины"[331] – это Творец"».

---

[331] Тора, Шмот, 21:22. «Если подерутся люди и ударят беременную женщину, и случится у нее выкидыш, то понесет наказание, которое потребует с него муж той женщины по судебному приговору».

ГЛАВА МИШПАТИМ

Возвращение потерянного

372) «"Заповедь, следующая за этой: возвращение потерянного. А после нее: возвращение награбленного. Обратился великий светоч", т.е. рабби Шимон к Моше: "Творец собирается вернуть тебе пропажу – то, чего лишился ты из-за великого сброда. И это – невеста твоя", Малхут. Поскольку Моше является мужем Матрониты. "Ибо в то время, когда великий сброд сделали тельца, пала невеста твоя, как сказано: "И бросил он скрижали, которые нес в руках"[332]» – которые указывают на Малхут.

373) «"Сказано о тебе: "Иди, спустись"[333], – там твой спуск указывает на четвертое изгнание. "Иди" – означает, как и в случае: "Ступай же из земли своей"[334], – т.е. в изгнание. "Здесь", в имени Моше, "есть "шин ש", в которой есть три линии. И об этом сказано: "Вот, все это делает Творец дважды, трижды с человеком"[335]. Здесь"», в трех линиях буквы «шин ש», «"есть косвенное указание "иди"[333], – "иди" трижды в изгнание. А в четвертое" изгнание "спустись"[333] – ради единственной дочери" твоей, т.е. Малхут, "и она невеста твоя, которая пала. И это означает сказанное о четвертом изгнании: "Пала, не встанет вновь"[336]. Но как только ты спустишься ради нее, то встанет она вместе с тобой"». Ибо «не встанет вновь»[336] – сама, а только с помощью мужа ее, Моше. «"И это – возвращение потерянного тобой"».

374) «"Недаром открылась тебе Тора больше, чем всему Исраэлю, и поднялась к тебе, как воды колодца, поднявшиеся к тебе, а не к праотцам и ни к одному человеку. Ибо колодец", т.е. Малхут, "знает Господина своего. И об этой Торе сказано: "А оттуда – к колодцу. Это колодец, о котором сказал Творец

---

[332] Тора, Шмот, 32:19. «И было: когда он приблизился к стану и увидел тельца и пляски вокруг него, воспылал гнев Моше, и бросил он скрижали, которые нес в руках, и разбил их под горою».

[333] Тора, Шмот, 32:7. «И говорил Творец Моше: "Иди, спустись, ибо извратился твой народ, который ты вывел из земли Египта"».

[334] Тора, Берешит, 12:1. «И сказал Творец Авраму: "Ступай же из земли своей, от родни своей, и из дома отца твоего в землю, которую Я укажу тебе"».

[335] Писания, Иов, 33:29. «Вот, все это делает Творец дважды, трижды с человеком».

[336] Пророки, Амос, 5:2. «Пала, не встанет вновь дева Исраэля; повержена она на землю свою, некому поднять ее».

Моше: "Собери народ, и Я дам им воды"[337]. Этот колодец полон, но воды его не выливаются наружу. И он – тот кладезь вод Торы", ибо Тора называется водами, "который вывел все воды", т.е. всю Тору, "и все воды в мире стекаются в него, и воды его никогда не выходят наружу"», но все они собраны в нем.

375) «"И это такой колодец, что даже если все, живущие в мире, будут черпать из него воды, и даже все облака в мире", не убудут они от него даже на толщину волоса, поскольку колодец этот бесконечен, и он еще глубже, чем Тора. Как сказано: "И шире моря"[338]. И тот, кто черпает воду кувшином (кад כד) его", этого колодца, т.е. с помощью двадцати четырех (каф-далет כד) святых книг, "вбирает в себя все мудрости мира, и тем более – сам колодец"».

376) «"И также вернет тебе Творец в будущем награбленное у тебя" – т.е. посох. Как сказано о нем: "И вырвал копье из рук египтянина"[339], и о тебе сказано: "Египтянин".[340] А в изгнании твоем "и в кругообороте твоем", поскольку в каждом поколении есть распространение Моше, "выделит тебе города-убежища, чтобы спасти тебя от многочисленных преследователей твоих, которым нет конца"».

---

[337] Тора, Бемидбар, 21:16. «А оттуда к колодцу. Это колодец, о котором сказал Творец Моше: "Собери народ, и Я дам им воды"».
[338] Писания, Иов, 11:9. «Глубже преисподней – что знаешь ты? Длиннее земли мера этого и шире моря».
[339] Пророки, Шмуэль 2, 23:21. «Он же убил египтянина, человека видного; а в руке у того египтянина (было) копье, и подошел он к нему с палкой, и вырвал копье из руки египтянина, и убил того его же собственным копьем».
[340] См. «Предисловие книги Зоар», статью «Погонщик ослов», пп. 101-102.

ГЛАВА МИШПАТИМ

Предоставление городов-убежищ

377) «"И это заповедь – предоставить города-убежища тем, кто совершил убийство. Потому что того египтянина, которого ты убил в Египте, в котором находился первородный змей и все его станы, окружавшие его, убил ты его преждевременно, не опасаясь преследователей с его стороны. В различных местах преследовали тебя разные женщины в юности твоей, и это" клипот "Наама, Аграт, Лилит, Ухама. И Творец дал тебе города-убежища, чтобы спасаться от них. И это – врата возвращения"».

378) «"Поскольку ты – сын "йуд-хэй יה"», так как Моше находился на ступени «вав ו», и это Зеир Анпин, «"сын Абы ве-Имы"», т.е. Хохмы и Бины, «йуд-хэй יה». «"А после того, как ты совершил возвращение в последней "хэй ה" имени АВАЯ (הויה), "ты поднялся в Бину" и удостоился там имени "йуд-хэй-вав יהו", т.е. Древа жизни", ибо Бина называется Творцом жизни (Элоким хаим), а Зеир Анпин, поднимающийся в Бину, называется Древом жизни. "И благодаря ей ты удостаиваешься последней "хэй ה", Малхут, "так как привел себя вслед за ней к возвращению, чтобы вернуть ее Господину ее, и поднять ее из изгнания, и не получить за это награды"».

379) «"И Творец нарек тебя именем Своим. Поскольку мысль твоя была к Началу начал", Кетеру, "Он вложил в тебя Свою мысль", т.е. Хохму, "и это "**йуд**-вав-далет יוד" "**хэй**-алеф הא" "**вав**-алеф-вав ואו" "**хэй**-алеф הא", т.е. АВАЯ (הויה), в гематрии МА (מה 45). Ибо Хохма (חכמה) состоит из букв «сила МА (коах ма כח מה)», т.е. с помощью имени МА, являющимся средней линией в мохин, раскрылась Хохма. «"И Начало начал объединяет эти буквы в тебе, чтобы узнать и постигнуть Его в этих буквах"».

380) После того, как он включился в эту мысль, т.е. в ГАР, продолжает выяснять, как тот получил остальные шесть сфирот, и говорит: «"Поскольку ты обращался милосердно со Шхиной, и все заповеди твои – для того, чтобы дать силу какому-нибудь хасиду, который предан Создателю своему, Он дал тебе свойство Хесед. Поскольку соблюдал ты запретительные заповеди и должен был преодолеть свое злое начало, заставив его покориться тебе, и не старался ты в этой заповеди более, чем

привести Сама к подчинению Творцу, а супругу Сама, плохую служанку, заставить подчиниться Госпоже", Малхут, "их самих и всех правителей их, и все станы их. И потому дал тебе Творец свойство Своего могущества (Гвура), чтобы быть помощью тебе, чтобы благословляли и боялись тебя Сам с супругой его, и все их правители и станы, и будут они связаны цепями под властью твоей"».

381) «"И поскольку ты совершил возвращение с помощью знака союза", Есода, "низошла Бина", буквы "йуд-хэй-вав יהו", чтобы соединиться с праведником", Есодом, "ради тебя. И поэтому дал тебе Творец знак союза Своего праведника", Есода. "И поскольку с хорошей мыслью ты делал всё, так же низошло к тебе неназываемое имя Творца, и оттуда" из мысли, т.е. ГАР, "оно низошло к тебе"».

382) «"И поскольку ты каждый день прилагаешь старания двумя устами, в молитве, произносить восхваления Господину своему в обращении "Господин мой, открой уста мои, (и язык мой возвестит хвалу Тебе!)"[341] – двумя устами твоими, в "Пророках" и "Писаниях", и во всевозможных воспеваниях и мелодиях молитвы, – Творец низводит их в двое уст твоих", т.е. в Нецах и Ход. "И тем более твоя ступень, средний столп", Тиферет, "в котором ты усердствовал во все дни свои в истинной молитве, – Творец дает тебе возможность подняться по нему в истинной Торе, состоящей из всех свойств и букв", т.е. ХАГАТ НЕХИ, "в неназываемом имени, в четырех буквах"» АВАЯ (הויה), т.е. ГАР.

383) «"Ибо прежде, чем ты совершил возвращение, ты находился лишь в Древе добра и зла. Рабом и юношей ты назывался вначале, "и вот, ребенок (досл. юноша) плачет"[342]. Преданным рабом, как сказано: "Не так с рабом Моим Моше – во всем Моем доме доверенный он"[343]. И то самое зло, которое является сообщником раба, привело тебя к прегрешению со скалой, так

---

[341] Писания, Псалмы, 51:17. «Господин мой, открой уста мои, и язык мой возвестит хвалу Тебе!»

[342] Тора, Шмот, 2:6. «И открыла она, и увидела его, младенца. И вот, ребенок плачет. И сжалилась она над ним, и сказала: "Этот из детей евреев"».

[343] Тора, Бемидбар, 12:6-7. «И сказал Он: "Слушайте слова Мои: если и есть у вас пророк, то Я, Творец, в видении открываюсь ему, во сне говорю Я с ним. Не так с рабом Моим Моше – во всем Моем доме доверенный он"».

как посох, врученный тебе, был от Древа добра и зла", т.е. от Матата и Сама, "Матат – добро, Сам – зло"».

ГЛАВА МИШПАТИМ

«Мат» и «Мот»

384) «"После того, как ты совершил возвращение, и прилепился к Древу жизни, ты вышел со ступени "раб" и снова стал сыном Творцу, а посох, который был вручен тебе, станет Древом жизни, и это "вав ו", сын "йуд-хэй יה". И войдет "вав ו" в сорок девять (мем-тэт מט) твоих ликов в Торе, и будет "мем-вав-тэт מוט", и осуществится в тебе сказанное: "Вовеки не даст пошатнуться (מוט) праведнику"³⁴⁴. Сорок девять ликов – это сорок девять букв в "Шма Исраэль" и "Благословенно имя (величия царства Его вовеки)". И это шесть слов высшего единства, т.е. высшая "вав ו", Тиферет, а шесть слов "Благословенно имя", нижнего единства, это вторая "вав ו"» наполнения «**вав**-алеф-вав ואו», «"и это праведник", т.е. Есод. И они "шест (מוט) посреди них"», двух букв «вав ו», – «"алеф א", как сказано: "И понесли ее на шесте, по два"³⁴⁵» – т.е. по два «вав ו».

385) «"Без "вав ו" посередине – это "мем-тэт מט", как сказано: "Праведник, колеблющийся (мат מט) пред грешником"³⁴⁶. И кто привел к этому? Это "алеф א", т.е. "один из пятидесяти, ибо пятьдесят врат переданы тебе, без одних. Как установили авторы Мишны: пятьдесят врат Бины были переданы Моше, кроме одних, и это "алеф (одни)", которых недостает пятидесяти, и остается сорок девять (мем-тэт מט). И это привело тебя к (состоянию) "праведник, колеблющийся (мат מט) пред грешником"³⁴⁶. И кто этот грешник? Это Сам"».

386) «"И это "мем-тэт מט" от твоего посоха (матэ מטה), о котором сказано: "С посохом Всесильного в руке моей"³⁴⁷. Твой посох – это посох Моше, и поэтому "алеф א", то есть Бина, возвращается тебе, как учат в Мишне: "Алеф" – Бина". Она возвращается тебе благодаря возвращению, и войдет между "вав-вав וו", и станет "вав-алеф-вав ואו", чтобы выполнить

---

³⁴⁴ Писания, Псалмы, 55:23. «Возложи на Творца бремя твое, и Он поддержит тебя, вовеки не даст пошатнуться праведнику».

³⁴⁵ Тора, Бемидбар, 13:23. «И дошли они до долины Эшколь, и срезали там ветвь с одной гроздью винограда, и понесли ее на шесте, по два; и от гранатовых яблок (взяли) и от инжира».

³⁴⁶ Писания, Притчи, 25:26. «Загрязненный родник и испорченный источник – праведник, колеблющийся пред грешником».

³⁴⁷ Тора, Шмот, 17:9. «И сказал Моше Йеошуа: "Выбери нам мужей и выходи на войну с Амалеком! Завтра я встану на вершине холма с посохом Всесильного в руке моей"».

с твоей помощью (обещанное) Исраэлю: "И с милосердием великим соберу тебя"[348]. С этого момента и далее осуществится в тебе сказанное: "Вовеки не даст пошатнуться (мот מוֹט) праведнику"[344]».

387) «"В это время будут выполнены тобой две заповеди: "Подними, подымая вместе с ним"[349], и "помоги, помогая вместе с ним"[350]. "Подними"[349] – с высшей "вав ו", и это первый Машиах", Машиах бен Давид, "поднимая"[349] – со второй "вав ו", и это второй Машиах", Машиах бен Йосеф. "Вместе с ним"[349] – это бен Амрам[351], когда ты поднялся в Бину, то есть "алеф א"» в середине двух «вав ו», о которых сказано выше, представляющие собой «вав ו» с таким наполнением: «**вав**-алеф-вав ואו».

388) «"И для кого "подними, поднимая"[349]? Для буквы "хэй ה", Малхут, "которая упала в пятом тысячелетии после семидесяти двух (аин-бет עב)" лет, что соответствует числовому значению "помоги, помогая вместе с ним"[350]. "Помоги (азов עזוב)"[350] – это буквы "аин-бет עב" "заин-вав זו". То есть семьдесят два имени отрывков: "И двинулся"[352], "И вошел"[353], "И простер"[354].[355] "Зо (заин-вав זו)" – начальные буквы слов "это вав (зэ вав זה ואו)". И это "вав ו" от "йуд-хэй-вав יהו", т.е. Зеир Анпин. "Там помощь, но не становление"». «Там» – в пять тысяч семьдесят втором году, «помощь», – чтобы помочь падающей «хэй ה», «но не становление» – т.е. еще не время ее становления и избавления. «"И это означает: "Помоги, помогая" – т.е. только помощь. "Там"

---

[348] Пророки, Йешаяу, 54:7. «На малое мгновение оставил Я тебя и с милосердием великим соберу тебя».

[349] Тора, Дварим, 22:4. «Не должен ты, видя осла брата твоего или быка его, упавших на дороге, отвернуться от них, – подними, поднимая вместе с ним».

[350] Тора, Шмот, 23:5. «Если увидишь осла твоего ненавистника лежащим под ношей своей, то откажешься помочь ему? Помоги (ослу освободиться от ноши), помогая вместе с ним».

[351] Бен Амрам – Моше-рабейну, сын Амрама и Йохевед.

[352] Тора, Шмот, 14:19. «И двинулся ангел Всесильного, шедший перед станом Исраэля, и пошел позади них. И двинулся облачный столп, (шедший) перед ними, и встал позади них».

[353] Тора, Шмот, 14:20. «И вошел он между станом Египта и станом Исраэля, и было облако и мрак, и осветил ночь, и не приближался один к другому всю ночь».

[354] Тора, Шмот, 14:21. «И простер Моше руку свою на море, и гнал Творец море сильным восточным ветром всю ночь, и сделал море сушею, и расступились воды».

[355] См. Зоар, главу Бешалах, пп. 173-177.

действует сказанное: "В срок, дождь ранний и дождь поздний, и соберешь ты хлеб твой и вино твое, и елей твой"[356] – и это Исраэль". Иначе говоря, с помощью исправлений, называемых «дождь ранний и дождь поздний»[356] «в срок»[356], стекаются Исраэль из изгнания. «Хлеб»[356] – это исраэлиты. «Вино»[356] – это левиты. «Елей»[356] – коэны. И также устанавливаются исправления "упавшее, забытое и край поля, "бедному и пришельцу оставь это"[357]. И здесь мы проходим третью заповедь"», – упавшее, забытое и край поля.

389) «"И надо возвращаться к ним и выполнять их, ибо со стороны праведника", т.е. Есода, "он является бедным. Помоги, помогая"[350] – Есод, "праведник. Вместе с ним"[350] – это сын Амрама. Это означает: "Бедному и пришельцу оставь это"[357] – ты пришелец, народ бедный, как сказано о тебе вначале: "Пришельцем стал я на земле чужой"[358]».

390) «"Но восстановление", т.е. избавление, "происходит на твоей ступени. Подними"[349] – это нижняя "вав ו"», являющаяся наполнением «вав ו», и это – Есод, «"поднимая вместе с ним"[349] – с сыном Амрама, в твою высшую ступень, Тиферет, в свое имя МА"», т.е. АВАЯ (הויה) с наполнением «алеф א», гематрия МА, «"и это неназываемое имя Творца в совершенстве. После "куф ק" "куф ק" в "подними, поднимая (акéм такúм הָקֵם תָּקִים)"[349] остались (буквы) "тав-йуд-мем תים". На что это указывает? На изречение: "Яаков – человек непорочный (там תם)"[359], и это Тиферет. И истолкование сказанного: "Вместе с ним"[349] – с сыном Амрама поднимется. "Подними"[349] – это праведник", т.е. Есод, "поднимая"[349] – непорочный"», т.е. Тиферет.

---

[356] Тора, Дварим, 11:14. «И дам Я дождь земле вашей в срок, дождь ранний и дождь поздний, и соберешь ты хлеб твой и вино твое и елей твой».

[357] Тора, Ваикра, 19:10. «И виноградника твоего не обирай дочиста, и оставшихся отдельных ягод в твоем винограднике не подбирай, бедному и пришельцу оставь это, – Я, Творец Всесильный ваш».

[358] Тора, Шмот, 18:2-3. «И взял Итро, тесть Моше, Ципору, жену Моше после того, как она была отослана, и двух ее сыновей, имя одного из них Гершом, так как сказал он: "Пришельцем стал я на земле чужой"».

[359] Тора, Берешит, 25:27. «И выросли отроки, и стал Эсав человеком, сведущим в охоте, человеком поля; а Яаков – человеком непорочным, живущим в шатрах».

Выкуп раба-еврея

391) «"Заповедь, которая следует за этой – это заповедь о выкупе раба-еврея и рабыни-еврейки, о предназначении рабыни-еврейки, о правилах приобретения раба-еврея – "надели, наделяя его"[360]. Это означает сказанное: "Если купишь раба-еврея, шесть лет он будет служить"[361]. Что значит: "Шесть лет он будет служить"? И что значит – купить его? Но в тайнах Торы" ангел "Матат (מטטרון) – это раб Творца, включающий шесть окончаний", ХАГАТ НЕХИ, по числу шести букв его (имени), соответствующих шести разделам Мишны. И с помощью них человек должен служить господину своему, быть рабом ему, дабы стать приобретением за серебро его. "Серебро" – это правая (линия) и Авраам, ступенью которого является Хесед, и Тора была дана оттуда"».

392) «"Для того, кто занимается ею", Торой, "чтобы удостоиться будущего мира, она называется приобретением. Серебром его называется ввиду того, что это мир наслаждения. Приобретением называется ввиду того, что сказано: "Творца Всевышнего, обретающего небо и землю"[362]. И сказано: "Приобретай мудрость (хохма)... приобретай разум (бина)"[363]».

393) «"После того, как приобрел ее, будет у него избавление. Есть приобретенный навеки, а есть приобретенный им на шесть лет, который приобретен навеки. Сказано о нем: "И проколет господин ухо его шилом, и останется служить ему навеки"[364]. Нет иного мира, кроме мира йовель", Бины, называемой йовель, "пятьдесят, и это произнесение "Шма", в котором есть двадцать

---

[360] Тора, Дварим, 15:12-14. «Если продан будет тебе брат твой, еврей или еврейка, то пусть работает у тебя шесть лет, а в седьмой год отпусти его на свободу. А отпуская его на свободу, не отпускай его с пустыми руками. Надели, наделяя его от скота твоего, и от гумна твоего, и от винодельни твоей – из того, чем благословил тебя Творец Всесильный твой, дай ему».

[361] Тора, Шмот, 21:2. «Если купишь раба-еврея, шесть лет он будет служить, а в седьмой выйдет на свободу даром».

[362] Тора, Берешит, 14:19. «И благословил он его и сказал: "Благословен Аврам от Творца Всевышнего, обретающего небо и землю"».

[363] Писания, Притчи, 4:7. «Начало мудрости: приобретай мудрость и всем твоим достоянием приобретай разум».

[364] Тора, Шмот, 21:5-6. «Но если, подумав, скажет раб: "Полюбил я господина своего, и жену свою, и детей своих, не выйду на волю", пусть господин приведет его к судьям, и подведет его к двери или к косяку, и проколет господин ухо его шилом, и останется он служить ему навеки».

пять, двадцать пять букв, (произносимых) в утренней и вечерней молитве, представляющих собой пятьдесят врат Бины"».

394) «"После того, как человек объединяет с их помощью имя Творца, поскольку он раб Его, с бременем тфилин на голове его, и ухо его прокалывается шилом, т.е. оно становится открытым, чтобы слышать воззвание "Шма". Ибо "Шма (слушай)", на любом языке, который ты слышишь"; слышишь, "имеется в виду смысл"», т.е. человек должен понять смысл воззвания «Шма», означающего единство.

395) «"Тот, чей выкуп зависит от воззвания "Шма", и это свойство пятьдесят", Бина, "не может в течение кругооборота быть выкуплен другим, ибо проколот он шилом (для служения) господину его. Здесь не говорится: "Либо дядя его, либо двоюродный брат выкупит его"[365], потому что в молитве человека, он подобен рабу, о котором сказано: "Шесть лет он будет служить"[361]. И нет иного служения, кроме молитвы. "Шесть лет он будет служить"[361] – три первых и три последних"» отрывка в молитве «восемнадцать», «"в которых посланец общества (ведущий молитву) помогает человеку выполнить должное, – тому, кто не знает, как молиться в них". Таким образом, есть у него искупление с помощью другого, когда посланец общества вызволяет его – т.е. "праведник – жизнь миров", Есод, являющийся посланцем общества, "называется в них именем его", того, кто не умеет молиться, именем "Боаза, праведника, избавителя близкого и верного"». Значение всех этих имен заключается в том, что они помогают и искупают того, кто не может помочь себе сам. И это внутренний смысл левиратного брака и кругооборота.

---

[365] Тора, Ваикра, 25:47-49. «А если достаток обретет пришелец и поселенец у тебя, и оскудеет твой брат при нем, и продаст себя пришельцу-поселенцу у тебя или в услужение семье пришельца, после того, как продал себя, выкуп будет ему; один из его братьев должен выкупить его. Либо дядя его, либо двоюродный брат выкупит его, либо из близких по плоти ему, из его семейства выкупит его, либо хватит его достояния, и выкупит он себя».

396) «"Близок Творец ко всем призывающим Его"³⁶⁶. Для человека "лучше сосед вблизи, нежели брат вдали"³⁶⁷», – т.е. средний столб, Тиферет, и Есод называется «сосед вблизи»³⁶⁷, а Тиферет называется «брат вдали»³⁶⁷, «"и это сын "йуд-хэй יה"", поднявшийся наверх, в Бину, ибо этот мир – это мир йовель, т.е. пятьдесят букв единства"» воззвания «Шма», и это пятьдесят врат Бины, как мы уже сказали. «"И в этом мире", Малхут, "человек может быть выкуплен праведником", Есодом, представляющим собой "шесть лет, включающим три первых и три последних благословения молитвы", свойство "малая "вав ו", Есод, "и это: "Шесть лет он будет служить"³⁶¹».

397) «"Однако в будущем мире, т.е. мире йовель", Бины, "в котором пятьдесят букв воззвания "Шма", не может посланец общества помочь человеку выполнить должное, поскольку тот не может быть выкуплен другими. И поэтому слушай (шма) на любом языке, на котором ты слышишь", только возглашай сам. "И поэтому намек: "Если не я себе – то кто (МИ) мне"³⁶⁸». «Я» – это Малхут, «"МИ", разумеется, – мир йовель"», т.е. Бина. И это намек на воззвание «Шма», в котором нет «Я», а только «МИ».

---

³⁶⁶ Писания, Псалмы, 145:18. «Близок Творец ко всем призывающим Его, ко всем, которые призывают Его в истине».
³⁶⁷ Писания, Притчи, 27:10. «Друга твоего и друга отца твоего не покидай и в дом брата твоего не ходи в день бедствия твоего: лучше сосед вблизи, нежели брат вдали».
³⁶⁸ Мишна, раздел Незикин, трактат Авот, часть 1, мишна (закон) 14. «Он (Илель) говорил: "Если не я себе, то кто мне? И когда я для себя, кто я? И если не сейчас, то когда?"»

ГЛАВА МИШПАТИМ

Обоюдоострый меч

398) «"Когда услышали эти слова главы собраний, спустившиеся вместе с великим светочем", рабби Шимоном, "воскликнули и сказали", обратившись к Моше: "Верный пастырь", ты – "уста высшей и нижней Шхины", Бины и Малхут, "ибо в обеих Творец говорил с тобой из уст в уста во время воззвания "Шма", как сказано: "Величие Творца на их устах, и обоюдоострый меч в их руке"[369]. Так как "йуд י" имени АВАЯ (הויה) – "это, безусловно, остриё (рош) меча, окружающее губу твою. "Вав ו" имени АВАЯ (הויה) – "это клинок (язык) твоего меча. "Хэй-хэй הה" имени АВАЯ (הויה) – "это два лезвия, очерченные на губах твоих. Конечно же, имя Господина твоего", Шхина, "говорит устами твоими. "Йуд-хэй-вав-хэй יוד הא ואו הא" – в мысли твоей, извлекшей эти пятьдесят" врат Бины "из уст твоих"».

Объяснение. Тора – это мохин, которые раскрываются со стороны Бины в сфире Даат парцуфам ЗОН и БЕА. И это меч, который побеждает и сражает ситру ахра. И раскрытие его происходит благодаря взаимодействию Малхут с Биной, которые уподобляются друг другу.[370] Во время малого состояния (катнут) есть у Бины форма Малхут, а во время большого состояния (гадлут) есть у Малхут форма Бины, т.е. когда она постигает её мохин. Поэтому у них обеих есть та же буква в имени АВАЯ (הויה), т.е. «хэй ה». И поэтому они имеют ту же форму в лезвии меча и называются двумя лезвиями меча, т.е. Торы. И в них основная сила меча, ибо без этого уподобления не было бы вообще раскрытия Торы. Таким образом, они являются основными действующими (силами) для уничтожения ситры ахра, подобно острию меча, которое является основной действующей частью меча. И у них также одна форма в устах (пэ), где находится место раскрытия мохин посредством речи. Бина – это верхняя «сафа (губа)», а Малхут – нижняя.

И это смысл сказанного: «Верный пастырь, уста высшей и нижней Шхины» – т.е. он стал устами их обеих вместе, что является единственной возможностью раскрытия Торы, как поясняется выше. «Ибо в обеих Творец говорил с тобой из

---

[369] Писания, Псалмы, 149:6. «Величие Творца на их устах, и обоюдоострый меч в их руке».

[370] См. Зоар, главу Берешит, часть 1, п. 3, со слов: «В свойстве суда, т.е. в свойстве Малхут мира АК, прежде чем она подсластилась в Бине, в свойстве милосердия, мир не мог существовать...»

уст в уста во время воззвания "Шма"» – поскольку в отрывке «Шма» есть пятьдесят букв, и это пятьдесят врат Бины, как мы уже сказали, и от них совокупность всех мохин, приходящих с раскрытием Торы. «Как сказано: "Величие Творца на их устах, и обоюдоострый меч в их руке"[369]» – и это сказано об устах Моше. И он объясняет понятие «обоюдоострый меч» с помощью имени АВАЯ (הויה) и уст Моше. И говорит: «"Йуд י" имени АВАЯ (הויה) – "это, безусловно, острие (рош) меча, окружающее губу твою», – «йуд י» де-АВАЯ (הויה) – это Хохма, производящая зивуг с верхней губой, т.е. Биной и первой «хэй ה» де-АВАЯ (הויה), и они являются острием (рош) меча, т.е. ГАР. «"Вав ו" – "это клинок (язык) твоего меча", – «вав ו» имени АВАЯ (הויה), и это язык, находящийся во рту (пэ) и меч Моше, ибо это сфира Даат, нисходящая от зивуга «йуд-хэй יה», и это Тора. «"Хэй-хэй הה" имени АВАЯ (הויה) – "это два лезвия, очерченные на губах твоих», где верхняя губа – это Бина, а нижняя – Малхут, которые являются основными действующими в раскрытии мохин, т.е. в исправлении уподобления по форме друг другу.[370] И когда Малхут исправилась таким образом, она называется именем «небеса». И это означает сказанное: «Конечно же, имя Господина твоего говорит устами твоими» – т.е. Малхут, произносящая речения и раскрывающая мохин от Бины. «"Йуд-хэй-вав-хэй יוד הא ואו הא" – в мысли твоей» – средняя линия в мысли, т.е. ГАР, «извлекшей эти пятьдесят из уст твоих», т.е. она извлекает пятьдесят врат Бины из уст Моше в виде воззвания «Шма», и далее, как уже объяснялось выше.

399) «"Конечно, из-за этих вещей", о которых говорилось выше, корнем которых является исправление Малхут в Бине, и уподобление их по форме друг другу, "Элияу задерживается наверху и он заключен там", как в месте заключения, "и не опускается к тебе. Ибо с огромным богатством он готов спуститься к тебе, но находится в заключении наверху и не может опуститься к тебе, поскольку бедность твоя – это избавление для Исраэля. И поэтому сказал Машиах: "Пока не придет бедный". И это как сказано: "И ранами его исцеляемся мы"[371]».

Объяснение. По причине подслащения Малхут в Бине, скрылась Малхут свойства суда,[372] и она является пятидесятыми

---

[371] Пророки, Йешаяу, 53:5. «И он изранен преступлениями нашими, сокрушен грехами нашими, наказание за благополучие наше – на нем, и ранами его исцеляемся мы».

[372] См. «Предисловие книги Зоар», статью «Две точки», п. 122.

вратами, исчезнувшими в силу этого скрытия. И поэтому пятьдесят врат Бины были переданы Моше, кроме одних, т.е. этих пятидесятых ворот. И в этом заключается бедность Моше, так как беден он только относительно Даат (знания), поскольку недоставало ему пятидесятых ворот. А с раскрытием Элияу раскрываются пятидесятые врата. И поэтому сказано: «Из-за этих вещей», – т.е. подслащения образа Малхут в образе Бины, называемого «обоюдоострый меч», «Элияу задерживается наверху и он заключен там, и не опускается к тебе», так как по причине подслащения Малхут в Бине, была скрыта Малхут меры суда, пятидесятые врата, и Элияу, символизирующий раскрытие пятидесятых ворот, задерживается наверху, словно помещенный в место заключения, и не может спуститься и раскрыть их.

«Ибо с огромным богатством он готов спуститься к тебе» – т.е. богатством Даат (знания), раскрывающим пятидесятые врата, «но находится в заключении наверху и не может опуститься к тебе, поскольку бедность твоя – это избавление для Исраэля» – ибо без подслащения Малхут в Бине и скрытия Малхут свойства суда, не были бы способны ЗОН и миры получить мохин де-ГАР.[370] И получается, что бедность Моше, т.е. исчезновение пятидесятых ворот вследствие их скрытия, является спасением для Исраэля, и поэтому ЗОН и миры стали достойными получения мохин де-ГАР, чтобы передать Исраэлю, отчего зависит избавление и завершение исправления. И поэтому Элияу находится в заключении наверху и не сможет раскрыть пятидесятые врата, пока Исраэль не станут способны получить все мохин, которые должны раскрыться благодаря этому подслащению Малхут в Бине. И это смысл сказанного: «Поскольку бедность твоя – это избавление для Исраэля». Поэтому Элияу вынужден находиться в заключении наверху, и не может спуститься, чтобы раскрыть пятидесятые врата. И это смысл сказанного: «И поэтому сказал Машиах: "Пока не придет бедный"», т.е. избавление зависит от того, когда явится бедный от пятидесятых ворот, то есть Моше, и раскроет все мохин, которые должны раскрыться. «И это как сказано: "И ранами его исцеляемся мы"[371], – потому что эта боль и раны, раскрывающиеся при недостатке пятидесятых ворот, и являются тем, что раскрывает все мохин и исцеляет Исраэль от всех их недостатков.

400) «Сказал им: "Если так, давайте освободим его, и он спустится ко мне, ибо он для меня важнее, чем все сокровища мира. Ведь я прощаю ему и вызволяю его, и освобождаю его от клятвы. И вы тоже высвободите его, и если понадобится освобождение большее, чем это, будем усердствовать в освобождении его, чтобы спустился ко мне"».

ГЛАВА МИШПАТИМ

Обет и клятва

401) «Сказал ему великий светоч: "Клятва Творца – это Шхина, единственная дочь", называемая клятвой Творца. И недаром установлено, что три человека должны освободить от клятвы, но это связано с "шин ש" в слове «шаббат (שַׁבָּת суббота)». Три ветви буквы "шин ש" – это три праотца", ХАГАТ, а толстая линия, связывающая три ветви снизу, это "единственная дочь, клятва, которая сообщается с ними"», с тремя ветвями в «шин ש». Объяснение. Малхут называется клятвой в то время, когда она связана с ХАГАТ Зеир Анпина, находящимися выше его хазе, и называется четвертой опорой высшего престола. На это указывает «шин ש» в слове «шаббат (שַׁבָּת суббота)», и поэтому три человека, которые соответствуют этим ХАГАТ, могут освободить от этой клятвы.

402) «"Разумеется, клятва распространяется только на то, что имеет реальную основу. Обет распространяется даже на то, что не имеет реальной основы. И это уже установили в Мишне. Но мало того, еще сказали, что обеты превосходят клятвы, ибо каждый клянущийся клянется самим Царем", т.е. Малхут, "а дающий обет словно клянется жизнью Царя"», т.е. Биной, от которой исходит жизнь, мохин, в Малхут.

Объяснение. Известно, что Хохма в ГАР может светить без облачения хасадим, но не так в семи нижних сфирот (ЗАТ), где Хохма не светит без хасадим. И это означает сказанное: «Клятва распространяется только на то, что имеет реальную основу», – ибо клятва, то есть Малхут, притягивающая Хохму выше хазе Зеир Анпина, четвертая по отношению к праотцам,[373] не может исполниться там из-за отсутствия хасадим, но обязана опуститься ниже хазе и получить хасадим от Есода Зеир Анпина, облачая в них Хохму, и тогда распространяется клятва, т.е. исполняется. И этот экран Есода, притягивающий хасадим, называется имеющим реальную основу, т.е. авиут. Тогда как обет, представляющий собой Бину и ГАР, «распространяется даже на то, что не имеет реальной основы», т.е. не нуждается

---

[373] См. Зоар, главу Берешит, часть 1, п. 117. «Малхут (правление) дома Давида установилась в четвертый день...»

в экране для передачи хасадим, потому что Хохма в ГАР может светить даже без хасадим.[374]

403) «Сказал им верный пастырь: "Члены собраний, знаю я о вас, что вы знаете" законы клятв и обетов. "Но Тот, кто каждый день непрестанно обновляет действие начала творения, научит нас новому, ибо верно сказал Коэлет: "Нет ничего нового под солнцем"[375], Зеир Анпином, "однако над солнцем есть новое. И в тайнах Торы, – хочу я сказать, – есть солнце и защита Творца Всесильного воинств", т.е. Он светит и защищает даже под солнцем, "в мире Его", т.е. в мире Ацилут, "но не в мире простого человека", т.е. в трех мирах БЕА, в которых имеются клипот, противоречащие Его единству. И хотя "одно против другого создал Всесильный (Элоким)"[376] – т.е. клипот являются деянием Всесильного (Элоким), ибо "из тьмы", клипот, "выходит свет"», вследствие того, что люди преодолевают их, считаются всё же они миром простого человека, и свет солнца, Зеир Анпина мира Ацилут, не опускается, чтобы защитить их.

404) «"И, разумеется, будущий мир, Бина, находится выше солнца, т.е. среднего столпа", Зеир Анпина. "И поэтому обеты, которые (исходят) оттуда, по своей значимости выше клятвы и распространяются на то, что не имеет реальной основы", т.е. нет в нем (обете) экрана, притягивающего хасадим, как мы уже сказали. "Ибо клятва – это этот мир", т.е. Малхут, "который не может существовать, иначе как на основании (есод)", являющемся носителем экрана хасадим, в котором есть реальная основа. "И это означает сказанное: "А праведник – основание (есод) мира"[377]». Таким образом, клятва распространяется только на то, в чем есть реальная основа.

---

[374] См. книгу «Шаар каванот», День искупления, толкование 3, лист 101. И это противоречит сказанному мудрецами в Вавилонском Талмуде, трактате Недарим, лист 13:2, что «клятва распространяется на то, что имеет реальную основу, и на то, что не имеет реальной основы».

[375] Писания, Коэлет, 1:9. «Что было, то и будет, и что творилось, то и будет твориться, и нет ничего нового под солнцем».

[376] Писания, Коэлет, 7:14. «В день благоволения – радуйся, а в день бедствия – узри, ибо одно против другого создал Всесильный с тем, чтобы ничего не искать человеку после Него».

[377] Писания, Притчи, 10:25. «Пронесется буря – и нет нечестивого, а праведник – основание мира».

405) «"И в нем", в Есоде, "дается клятва, как сказано: "Как жив (хай חי) Творец! Полежи до утра"378». Есод называется «хай (חי живой)». «"Нижняя Шхина, называемая западной стеной", Малхут, "является Скинией Его, поскольку это возвышенность (тель תל), к которой обращаются все". Ибо стена (котель כותל) - это буквы "каф-вав כו" "тав-ламед תל", АВАЯ (הויה)", Зеир Анпин, в гематрии "каф-вав כו (26)", разумеется, Шхина – это возвышение (тель תל) Его" Зеир Анпина. "Согласно сказанному: "Локоны его вьются, черны, как ворон"379, и истолковали, что "на каждый завиток приходятся целые горы законов"380. "Далет ד" слова "один (эхад אחד)" - это возвышение (тель תל), к которому все обращаются", т.е. Малхут. "И этот завиток"» «далет ד», отличающий ее от формы «рейш ר», и это Есод, «"находится между "алеф-хэт אח"» слова «один (эхад אחד)», Зеир Анпина, «"и между "далет ד"» слова «один (эхад אחד)», Малхут, «"как сказано: "Ибо всё на небе и на земле"381. И таргум Йонатана: "Единый на небе и на земле"». «Ибо всё» – это Есод, который включен в Зеир Анпин, называемый небом и в Малхут, называемую землей.

406) «"И о нем", об основании (есоде), "истолковали авторы Мишны в трактате Хагига: "На чем стоит мир? На одном столпе, который именуется праведником, как сказано: "А праведник - основание (есод) мира"382. И это, безусловно, союз клятвы", т.е. Малхут, "ибо на нем стоят "алеф-хэт אח" "далет ד", т.е. небо и земля, как сказано: "Если бы не мой союз днем и ночью, законов неба и земли не установил бы Я"383. "Алеф-хэт אח" - это небо, как сказано: "Услышь с неба"384, т.е. Зеир Анпин. "Далет ד"

---

378 Писания, Мегилат Рут, 3:13. «Переночуй эту ночь, а утром, если выкупит он тебя, то хорошо, пусть выкупит, а если он не захочет выкупить тебя, то я тебя выкуплю, (как) жив Творец! Полежи до утра».

379 Писания, Песнь песней, 5:11. «Голова его – чистое золото; локоны его вьются, черны, как ворон».

380 Вавилонский Талмуд, трактат Ирувин, лист 21:2.

381 Писания, Диврей а-ямим 1, 29:11. «Тебе, Творец, величие и могущество, и великолепие, и вечность, и красота, ибо всё, на небе и на земле, – Тебе! Тебе царство, и превознесен Ты над всеми!»

382 Вавилонский Талмуд, трактат Хагига, лист 12:2.

383 Пророки, Йермияу, 33:25. «Если бы не Мой союз днем и ночью, законов неба и земли не установил бы Я».

384 Пророки, Мелахим 1, 8:31-32. «Когда согрешит человек пред ближним своим, и потребует (тот) от него клятвы, чтобы заклинать его, и придет он (для) клятвы пред жертвенник Твой в этот дом, то Ты услышь с неба и рассуди рабов Твоих, обвиняя виновного, возлагая пути (проступки) его на голову его, и оправдывая правого, воздавая ему по правде его».

– это земля, как сказано: "А земля – подножие ног Моих"[385]», т.е. Малхут.

407) «"И поскольку союз", Есод, "заключен между небом и землей", т.е. ЗОН, "и в нем (пребывает) клятва", Малхут. "И это смысл сказанного: "Как жив (хай חי) Творец! Полежи до утра"[378]». Ибо клятва зависит от Есода, называемого «живой (хай)», «"и тот, кто клянется Его именем ложно, словно разрушает строение неба и земли и возвращает мир к пустынности и хаосу. Ибо если человек устраняет этот завиток", Есод, "из "далет ד" слова "один (эхад אחד)", Малхут, "то остается "другой (ахер אחר)", т.е. Сам, называемый другим, в месте которого ложь, и это подобно тому, словно человек выстроил небо и землю на лжи. Истина устоит, а ложь не устоит, и будет, в конце концов, искоренена. И она разрушила строение, и пали небо и земля"».

408) «"И этот", давший ложную клятву, "он словно "бросил с небес на землю красу Исраэля"[386]. И кто поместил землю в небесах, если сказано: "Бросил с небес на землю"[386]? Однако она – это, разумеется, Шхина", т.е. земля, "и краса (тиферет)", называемая небесами, "она (остается) с ней, так как не отделяется от нее даже во время ее падения, чтобы осуществилось сказанное: "Я – Творец, это имя Мое, и славы Моей другому не отдам"[387]. И откуда мы знаем, что истина", т.е. Зеир Анпин, "упала вместе с ней? Ибо сказано: "И правда сброшена будет наземь"[388]. Ведь приводящий к падению Малхут приводит также к падению Зеир Анпин. И поэтому давший ложную клятву приводит к падению неба и земли. "А тот, кто дает истинную клятву, выполняет сказанное: "Истина из земли произрастет (эмет меэрец тицмах אֱמֶת מֵאֶרֶץ תִּצְמָח)"[389], и это средний столп",

---

[385] Пророки, Йешаяу, 66:1. «Так сказал Творец: "Небо – престол Мой, а земля – подножие ног Моих. Что это за дом, который вы (можете) построить Мне, и где место покоя Моего?"»

[386] Писания, Мегилат Эйха, 2:1. «Как омрачил в своем гневе Творец дочь Цион, бросил с небес на землю красу Исраэля; и не вспомнил о подножии Своем в день гнева Своего».

[387] Пророки, Йешаяу, 42:8. «Я – Творец, это имя Мое, и славы Моей другому не отдам, и хвалы Моей – идолам».

[388] Писания, Даниэль, 8:12. «И преступно будет послано войско на (отмену) ежедневной жертвы, и правда сброшена будет наземь, и преуспеет оно в деяниях своих».

[389] Писания, Псалмы, 85:12. «Истина из земли произрастет, справедливость с небес явится».

т.е. Зеир Анпин, называемый истиной (эмет אמת), "на котором стоит строение, и это означает сказанное: "Создал Всесильный эт (бара Элоким эт בָּרָא אֱלֹהִים אֵת)"³⁹⁰, где конечные буквы это истина (эмет אמת), "а затем: "Небо и землю"³⁹⁰». Таким образом, строение неба и земли держится на истине.

409) «"И поскольку клятва является строением этого мира", Малхут, "нет у него существования без Есода, поскольку он является тем, в чем есть реальная основа", так как он является носителем экрана, на который выходит зивуг хасадим, как уже говорилось. "Обет, и это будущий мир", Бина, "превосходит клятву, и он распространяется и на то, в чем нет реальной основы, так как" Бина "не нуждается в Есоде, чтобы существовать, опираясь на него, т.е. на союз, посредством которого осуществляются супружеские отношения". Ибо Хохма в ГАР не нуждается в хасадим для облачения в них. "И поэтому в День искупления, относящийся к будущему миру", Бине, "в котором установили молитву "коль нидрей (все обеты)", так как обет исходит от Бины, "запрещены супружеские отношения"», так как зивуг Есодов не происходит в Бине, как объяснялось выше.

410) «"Там", в Бине, "знак союза, "йуд י"", т.е. Есод Бины, "это украшение книги Торы, т.е. праведник", Есод Зеир Анпина. "Как мы учили, что в будущем мире нет еды, питья, супружеских отношений, но лишь праведники пребывают в нем, и головы их украшены венцами"».

411) «"И поскольку нет в этом мире", Малхут, "использования короны", т.е. атары (венца) на голове праведника, которая используется только в Бине, "учат авторы Мишны, что всякий, кто пользуется короной, исчезнет" из мира. "Ибо корона в этом мире находится ниже" Есода и не находится на голове праведника. "Некудот (огласовки) используются в буквах, однако в будущем мире", Бине, "нет использования букв", указывающих на ЗОН. "Поэтому в книге Торы у букв нет некудот (огласовок), а только тагин (венчики) над ними", которые исходят от Бины, и они являются венцом, украшающим верхнюю часть (рош) букв, т.е. ЗОН. "И поэтому тот, кто использует книгу Торы, исчезнет из мира, и также тот, кто использует изучающего законы, сказали о нем мудрецы: "Использующий корону – исчезнет"³⁹¹».

---

³⁹⁰ Тора, Берешит, 1:1. «Вначале создал Всесильный небо и землю».
³⁹¹ Вавилонский Талмуд, трактат Мегила, лист 28:2.

412) «Подошли к нему все главы собраний и распростерлись пред ним, и сказали: "Конечно же, это Творец говорит твоими устами, и Ему мы кланяемся. И мы знаем по этим словам, что не смог бы другой рожденный женщиной, кроме тебя, сказать их. Безусловно, эти речи свидетельствуют о том, что ты тот, о ком сказано: "Устами к устам говорю Я ему"[392]. Нельзя более скрывать от тебя Элияу, а (надо) просить у Творца, чтобы опустил его к тебе с многочисленным богатством и сокровищами для тебя"».

---

[392] Тора, Бемидбар, 12:8. «Устами к устам говорю Я ему, и явственно, а не загадками, и облик Творца он зрит. Почему же не убоялись вы говорить против раба Моего, против Моше».

ГЛАВА МИШПАТИМ

Гумно и винодельня

413) «"Верный пастырь, преданный раб, о тебе, рабе-еврее, сказано: "Надели, наделяя его"[393]. "Надели"[393] его, "наделяя"[393] сыновей его этими скрытыми понятиями. "И от гумна твоего"[393] – от твоего изучения Торы. "И от винодельни твоей"[393]. О гумне и винодельне говорит Писание, как мы изучаем у мудрецов Мишны: "Об отходах гумна и винодельни говорит Писание"[394]».

Объяснение. Гумно – это Зеир Анпин. Винодельня – Малхут. И есть свойство судов захара, которые исходят из точки шурук. И это отходы гумна. И есть суды нуквы, исходящие от точки хирик.[395] И это отходы винодельни. Ибо винодельня – это Нуква, т.е. Малхут.

414) «"Екев (יקב винодельня)" – это начальные буквы слов "ихуд (יחוד единство)", "кдуша (קדושה святость)", и "браха (ברכה благословение)" Творца. И это – Шхина", т.е. Малхут, "являющаяся благословением Творца, когда она находится справа", т.е. в свойстве хасадим. "И она" называется "святость" Творца, когда она "слева", в свойстве Хохмы. "И она единство" Творца, когда она находится "посередине", в средней линии. "Начальные буквы слов "Святой, благословен Он (а-кадош барух у הקב״ה)" равны по числовому значению ста двенадцати (יב״ק)"», т.е буквам слова «винодельня (екев יקב)». «"В таком виде: הקב״ה в числовом значении יב״ק"». Ибо Святой, благословен Он (הקב״ה) – это Зеир Анпин, а Нуква – это исчисление Зеир Анпина.

415) «"И с тем, кто сведущ (баки́ בקי)"», – те же буквы, что и в слове «винодельня (екев יקב)», – «"в Его Галахе (своде законов), т.е. Шхине, Творец находится с ним, и благодаря ей Он никогда не оставит его. Ибо есть Галаха, и это ее "наара

---

[393] Тора, Дварим, 15:12-14. «Если продан будет тебе брат твой, еврей или еврейка, то пусть работает у тебя шесть лет, а в седьмой год отпусти его на свободу. А отпуская его, не отпускай его с пустыми руками. Надели, наделяя его от скота твоего, и от гумна твоего, и от винодельни твоей – из того, чем благословил тебя Творец Всесильный твой, дай ему».

[394] Вавилонский Талмуд, трактат Сукка, 12:1. «Сказал рабби Йоханан: "Говорит Писание (Дварим 16:13): "Когда уберешь с гумна твоего и из винодельни твоей" – об отходах гумна и винодельни говорит Писание"».

[395] См. Зоар, главу Берешит, часть 1, п. 9. «Высшая точка, Арих Анпин, посеяла внутри чертога ИШСУТ три точки: холам, шурук, хирик...»

(девушка)", служанка, "со стороны "наар (юноши)", Матата мира Брия, и о ней сказали: "Галаха согласно такому-то"», что указывает на ее «наара (девушку)». «"Однако твоя Галаха (свод законов), верный пастырь, это та, о которой сказали: "Свод законов для Моше с горы Синай" – от Гвуры дал тебе Творец дочь свою"», Шхину.

416) «"И поэтому о других галахот сказано: "Многие дочери преуспели"[396], а о твоей Галахе сказано: "Но ты превзошла всех их"[396] – т.е. превзошла всех в свойстве Гвура (גבורה)". "Творец с тобой, муж (гибор גבור) храбрый"[397] – Он установил в тебе и довершил строение Царя", т.е. Шхину. "Ибо Он возводит строение Свое по слову твоему и с помощью тебя. Счастлив твой удел!"»

417) «Провозгласил верный пастырь и сказал: "Ангел, избавляющий меня от всякого зла"[398], т.е. Шхина, о которой сказано: "И двинулся ангел Всесильного (Элоким)"[399], благословит вас в будущем мире", Бине. "И да расплодятся они во множестве среди земли"[398] – в этом мире", Малхут, "чтобы было правление их в двух мирах, в которых вы живете. Тот, кто относится к этому миру", Малхут, "называется живым. Как сказано: "Древо жизни она для держащихся ее"[400] – жизни там", в Бине, " жизни здесь"», в Малхут.

418) «"В отличие от него, тот, кто одет в облачения (клипот) кожи, плоти, костей и жил низменного тела, в котором дух мертв, – так же как мертвый, который не видит, не слышит, не разговаривает, и нет движения во всех его членах, так и этот дух не видит находящегося выше него. И сказано о них в Торе

---

[396] Писания, Притчи, 31:29. «Многие дочери преуспели, но ты превзошла всех их!»

[397] Пророки, Шофтим, 6:12. «И явился ему ангел Творца, и сказал ему: "Творец с тобой, муж храбрый!"»

[398] Тора, Берешит, 48:16. «Ангел, избавляющий меня от всякого зла, да благословит этих отроков, и будет наречено в них имя мое и имя отцов моих, Авраама и Ицхака, и расплодятся они во множестве среди земли"».

[399] Тора, Шмот, 14:19. «И двинулся ангел Всесильного, шедший перед станом Исраэля, и пошел позади них. И двинулся облачный столп, (шедший) перед ними, и встал позади них».

[400] Писания, Притчи, 3:18. «Пути ее – пути приятные, и все стези ее – мир. Древо жизни она для держащихся ее, и опирающиеся на нее счастливы».

(учении): "Знай, что над тобой око видящее, ухо слышащее, и все деяния твои в Книгу записываются"[401]».

419) «"Сколько же ангелов идет с ним, как сказано: "Ибо ангелам Своим Он заповедает о тебе"[402], и нет у него позволения созерцать их в этом теле и слышать голос их, поскольку они – огненные существа, которые произносят и освящают, и благословляют Творца и Исраэль вместе. И тем более (нет у него позволения созерцать) Шхину, находящуюся над ними, и тем более Творца, находящегося выше Шхины, через которую Он принимает молитвы Исраэля"».

420) «"И из-за этих прегрешений они одевались в эти облачения (клипот), как и человек, если в их руках прегрешения их праотцев. И это то, что объясняют авторы Мишны: "Когда держат в своих руках деяния их праотцев"[403]. И из-за этих клипот говорит Писание: "Ибо лишь грехи ваши произвели разделение между вами и Всесильным вашим"[404]. И из-за этих клипот Творец укрывается за многочисленными крыльями, о которых сказано: "Двумя прикрывает он лицо свое и двумя прикрывает он ноги свои..."[405]»

421) «"О грядущем будущем сказано: "И не будет более скрываться Учитель твой, и очи твои будут видеть Учителя твоего"[406]. Ведь когда вы в этом мире", т.е. Малхут, "и нет у вас облачений (клипот), и кожи (орот), есть у вас право созерцать живущих в мире, а у живущих в мире есть право созерцать вас.

---

[401] Мишна, раздел Незикин, трактат Авот, часть 2, мишна (закон) 1.
[402] Писания, Псалмы, 91:11. «Ибо ангелам Своим Он заповедает о тебе – хранить тебя на всех путях твоих».
[403] Вавилонский Талмуд, трактат Брахот, лист 7:1. «Но сказано (Шмот, 34:7): "Он поминает вину отцов сыновьям", и сказано (Дварим, 24:16): "А сыны не будут преданы смерти из-за отцов", эти изречения противоречат друг другу, но объясняют, что это не противоречие: одно – когда держат в своих руках деяния их праотцев, другое – когда не держат в своих руках деяния их праотцев».
[404] Пророки, Йешаяу, 59:2. «Ибо лишь грехи ваши произвели разделение между вами и Всесильным вашим, и проступки ваши закрыли лицо (Его) от вас, чтобы не слышать».
[405] Пророки, Йешаяу, 6:2. «Пред Ним стоят серафимы; шесть крыльев, шесть крыльев у каждого: двумя прикрывает он лицо свое и двумя прикрывает он ноги свои, и двумя летает».
[406] Пророки, Йешаяу, 30:20. «И даст вам Творец хлеб скудный и воду мерою, и не будет более скрываться Учитель твой, и очи твои будут видеть Учителя твоего».

И поэтому сказано о вас, что вы живы, и мир ваш – мир живых. Но этот ничтожный мир – это мир мертвых, и все божества народов мира, кроме Творца, все мертвы"».

ГЛАВА МИШПАТИМ

Наблюдает из окон

422) «"Сказал рабби Шимон Моше: "Вместе с тем, что глазами ты не можешь созерцать живущих мира будущего и ангелов, и тем более Творца и Шхину Его, однако взором разума своего сердца ты видишь всё – и жителей мира будущего, и ангелов, и Творца со Шхиной Его, окружающих тебя. И поэтому Шломо, о котором сказано: "И был он мудрее всех людей"[407], изрек: "И сердце мое видело много мудрости"[408]» – глазами разума.

423) «"Однако в пророчестве, пророку не дано видеть глазами разума, но лишь то, что раскрывается глазам в ви́дении и прозрении. И это означает сказанное: "В видении Я открываюсь ему"[409]. И еще, в ночном прозрении. Видение – днем, прозрение – ночью. И всё это – глазами, а не взором разума сердца. И два глаза – это два посредника сердца", которые связывают злое начало в сердце с человеком, "и служители его. А оно – царь между ними. Поэтому мудрец", видящий взором сердца, "лучше пророка", видящего глазами. "И также два уха – это два служителя сердца"».

424) «"Поэтому указали мудрецы, что сердце видит, сердце слышит, но мало того, сказали еще о сердце, что сердце понимает, сердце знает. "И в сердце всякого мудрого сердцем вложил Я мудрость"[410]. Ведь мудрость (хохма), разум (твуна) и знание (даат) пребывают в сердце, и с их помощью были созданы небо, земля и бездны, и с их помощью была создана Скиния. И это смысл сказанного: "И наполнил его божественным духом, мудростью и разумом, и знанием"[411]. Тогда как в глазах этого нет в такой мере"».

---

[407] Пророки, Мелахим 1, 5:11. «И был он мудрее всех людей: Эйтана Эзрахи, и Эймана, и Калкола, и Дарды – сыновей Махола; и славилось имя его среди всех народов вокруг».

[408] Писания, Коэлет, 1:16. «Говорил я так в сердце своем: "Вот я мудрость приумножил и увеличил более всех, кто был прежде меня над Йерушалаимом, и сердце мое видело много мудрости и знания"».

[409] Тора, Бемидбар, 12:6. «И сказал Он: "Слушайте слова Мои. Если и есть между вами пророк Творца, в видении Я открываюсь ему, во сне говорю с ним"».

[410] Тора, Шмот, 31:6. «И вот, Я назначил к нему Аолиава, сына Ахисамаха, из колена Данова, и в сердце всякого мудрого сердцем вложил Я мудрость, и они сделают все, что Я повелел тебе».

[411] Тора, Шмот, 31:3. «И наполнил его божественным духом, мудростью и разумом, и знанием, и талантом к любому ремеслу».

425) «"И верный пастырь, – тот, у которого всё это в сердце, – видит больше, чем пророк. И тем более, мысль твоя, которой нет предела, – при помощи нее ты созерцаешь Того, кто бесконечен. Но вначале, тебе не было позволено увидеть воочию. Как сказано: "И увидишь Меня сзади, а лика Моего не будет видно"[412]».

426) «"Эти неразумные сердцем мертвы, и слепы в отношении этих клипот" тела. "Но у тебя они вовсе не важны, и не являются препятствием между тобой и Творцом и Его Шхиной, и всеми жителями будущего мира, и ангелами, ибо Он войдет к тебе через эти "окна" глаз, ушей, ноздрей и уст. Как Царь, входящий тайно в самые внутренние покои, дабы поговорить с сыном своим. И поэтому произносят Исраэль в молитве своей: "Ты, исследующий все тайники утробы,[413] видящий почки и сердце, – ничто не скроется от Тебя"[414]».

427) «"Это то, о чем говорит Шломо: "Наблюдает из окон"[415] – тех самых "окон" глаз, ушей, ноздрей и уст. Благодаря этим семи отверстиям возносится душа в семи видах благовоний. И также молитва восходит в семи этих видах благовоний, и это: "Нард и шафран, аир и корица, со всеми деревьями бальзамными, мирра и алоэ, со всеми лучшими благовониями"[416]. Во время молитвы, когда она поднимается таким образом, "окуриваемая миррою и фимиамом..."[417], Творец спрашивает о ней: "Кто она, поднимающаяся из пустыни... окуриваемая миррой и фимиамом, и всякими благовониями?!"[417] "Кто (МИ) она" – конечно, со стороны МИ, Бины, состоящей из семи видов благовоний"»,

---

[412] Тора, Шмот, 33:22-23. «И будет, когда проходить будет слава Моя, укрою тебя в расселине скалы, и заслоню тебя ладонью Своею, пока не пройду. И отведу ладонь Свою, и увидишь Меня сзади, но лика Моего не будет видно».

[413] Писания, Притчи, 20:27. «Душа человека – светильник Творца, исследующий все тайники утробы».

[414] Из послеполуденной молитвы (минха) в День искупления.

[415] Писания, Песнь песней, 2:9. «Подобен возлюбленный мой оленю или олененку. Вот он стоит за нашей стеной, наблюдает из окон, смотрит в щели».

[416] Писания, Песнь песней, 4:14. «Нард и шафран, аир и корица, со всеми деревьями бальзамными, мирра и алоэ, со всеми лучшими благовониями».

[417] Писания, Песнь песней, 3:6. «Кто она, поднимающаяся из пустыни, словно столбы дыма, окуриваемая миррою и фимиамом, и всякими порошками торговца (благовониями)?!»

– т.е. ее ХАГАТ НЕХИМ, которые светят в свойстве «запах», и это свечение Хохмы.

428) «"И это воззвание "Шма" состоит из пятидесяти ворот", находящихся в Бине, "и это двадцать пять, двадцать пять"», – двадцать пять букв воззвания «Шма» утренней молитвы и двадцать пять букв воззвания «Шма» вечерней молитвы, «"включающие семь благословений. Утром – два до него и одно после, вечером – два перед ним и два после. И это" семь сфирот: "Величие (гдула), и могущество (гвура), и великолепие (тиферет), и вечность (нецах), и красота (ход), ибо всё на небе и на земле"[418] – т.е. Есод, "до слов: "Тебе, Творец, царство"[418] – Малхут. "Она состоит из трех благовоний: "окуриваемая миррою"[417] – это Кетер, "и фимиамом"[417] – Хохма, "и всякими благовониями"[417] – Бина. Встань, восполни заповедь Господина своего!"»

---

[418] Писания, Диврей а-ямим 1, 29:11. «Тебе, Творец, величие и могущество, и великолепие, и вечность, и красота, ибо всё, на небе и на земле, – Тебе! Тебе, Творец, царство, и превознесен Ты над всеми!»

Не будь с большинством во зло

429) «"Не будь с большинством во зло, и не отзывайся о спорном деле, склоняясь на сторону большинства"[419]. "Склоняясь на сторону большинства"[419] – не бывает большинства меньше трех. Если суд не состоит из трех, не надо следовать его решению. "Суд" – это Шхина, "из трех" – это три существа ее строения (меркавы)", т.е. ХАГАТ. "И она", Шхина, называется "суд Торы, суд истины, и средний столп", Зеир Анпин, называется истиной, а Шхина – это его суд. "И любой судья, который не вершит истинного суда для (установления) истины, он словно возводит власть Сама в мире. Как сказано: "И правда сброшена будет наземь"[420] – т.е. Зеир Анпин. "И он также опрокидывает Шхину вместе с ним, и возводит преисподнюю, супругу Сама, вместе с Самом. И вместо суда истины он возводит язык лжи. "Суд истины" – средний столп, "язык лжи" – преисподняя и Сам"».

430) «"Поэтому, когда судья вершит суд, "преисподняя открыта перед ним слева от него" – т.е. супруга Сама. "И меч на шее его" – т.е. ангел смерти, Сам, со стороны затылка. "Эденский сад открыт справа от него, а Древо жизни раскрылось перед ним, над головой его"».

431) «"Если он вершит неправедный суд, то овладевает им ангел смерти и умерщвляет его, а затем сжигает его в преисподней. Если же он вершит суд праведный, Творец возводит его в Эденский сад, и дает отведать от Древа жизни. И о нем тогда сказано: "И возьмет также от Древа жизни и отведает, и будет жить вечно (ле-олам לעולם)"[421], – в мире (ле-олам לעולם), "созданном Торой, о которой сказано: "Древо жизни она для

---

[419] Тора, Шмот, 23:2. «Не будь с большинством во зло, и не отзывайся о спорном деле, склоняясь на сторону большинства».
[420] Писания, Даниэль, 8:12. «И преступно будет послано войско на (отмену) ежедневной жертвы, и правда сброшена будет наземь, и преуспеет оно в деяниях своих».
[421] Тора, Берешит, 3:22. «И сказал Творец Всесильный: "Вот, человек стал как один из нас в познании добра и зла. И теперь, может быть, протянет он руку свою и возьмет также от Древа жизни и отведает, и будет жить вечно"».

держащихся ее"⁴²². "Древо жизни" – Тиферет, жизнь его – это Хохма и Бина, жизнь Царя, безусловно"».

432) «"И всегда суд Малхут – это суд. Это суд в сердце, и сказано о нем: "Сердце видит". И поэтому: "У судьи есть только то, что видят его глаза"⁴²³. А здесь нет иного судьи, кроме Творца. "То, что видят его глаза"⁴²³, то есть: "Ибо очи Творца кружат (по всей земле)"⁴²⁴. "Глаза Его (взирают) на пути человека"⁴²⁵».

433) «"Наблюдает из окон"⁴¹⁵ – т.е. через семь отверстий человека: два глаза, два уха, две ноздри и уста. Это – семь сфирот высшей Имы. И так Он следит за деяниями его с помощью этих семи. Со стороны нижней Шхины – две руки и шея", и это "три. Вместе с телом и знаком союза", т.е. Тиферет и Есод, "это пять. И вместе с двумя ногами – всего семь". И это семь сфирот нижней Шхины. Две буквы имени "йуд-хэй יה", ГАР, с наполнением "**йуд**-вав-далет יוד" "**хэй**-алеф הא", всего семь букв. "С помощью этих семи Его букв Он наблюдает через семь отверстий головы (рош)". И называются "отверстия (некавим)", по имени некевы", высшей Имы, "отверстия которой открыты для получения. Две буквы "вав-хэй וה", которые в теле (гуф), т.е. в нижней Шхине, с буквами их наполнения, "**вав**-алеф-вав ואו" "**хэй**-алеф הא", вместе – семь букв. "С помощью этих семи Его букв Он наблюдает за семью органами, находящимися внизу: руками, шеей, телом, знаком союза и ногами, представляющими собой исправление тела, ибо посредством них выполняются заповеди"».

434) «"Его жена", Зеир Анпина, т.е. Шхина, "подобна телу", поскольку тело нижнего человека происходит от нее. "И по имени заповеди, он называется органами", т.е. двести сорок восемь (РАМАХ) органов. "И по имени Шхины, он называется телом. Ибо с другой стороны" нет тела, но лишь "облачение, т.е. кожа, плоть и т.д. И это смысл сказанного: "Кожей и плотью

---

⁴²² Писания, Притчи, 3:17-18. «Пути ее – пути приятные, и все стези ее – мир. Древо жизни она для держащихся ее, и опирающиеся на нее счастливы».

⁴²³ Вавилонский Талмуд, трактат Бава батра, лист 131:1.

⁴²⁴ Писания, Диврей а-ямим 2, 16:9. «Ибо очи Творца кружат по всей земле, чтобы поддерживать преданных Ему всем сердцем. Безрассудно ты поступил на сей раз. За то отныне будут у тебя войны».

⁴²⁵ Писания, Иов, 34:21. «Ибо глаза Его (взирают) на пути человека, и видит Он все шаги его».

Ты облек меня, костями и жилами покрыл меня"⁴²⁶. То есть, в том месте, где нет Шхины, не называется это телом (гуф)" нижнего человека, "а только облачением человека", Зеир Анпина, "т.е. Торы"», называемой «человек», «"как сказано: "Вот учение (Тора) – человек, если умрет в шатре"⁴²⁷. "По красоте человека, чтобы пребывать в доме"⁴²⁸. И в том месте, где есть заповедь", и это Шхина, "называется" тело нижнего человека "телом (гуф) человека. Так же как сущность (гуф) законов и судебных постановлений"», являющихся именами Шхины.

435) «"Творец – законодатель, средний столп", Зеир Анпин, "со стороны Бины"», т.е. мохин де-ГАР, исходящие "со стороны Бины, и это АВАЯ (היוה)"», называются «законодатель». «"Судья" называется "со стороны Малхут. "Страж" – это правитель, как сказано: "А Йосеф – правитель"⁴²⁹. Все сфирот являются законодателями со стороны высшей Имы", Бины, в которой находятся мохин. "А Тиферет (красота)", которая исходит от нее, "это "законодатель", и в нем вся совокупность сфирот. "И они – стражи со стороны Малхут", в которой правление. "И праведник сторожит и управляет оттуда"».

---

⁴²⁶ Писания, Иов, 10:11. «Кожей и плотью Ты облек меня, костями и жилами покрыл меня».

⁴²⁷ Тора, Бемидбар, 19:14. «Вот учение – человек, если умрет в шатре, то всякий, кто войдет в шатер, и всё, что в шатре, нечисто будет семь дней».

⁴²⁸ Пророки, Йешаяу, 44:13. «Плотник протягивает шнурок, отмечает его (дерево) резцом, отделывает его рубанками, и циркулем отмечает, и делает его по образу человека, по красоте человека, чтобы пребывать в доме».

⁴²⁹ Тора, Берешит, 42:6. «А Йосеф – правитель над той землей, он же продает всему народу земли. И пришли братья Йосефа, и поклонились ему лицом до земли».

ГЛАВА МИШПАТИМ

От слова лжи отдались

436) «"От слова лжи отдались, и неповинного и правого не казни"[430] – заповедь одинаково относиться к тяжущимся сторонам и отдаляться от слова лжи, чтобы не сказали: "Лицеприятие" есть в этом деле. "Ибо о Творце сказано: "Который лицеприятствовать не будет и мзды не возьмет (ולא ייקח שוחד)"[431] – конечные буквы последних трех слов составляют слово "один (эхад אחד)". Этот судья должен быть таким же, как Один, т.е. единый Творец (АВАЯ הויה), чтобы не брал мзды (ולא ייקח שוחד) и был по образу Его"».

437) «"И также во время суда необходимо в равной мере относиться к двум тяжущимся сторонам, как Один, чтобы не склонить суд в сторону одного из них, но (взвешивать все) на одних весах, пока не согласятся с судом, а затем каждый будет судим за свои деяния"».

438) «"И указали авторы Мишны: "Праведника судит доброе начало. Грешника судит злое начало. Среднего судит и то, и это"[432]. Кто от Древа жизни", т.е. происходит от Зеир Анпина, "тому вовсе не нужен суд, – нет у него злого начала. Это – завершенный праведник, и это "праведник и хорошо ему"[433]. И нет хорошего, кроме Торы, как сказано: "Ибо хороший урок преподал Я вам. Не оставляйте Тору Мою"[434]. "Праведник и плохо ему" – происходит от Древа познания добра и зла, Малхут. Почему же он называется праведником, если "плохо ему"? И это злое начало", называемое плохим. "Но поскольку доброе начало преобладает в нем, он называется "праведник", "и плохо ему", потому что это зло находится под его властью"».

---

[430] Тора, Шмот, 23:7. «От слова лжи отдались, и неповинного и правого не казни, ибо Я не оправдаю преступного».

[431] Тора, Дварим, 10:17. «Ибо Творец Всесильный ваш. Он есть Сильный над сильными и Господин над господами, Всевышний, Великий, Могучий и Грозный, который лицеприятствовать не будет и мзды не возьмет».

[432] Вавилонский Талмуд, трактат Брахот, лист 62:2.

[433] Вавилонский Талмуд, трактат Брахот, лист 7:1. «Сказал (Моше) Ему: "Владыка мира, почему есть праведник и плохо ему, есть грешник и хорошо ему, а есть грешник и плохо ему?" Сказал ему: "Моше, праведник и хорошо ему – это праведник, сын праведника, праведник и плохо ему – это праведник, сын грешника, грешник и хорошо ему – грешник, сын праведника, грешник и плохо ему – грешник, сын грешника"».

[434] Писания, Притчи, 4:2. «Ибо хороший урок преподал Я вам. Не оставляйте Тору Мою».

439) «"Грешник и хорошо ему". Тора называется хорошим, как мы уже сказали, в таком случае "почему называется грешником? Потому что он поднялся, чтобы быть головой в своем злом начале, и хорошее находится под его властью, как раб под властью господина. И хотя "грешник окружает праведника"[435], и завершенный праведник может наказать его, даже и это наказание не хорошо для праведника. Ведь именно из-за того хорошего, что находится под ногами грешника, не следует его наказывать, – возможно, он раскается и преодолеет свое начало, и злое начало станет прахом у него под ногами"».

440) «"Поскольку со стороны "грешник и хорошо ему" – Шхина лежит. Как сказано: "И открыла изножье его, и прилегла"[436] – это "рабыня, наследующая госпоже своей"[437]. Рабыня – это некева злого начала, а злое начало – захар. Про него сказано: "И славы Моей другому не отдам"[438]. И также: "Чужак, который приблизится, смерти будет предан"[439]». Ибо злое начало называется «другой», и называется «чужак».

441) «"А со стороны "праведник и хорошо ему", Шхина – венец на голове человека; и рабыня, злое начало, покоряется госпоже. А со стороны завершенного праведника – нет чужака и нет злого начала. А со стороны законченного грешника – нет у него доли в Шхине, потому что нет у человека доли в Шхине, но только со стороны добра"».

442) «"Не любая Шхина одинакова. Ибо Шхина Древа познания добра и зла – это "трон", который находится в мире Брия или в теле (гуф) человека. "Однако о Шхине Древа жизни", находящейся в мире Ацилут, "сказано: "Не водворится у тебя

---

[435] Пророки, Хавакук, 1:4. «Поэтому потеряла силу Тора и вовек не осуществится правосудие – ибо грешник окружает праведника; поэтому суд происходит превратный».

[436] Писания, Мегилат Рут, 3:7. «А Боаз поел и попил, и стало у него хорошо на душе, и пошел он, чтобы прилечь у края вороха (зерна). А она подошла тихонько, и открыла изножье его, и прилегла».

[437] Писания, Притчи, 30:21-23. «Под тремя трясется земля, четырех она (уже) не может носить: раба, когда он делается царем, и негодяя, когда он досыта ест хлеб, ненавистную (женщину), вышедшую замуж, и рабыню, наследующую госпоже своей».

[438] Пророки, Йешаяу, 42:8. «Я – Творец, это имя Мое, и славы Моей другому не отдам, и хвалы Моей – идолам».

[439] Тора, Бемидбар, 1:51. «И при выступлении Скинии соберут ее левиты, и при остановках Скинии возведут ее левиты; а чужак, который приблизится, смерти будет предан».

зло"[440]. Но поскольку сказано о ней: "И царство Его над всем властвует"[441], то наносящий ущерб месту ее в мире Брия или в теле (гуф) человека считается, словно навлек позор на саму Царицу в мире Ацилут. Ибо это позор для Царицы – если кто-то пренебрегает местом ее. А позор Царицы – это позор Царя"», Зеир Анпина, и получается, что наносит ущерб также и Зеир Анпину.

443) «"Тем более тот, кто низводит ее с ее места" в мире Брия, "возводя служанку вместо нее, потому что в любом месте, которому он нанес ущерб, пребывает не госпожа, а служанка, которая и сама ущербна и пребывает лишь в месте ущербном. А ущерб человека, вызванный его прегрешениями, наносит ущерб всем его органам настолько, что госпожа не находит места, чтобы обитать там. И нет у него исцеления, пока не вернет пребывание ее над всеми органами своими"», т.е. пока не совершит возвращение на все свои прегрешения.

444) «Сказал великий светоч", рабби Шимон: "Верный пастырь, поэтому ты устанавливаешь этим соединением двухсот сорока восьми (РАМАХ) заповедей правление Творца над всеми этими органами Шхины с помощью каждой заповеди. И ты не заботишься о собственной славе. Счастлив удел твой. Так же, как ты возводишь на царство Творца над всеми органами Шхины, которые обладают достоинствами всего Исраэля, ибо обладающие достоинствами и являются органами Шхины, – так же делает и Творец с тем, чтобы возвести имя Его над тобой, и Он сделает тебя царем над всеми верхними и нижними станами"».

---

[440] Писания, Псалмы, 5:5. «Ибо Ты не божество, желающее беззакония, не водворится у Тебя зло».
[441] Писания, Псалмы, 103:19. «Творец в небесах утвердил престол Свой, и царство Его над всем властвует».

ГЛАВА МИШПАТИМ

Порядок судов в законах об ущербе

445) «"Встань, верный пастырь, чтобы выстроить порядок судов в законах об ущербе в последовательности этого имени, АВАЯ (הויה). И это (смысл сказанного): "Колесницы Всесильного (Элоким) – это мириады тысяч ангелов (ШиНАН שנאן)[442]"[443], то есть бык-орел-лев-человек. Ибо с правой стороны имя АВАЯ (הויה) расположено в такой последовательности четырех животных: человек-лев-орел-бык", где бык, Гвура, является последним. "И соответственно произошедшим в них изменениям – движение и порядок этих созданий. А создания другой стороны, т.е. виды ущерба в левой стороне, в таком порядке ШиНАН (שנאן)" – бык-орел-лев-человек, как было указано выше. Поэтому начало их, бык, связан с четырьмя основными видами ущерба: бык, яма, потрава поля, поджог, и в конце их – человек, который причиняет вред миру"».

446) «"Встань, пробудись в судах!" Провозгласил верный пастырь и сказал: "Господин мой (Адни), открой уста мои, и язык мой возвестит хвалу Тебе"[444]. "Адни (אדני)" – при перестановке букв становится "дина (דינא суд)"». Ибо Малхут называется Адни (אדני), буквы «дина (דינא суд)». «"Все суды вершатся этим именем. И ведутся они "далет ד (четвертой)" и "гимель ג (третьим)". Далет ד (четвертой)" – это Шхина, соответствующая трем праотцам"» и являющаяся четвертой по отношению к ним. А «гимель ג (третьим)» – это «"средний столп", т.е. Зеир Анпин, включающий ХАГАТ, "называемый праведным судьей. И это судья, ведущий суд со стороны Адни", т.е. Малхут, "и там Он – праведный судья. А со стороны имени Элоким", т.е. Бины, "Он законодатель, как сказано: "Ибо Всесильный (Элоким) – законодатель"[445]».

447) «"И что представляют собой эти суды? Первый – судить за ущерб, причиненный быком. Второй – судить за ущерб,

---

[442] Слово ШиНАН (שנאן) включает все начальные буквы слов «**ш**ор (бык)», «**н**ешер (орел)», «**а**рье (лев)», а «**н**ун» означает «человек». (См. Зоар, главу Экев, п.68.)

[443] Писания, Псалмы, 68:18. «Колесниц Всесильного – мириады тысяч ангелов! Владыка мой среди них взошел на Синай в святости!».

[444] Писания, Псалмы, 51:17. «Господин мой, открой уста мои, и язык мой возвестит хвалу Тебе».

[445] Писания, Псалмы, 75:8. «Ибо Всесильный – судья (досл. законодатель); этого унижает, а того возвышает».

причиненный ямой. Третий – судить за ущерб, причиненный огнем. Четвертый – судить за ущерб, причиненный человеком. А после них – судить за ущерб, причиненный взявшим на хранение в четырех случаях: взял на хранение бесплатно, за плату, во временное пользование, в аренду. Им соответствуют четыре закона: закон о разделе совместного имущества; закон о разделе земельных владений; законы о рабах и рабынях; законы об истце и ответчике, касающиеся некоторых видов финансовых претензий, за незаконно присвоенное и потерянное, за причинение ущерба ближнему; и казнят его по приговору суда одним из четырех видов смертной казни"».

448) «"Господин – это Творец в Адни"», ибо Господин (адон אדון) – от слова «суд (дин דין)». «"Осудить всеми видами судов нечестивую "рабыню, наследующую госпоже своей"[437], от которой исходят все ущербы, и это ангелы-разрушители, от которых происходят души злодеев. Как установили авторы Мишны: именно души злодеев являются вредителями в мире. Иной бог – он вредитель, грабитель и злодей, а супруга его – это смертельный яд"».

449) «"Ущерб, простой, посрамление, ослабление, нужно возмещать "Шхине и сыновьям ее", то есть Исраэлю. "Простой" – это отмена Торы, ибо" ситра ахра "лишена сыновей. "Ослабление" – вызвала в них ослабление в речениях Торы. "Ущерб" – разные виды ущерба, причиненного ангелами-разрушителями, носителями уничтожения, ярости и гнева. "Посрамление" – когда порочили Шхину своими лживыми наговорами, и говорили: "Где же Всесильный твой?"[446] И сколько же имущества награбила нечестивая служанка, о которой сказано: "Награбленное у бедняка – в ваших домах"[447]».

450) «"Сколько благословений похитила нечестивая служанка у Шхины, требуя тяжелый налог и затевая различные тяжбы с сыновьями ее, и скольких храмовых жертвоприношений лишила она Госпожу. И стыд Госпожи, оставленной без облачения четырех видов золотых одежд, светящих от четырех рядов драгоценных камней", т.е. ХУГ ТУМ, "с двенадцатью

---

[446] Писания, Псалмы, 42:2. «Стали слезы мои хлебом для меня днем и ночью, когда говорили весь день: "Где же Всесильный твой?"»

[447] Пророки, Йешаяу, 3:14. «Творец явится на суд со старейшинами народа Своего и с главами его: "Это вы разорили виноградник; награбленное у бедняка – в ваших домах"».

драгоценными камнями", так как каждая из сфирот ХУГ ТУМ состоит из трех линий, всего двенадцать, "(без) плаща с многочисленными колокольчиками и гранатами, а также (без) четырех белых одежд, в которые наряжалась Госпожа, чтобы предстать перед Царем. И это смысл сказанного: "И Я увижу ее, чтобы помнить вечный союз"[448]. И забрала у Госпожи", Шхины, "обильную пищу жертвоприношений"».

451) «"Агрессивный бык, муж ее", нечестивой служанки, "входит в дом Царя, Господина своего, со своими четырьмя основными видами ущерба, и это прегрешение, разврат, гнев и ярость – и все они обращены на порчу. Телом своим он сбил утварь, жертвенник, светильник, стол и остальные принадлежности, налег на них и сломал их. Пустив в ход зубы, он съел все жертвы и яства, находившиеся на столе. Остальное же он раздавил ногами. Своими рогами он убил коэнов и левитов, сокрушил всё, "осквернил царство и сановников его"[449]».

452) «"Яма" – это нечестивая женщина (некева), Лилит, в доме своем, темнице. Утащила нечестивая служанка Госпожу и сыновей ее", Исраэль, "в изгнание свое, заковала их в многочисленные цепи, заключены в темницу сыновья ее, руки их связаны сзади. Как сказано: "Сидит она среди народов"[450], и мало того, но и "все почитавшие ее презирают ее"[451]».

453) «"И кроме того", дурная клипа, "прелюбодейка, являющаяся поджогом, т.е. огнем: "И разжег огонь в Ционе"[452]. Затем является человек подлый, негодяй, четвертая (основа) из основ ущерба", и это потрава, "о которой сказано: "Человек опасен всегда – и когда бодрствует, и когда спит"[453], "и пускает скот

---

[448] Тора, Берешит, 9:16. «И как будет радуга в облаке, и Я увижу ее, чтобы помнить вечный союз между Всесильным и между всяким живым существом во всякой плоти, что на земле».

[449] Писания, Мегилат Эйха, 2:2. «Беспощадно разрушил Творец все жилища Яакова, сокрушил Он в ярости своей крепости дочери Йегудиной, поверг на землю; осквернил царство и сановников его».

[450] Писания, Мегилат, 1:3. «Ушла в изгнание Иудея от бедности и тяжкого рабства; сидит она среди народов, не нашла покоя; в теснинах настигли ее преследователи».

[451] Писания, Мегилат Эйха, 1:8. «Много грешила Йерушалаим, поэтому сделалась посмешищем; все почитавшие ее презирают ее, ибо видели позор ее; и она вздыхает и поворачивает назад».

[452] Писания, Мегилат Эйха, 4:11. «Исчерпал Творец весь гнев свой, вылил всю ярость и разжег огонь в Ционе, и пожрал тот все основы ее».

[453] Мишна, раздел Незикин, трактат Бава кама, часть 2, мишна (закон) 6.

свой"⁴⁵⁴, т.е. станы свои, "и тот пожирает, вытаптывает и истребляет виноградники и сады Йерушалаима, и уничтожает все"».

454) «"Владыка мира, Ты – истина, и Тора твоя – истина, Ты дал нам заповедь тфилин, и это награда для завершенных праведников по деяниям их, и они (тфилин) великолепие, венчающее головы их. Этим они служат своим Отцу и Матери", т.е. ЗОН. "Как тело, все органы которого служат голове. И также жена", т.е. Малхут и ручные тфилин, "служит мужу своему"», Зеир Анпину.

455) «"И есть ангелы, которые служат телу, а есть ангелы, служащие душе. И так же, как есть разница между телом и душой, есть разница между ангелами тела и ангелами души. И есть душа у души, и ангелы у ангелов, "ибо высший над высшим надзирает, а над ними – наивысшие"⁴⁵⁵. И те, что являются душой для души (нешама ле-нешама)", т.е. из Ацилута, "все являются одним целым", нет в них ни малейшего разделения. "И это несмотря на то, что путем сравнения", каждая нижняя ступень по отношению к более высокой ступени, "это как тело по отношению к душе, поскольку одни получают от других. И так же Шхина, несмотря на то, что она в сравнении с остальными светами, находящимся в мире Брия, как душа по отношению к телу, по отношению к Творцу", Зеир Анпину, "она считается как тело. Но все это – одно целое, здесь тело и душа – это одно целое. Однако у человека это не так, ибо тело и душа (у него) – в разделении, одно – материя, другое – разум, одно – жизнь, другое – смерть. Но Творец – это жизнь, и Шхина Его – тоже жизнь. И это смысл сказанного: "Древо жизни она для держащихся ее"⁴⁵⁶».

---

⁴⁵⁴ Тора, Шмот, 22:4. «Если потравит кто-нибудь поле или виноградник, и пускает скот свой травить поле чужое, то лучшим полем своим и лучшим виноградником своим пусть заплатит».

⁴⁵⁵ Писания, Коэлет, 5:7. «Если увидишь в стране угнетение бедных, извращение суда и справедливости, не удивляйся этому, ибо высший над высшим надзирает, а над ними – наивысшие».

⁴⁵⁶ Писания, Притчи, 3:17-18. «Пути ее – пути приятные, и все стези ее – мир. Древо жизни она для держащихся ее, и опирающиеся на нее счастливы».

ГЛАВА МИШПАТИМ

Записаны под знаками Творца и Шхины

456) «"Все те, кто записан под знаками Творца и Шхины, – и в будние дни это знак тфилин и знак обрезания, а в субботу они записаны в "помни" и "храни", – они записаны в письменной Торе, которая дана с правой стороны, и в устной Торе, данной с левой стороны. И у Творца "помни" – с правой стороны, "храни" – с левой. И у Шхины "память" – с правой стороны и "соблюдение" – с левой стороны. И так тфилин головы" человека – с правой стороны, "и тфилин руки" – с левой. "И так Шхина называется "Тора Творца совершенна"[457] – с правой стороны в ней, "и заповедь" – с левой ее стороны. "И это – со стороны среднего столба", Зеир Анпина, "содержащего суд и милосердие, т.е. "помни" и "храни", и с его стороны "также и Малхут называется памятью и соблюдением, ибо со стороны заповедей она на одинаковой с ним ступени"».

457) «"Однако со стороны Хеседа, Творец – это "помни", а Шхина – "храни", как установили авторы Мишны. "Помни (захор)" – для захара, "храни" – для невесты. Потому что в правой и левой линиях", расположенных от хазе Зеир Анпина и выше, "ветви разделяются, подобно сторонам легких, которые разделены сверху. Им соответствуют создания, о которых сказано: "И лики у них; и крылья их разделены сверху"[458]. И они соответствуют открытым (буквам) в книге Торы. Внизу", т.е. от хазе и ниже, где Нуква называется заповедью, "оба они" Зеир Анпин и Малхут "находятся в полном единстве, как и закрытые (буквы) в книге Торы, где нет разделения"». Поэтому оба они равны, и так же как Зеир Анпин называется «помни» (и «храни»), она тоже называется памятью и соблюдением, как сказано выше. Тогда как выше хазе, в правой и левой сторонах, что там, Малхут называется только «храни», но не «помни». «"И поэтому в месте единства, т.е. в теле", Малхут, "это подобно стеблю лулава (пальмовой ветви): если листья его поломаны или разделены, то он – непригоден (для выполнения заповеди)"».

---

[457] Писания, Псалмы, 19:8. «Тора Творца совершенна, оживляет душу, свидетельство Творца верно, умудряет простака».

[458] Пророки, Йехезкель, 1:11. «И лики у них; и крылья их разделены сверху, и два (крыла) соприкасаются у одного и другого, а два – покрывают тела их».

458) «"Во многие записи внес Творец Исраэль, чтобы они распознавались ангелами. Те" из Исраэля, "что исходят от правой линии, зависят от Творца. Те, что от левой, зависят от Шхины. Или те, которые зависят от Творца и Шхины в полном единстве". И объясняет. "Разумеется, те, у которых есть Тора, записаны" в правой линии, "в Хеседе. Те, у которых есть заповедь, записаны" в левой линии, "Гвуре. Те, кто обладает тфилин, знаком субботы и знаком союза, записаны в праведнике"», Есоде.

459) Те из Исраэля, которые «"животные, народы земли, записаны в устранении крайней плоти и тонкой кожицы", которые являются двумя признаками чистоты. И также птицы с двумя признаками – зоб и разделяющийся пупок, и после удаления зоба и грубой кожи пупка, они записаны как птицы, разрешенные в пищу. И животные с двумя признаками: отрыгивание жвачки и раздвоение копыта. И все они записаны с двумя признаками, подобно крайней плоти и тонкой кожице, устраняемым у святого народа"».

460) «"Но ученики мудрецов все записаны" наверху, "часть из них – в троне", Малхут, "и часть – в ангелах, в четырех созданиях, несущих на себе трон. Часть из них (записаны) в звездах и созвездиях, а часть – в свойствах", в сфирот, "в которых известен Творец. А те, кто занимается Торой и заповедями во имя Творца и Его Шхины не ради получения награды, а как сын, который должен почитать отца и мать свою, тот соединяется, безусловно, и он записывается в центральном столбе", т.е. в Творце, "и Шхине Его, словно они составляют в нём единое целое. А в том, в ком Тора без заповеди или заповедь без Торы, они словно в разделении. Однако, с тем и другим", с Торой и заповедями, "он как дерево, ветви которого разделяются направо и налево, но дерево является единством их обоих посередине"».

461) «"Грешники, те записаны без признаков чистоты, – те, у которых нет тфилин на голове и на руке, те, которые не записаны в Торе и заповедях, и те, которые не соблюдают "помни" и "храни", и не записаны (в заповеди) "вплетать синюю нить в белую нить цицит". И те, кто не записан в этих признаках, мерзость это для вас. Они не Исраэль, а народы земли. Как те", у которых нет признаков чистоты, "мерзость они и гадость, так же

и эти – мерзость и гадость. Как установили авторы Мишны[459]: "Народы земли – мерзость, а их жены – гадость", а о дочерях их сказано: "Проклят лежащий со всякой скотиной"[460]».

462) «"Смерть их – это явная смерть. И нет иной смерти, кроме бедности. Смерть их бедности не будет скрытой, подобно птицам, символизирующим выполняющих заповеди", кровь которых скрывают, "но открытой, на глазах у всего народа, ибо бедный – всё равно, что мертвый. Есть бедность, которая скрыта от глаз людей, и есть бедность, очевидная всем, так же, как выливание крови животного, когда выливают ее на глазах у всех, т.е. выливают кровь перед всеми. Так бедные, кровь которых проливается перед ними, на глазах у людей, и становятся зелеными, словно мертвые"».

463) «"Но если совершают возвращение, и не открывают рта, чтобы жаловаться на приходящее свыше, и смерть их приходит, когда рот их закрыт, как у (приносимого в жертву) животного, которое умирает, и нет у него голоса и речи. И в исповеди своей они говорят следующее: "Нет у меня уст, чтобы отвечать, и нет чела, чтобы поднять голову". А будет исповедоваться и приводить к единству Творца каждый день, и" примет на себя, что "смерть его будет ради Единого, как при заклании скота производят двенадцать проверок ножа, и вместе с самим ножом" это уже тринадцать, как "числовое значение "эхад (один אחד)"».

464) «"И благословляет и провозглашает о святости Творца каждый день в своем благословении и возглашении святости, и каждый раз, когда он ест и пьет. Подобно тому, как благословляет коэн", т.е. свойство Хесед: "Благословен Ты" – благословение, "за то, что освятил нас" – возглашение святости. Когда дух благословляет Творца каждый день, говоря: "Благословен", и освящает, возглашая святость, и приводит к единству Шхину Его, Творец нисходит к этому духу с множеством станов"».

---

[459] Вавилонский Талмуд, трактат Псахим, лист 49:2.
[460] Тора, Дварим, 27:21. «Проклят лежащий со всякой скотиной! – И скажет весь народ: Амен».

ГЛАВА МИШПАТИМ

Дух, восходящий и нисходящий каждую ночь

465) «"Обратился верный пастырь к Элияу: "Элияу! Конечно", даже простой "человек, который благословляет и возглашает о святости и приводит к единству Царицу, сколько станов Царицы восходят с ним, и станы Творца нисходят к нему. И все они предназначены хранить его и сообщать этому духу в пророческом сне о множестве новых и грядущих событий, и о множестве тайн. Как Яаков, о котором сказано: "И вот ангелы Всесильного восходят и нисходят по ней"[461]. О станах Творца и Царицы сказано: "И нарек имя месту тому Маханаим (два стана)"[462]. Но сами Царь и Царица не совершают нисхождения туда"». Однако если он совершил возвращение, сам Творец нисходит к духу его.

466) «"Ответил Элияу: "Верный пастырь, все это, безусловно, так! Но поскольку в каждой заповеди было твое старание привести к единству Творца и Шхину Его во всех станах наверху и внизу, также и Творец со Шхиной Его и всеми Его станами наверху и внизу соединяются благодаря силе твоего духа в каждой заповеди; подобно сыну царя, которого мать и отец любят и целуют, и в любви своей не доверяют своим станам, но сами оберегают его"».

467) «И поясняет свои слова: "Ибо этот дух (руах) твой – он со стороны среднего столба", Зеир Анпина, "и это "вав ו", который включает Абу ве-Иму, "йуд-хэй יה". Твоя душа (нефеш) – это единственная дочь со стороны буквы "хэй ה", нижней Шхины", т.е. Малхут, "не отходит от тебя. И так же как Аба ве-Има оберегают сына, Зеир Анпина, они оберегают и дочь, Малхут, с помощью высших станов, и это Маханаим (два стана). И в высшую мысль", т.е. в Хохму, "поднимают твой дух (руах). Как установили, что Исраэль поднялся в мысль, т.е. "**йуд**-вав-далет יוד" "**хэй**-алеф הא" "**вав**-алеф-вав ואו" "**хэй**-алеф הא". А когда твой дух (руах) поднимается в мысль? Когда он совершенен, и

---

[461] Тора, Берешит, 28:12. «И снилось ему: вот лестница поставлена на землю, а вершина ее достигает небес; и вот ангелы Всесильного восходят и нисходят по ней».

[462] Тора, Берешит, 32:3. «И сказал Яаков, увидев их: "Стан Всесильного это". И нарек он имя месту тому Маханаим».

сказано о нем: "Всякая душа (нешама) восхвалит Творца"⁴⁶³. И также душа (нефеш), т.е. "хэй ה"» имени АВАЯ (היה), т.е. и нефеш тоже поднимется вместе с руах.

468) «"О духе Творца (АВАЯ) сказано: "Так сказал Творец: "От четырех ветров приди, дух жизни"⁴⁶⁴. И если он состоит из четырех ветров (рухот), то называется духом (руах) АВАЯ. И это: "Дух Творца (АВАЯ), дух мудрости (хохма) и понимания (бина), дух совета и силы (гвура), дух знания (даат) и страха Творца"⁴⁶⁵. И если он совершенен в четырех буквах" АВАЯ (היה), "то поднимается в мысль, и тогда "Начало начал" украшает его Кетером. Во всем этом величии твой дух восходит и нисходит каждую ночь. И обо всем, что раскрылось тебе в милости (хеседе), сказано: "А вы, прилепившиеся к Творцу Всесильному (АВАЯ Элоким) вашему, живы все вы ныне"⁴⁶⁶ – вы, а не народы мира. И поэтому сказано: "Истребится приносящий жертвы божествам"⁴⁶⁷ – иным божествам (элоким), "а не одному лишь Творцу (АВАЯ)"⁴⁶⁷».

469) «"Счастлив святой народ, называемый "стадо Творца", чтобы принести себя в жертву пред Ним, как сказано: "Ведь за Тебя мы были на убой весь день, считались овцами для заклания"⁴⁶⁸. И приносят в жертву себя, словно мелкий скот в день поста. Ибо отделение в пост тука и крови важнее принесения в жертву животных, у которых отделяли кровь и тук, и все эти особые части (эмури́м⁴⁶⁹) и внутренний жир" жертв "сжигались всю ночь"».

470) «"Счастливы те, кто приносит в жертву свой дух перед Творцом. И каждую ночь их дух (руах) восходит к Нему, если

---

⁴⁶³ Писания, Псалмы, 150:6. «Всякая душа восхвалит Творца. Алелуйа!»
⁴⁶⁴ Пророки, Йехезкель, 37:9. «Но Он сказал мне: "Пророчествуй духу (жизни), пророчествуй, сын человеческий, и скажешь духу (жизни): "Так сказал Творец: от четырех ветров приди, дух (жизни), и войди в этих мертвых, и оживут они"».
⁴⁶⁵ Пророки, Йешаяу, 11:2. «И снизойдет на него дух Творца, дух мудрости и понимания, дух совета и силы, дух знания и страха Творца».
⁴⁶⁶ Тора, Дварим, 4:4. «А вы, прилепившиеся к Творцу Всесильному вашему, – живы все вы ныне».
⁴⁶⁷ Тора, Шмот, 22:19. «Истребится приносящий жертвы божествам, а не одному лишь Творцу».
⁴⁶⁸ Писания, Псалмы, 44:23. «Ведь за Тебя мы были на убой весь день, считались овцами для заклания».
⁴⁶⁹ Эмурим – части жертв, которые сжигались на жертвеннике: две почки, перепонка с печени и курдюк.

он восходит в Торе и заповеди. "В Торе" – это десять речений, которые были даны от "йуд י" имени АВАЯ (הויה), и число "десять речений происходит от букв "хэй ה" "хэй ה" имени АВАЯ (הויה), "числовое значение которых равняется десяти. В "вав ו" имени АВАЯ (הויה) – в шести книгах: пятикнижия Торы и книги Берешит. Пять – это те, что называются пятью книгами пятикнижия Торы (здесь считаются два отрывка: "И было, когда в путь выступал ковчег"[470], "А когда останавливался, он говорил: "Возвратись, Творец"[471] – отдельной книгой. Таким образом, имеются пять книг, начиная с книги Шмот и далее), и шестая книга, называемая "книга Берешит (вначале)". И если он поднимается в мысль, и это – **йуд**-вав-далет יוד" "**хэй**-алеф הא" "**вав**-алеф-вав ואו" "**хэй**-алеф הא", имеющиеся в ГАР, "как сказано о нем: "Исраэль поднялся в мысль"[472], то восходит к Кетеру, в котором пребывает Начало начал, удивительный и скрытый"».

471) «"Счастлив тот, кто восходит в заповеди, и это заповедь тфилин, в которых четыре отрывка, составляющих имя АВАЯ (הויה): "йуд י" имени АВАЯ (הויה) – "это "посвяти Мне"[473], "хэй ה" имени АВАЯ (הויה) – "и будет, когда введет тебя"[474], "вав ו" имени АВАЯ (הויה) – "Шма Исраэль"[475], нижняя "хэй ה" имени АВАЯ (הויה) – "и будет, если послушаетесь"[476]. И они в мысли", т.е. в ГАР, "в рош. И связать эту мысль с рукой", Шхиной, называемой тфилин руки. "Ибо Шхина" состоит из действия, речи, шести сфирот и мысли. "Состоит из действия, и это "хэй ה", т.е. из ее Малхут, "и из речи, и это Бина" ее, и из "шести сфирот", т.е. ее Тиферет, "и из мысли, **йуд**-вав-далет יוד" "**хэй**-алеф הא" "**вав**-алеф-вав ואו" "**хэй**-алеф הא", АВАЯ (הויה)". И это "четырнадцать (יד) букв, число которых соответствует числовому

---

[470] Тора, Бемидбар, 10:35. «И было, когда в путь выступал ковчег, говорил Моше: "Встань, Творец, и рассеются враги Твои, и обратятся в бегство ненавистники Твои от лица Твоего"».

[471] Тора, Бемидбар, 10:36. «А когда останавливался, он говорил: "Возвратись, Творец десятков тысяч и тысяч Исраэля"».

[472] См. Зоар, главу Берешит, часть 1, п. 197.

[473] Первый отрывок тфилин. Тора, Шмот, 13:1-10, со слов: «Посвяти Мне каждого первенца» и до слов: «Из года в год».

[474] Второй отрывок тфилин. Тора, Шмот, 13:11-16, со слов: «И будет, когда введет тебя» и до слов: «Вывел нас Творец из Египта».

[475] Третий отрывок тфилин. Тора, Дварим, 6:4-9, со слов: «Слушай, Исраэль» и до слов: «На вратах твоих».

[476] Четвертый отрывок тфилин. Тора, Дварим, 11:13-21, со слов: «И будет, если послушаетесь» и до слов «сколько дней небеса над землей».

значению слова "рука (יד)". И это ее ГАР. "И на них", на эти четырнадцать (יד), "косвенно указывают: четыре отрывка, и один отдел тфилин руки, и два ремешка, – всего семь; и еще две "шин ש", на правой и левой сторонах коробочки тфилин, – "девять; вместе с узлом ремешка – десять; и вместе с четырьмя отрывками" тфилин "руки – итого четырнадцать". И поэтому называется "Шхина – "рука Творца (АВАЯ)"».

472) «"О ней сказано: "В руку Твою вкладываю дух свой"[477] – этот дух вкладывается в нее для АВАЯ, и Творец нисходит к нему для того, чтобы принять его от Шхины. И оберегают его Творец и Шхина Его. И кто стал причиной этому? Тот, кто в каждой заповеди поднимает Шхину к Творцу"».

473) «"Семьдесят слов псалма "Ответит тебе Творец в день бедствия"[478]», которые указывают на семьдесят голосов, издаваемых женщиной перед самыми родами, и это тайна семидесяти голосов, возносимых Шхиной из-за страданий, испытываемых Исраэлем перед избавлением, и тогда это – «день бедствия»[478]. «"И почему она кричит? Но есть, безусловно, в Исраэле обладающие Торой и цари со стороны "рассветной лани"[479], т.е. Шхины. И это две ступени, "утро" и "рассвет", и о них сказано: "Блаженство в деснице Твоей вовек (нецах)"[480]. Утро Авраама, Хеседа, оно восходит больше в сам день избавления. Однако рассвет, он до наступления дня избавления. И что это? Это Нецах, и Шхина с его стороны называется рассветной ланью"».

474) «"И поэтому в слове "руководителю (ла-менацéах למנצח)"», написанному перед «ответит тебе Творец в день бедствия»[478], «"там есть Нецах (נצח), там есть "ламед-мем לם"». Ибо «руководителю (ламенацеах למנצח)»[478] – это буквы «ламед-мем לם» «Нецах (נצח)». «Вовек (нецах נצח)»[480] – это из-за власти рассвета, т.е. Нецаха. «Ламед-мем (לם)»[481] – в гематрии семьдесят.

---

[477] Писания, Псалмы, 31:6. «В руку Твою вкладываю дух свой – Ты искупил меня, Творец, обладающий истиной».

[478] Писания, Псалмы, 20:1-10. «Руководителю. Псалом Давиду. Ответит тебе Творец в день бедствия, укрепит тебя... Творец, спаси! Царь ответит нам в день, когда воззовем мы!»

[479] Писания, Псалмы, 22:1. «Руководителю: на айелет а-шахар (досл. рассветная лань), псалом Давиду».

[480] Писания, Псалмы, 16:11. «Ты укажешь мне путь жизни, полнота радостей пред Тобой, блаженство в деснице Твоей вовек».

[481] Числовое значение буквы «ламед» – 30, а буквы «мем» – 40.

«"И это семьдесят голосов, возносимых рассветной ланью за сыновей своих, когда усиливается над ними тьма в изгнании, т.е. тьма того рассвета, который в последние семьдесят лет. В это время осуществится в Исраэле сказанное: "Подобно беременной, которая при наступлении родов кричит в своих муках, мы были пред Тобою, Творец!"[482] И поэтому", из-за того, что Шхина страдает вместе с нами, "на Тебя мы уповаем, Творец Всесильный наш"», что Ты нас спасешь.

---

[482] Пророки, Йешаяу, 26:17. «Подобно беременной, которая при наступлении родов кричит в своих муках, мы были пред Тобою, Творец!»

ГЛАВА МИШПАТИМ

Два Машиаха

475) «"И с ними", с семьюдесятью голосами, лань, Шхина, "опускает голову свою между коленей. Голова (рош) ее – это праведник, основа (есод) мира. Между коленей – это Нецах и Ход. И Он ей клянется им", праведником, "избавить сыновей ее с приходом утра, и это "лев", т.е. свойство Хесед, называемое львом. "Утро" – это правая сторона Авраама", Хесед, "и это Машиах бен Давид, родословная которого восходит к Йегуде, о котором сказано: "Молодой лев – Йегуда"⁴⁸³. И поэтому" говорит Писание: "Как жив Творец! Полежи до утра"⁴⁸⁴» – пока не явится Машиах бен Давид, свойство «лев», «утро», т.е. свет Хесед.

476) «"И с помощью нее "направлял Он десницу Моше мышцей великолепия (тиферет) Своего"⁴⁸⁵, потому что Тиферет, являющаяся ступенью Моше, это тело (гуф)", содержащее шесть сфирот ХАГАТ НЕХИ, "а Хесед – это его правая рука. Моше связан с семидесятидвухбуквенным именем, свойством Хесед, ступенью Авраама. И так же равен" АБ (72) в числовом значении четырежды "хай חי (18)". "Хай חי (18)" – это три "вав ו (6)", являющиеся начальными буквами трех отрывков "И двинулся (ва-иса וַיִּסַּע)"⁴⁸⁶, "И вошел (ва-яво וַיָּבֹא)"⁴⁸⁷, "И простер (ва-йет וַיֵּט)"⁴⁸⁸, представляющих собой семидесятидвухбуквенное имя "в трех ветвях праотцев"», т.е. ХАГАТ. Ибо «и двинулся»⁴⁸⁶ – это Хесед, «и вошел»⁴⁸⁷ – Гвура, «и простер»⁴⁸⁸ – Тиферет. И это – трижды «"хай חי", которые образовали связь с буквой "шин ש" Моше (משה), имеющей три ветви, соответствующие

---

⁴⁸³ Тора, Берешит, 49:9. «Молодой лев – Йегуда, от растерзания, сын мой, ты удалился. Преклонился он, лег, как лев и как леопард, кто поднимет его!»

⁴⁸⁴ Писания, Мегилат Рут, 3:13. «Переночуй эту ночь, а утром, если выкупит он тебя, то хорошо, пусть выкупит, а если он не захочет выкупить тебя, то я тебя выкуплю, (как) жив Творец! Полежи до утра».

⁴⁸⁵ Пророки, Йешаяу, 63:12. «Направлял Он десницу Моше мышцей великолепия Своего, рассек воды пред лицом их, чтобы сделать Себе имя вечное».

⁴⁸⁶ Тора, Шмот, 14:19. «И двинулся ангел Всесильного, шедший перед станом Исраэля, и пошел позади них. И двинулся облачный столп, (шедший) перед ними, и встал позади них».

⁴⁸⁷ Тора, Шмот, 14:20. «И вошел он между станом Египта и станом Исраэля, и было облако и мрак, и осветил ночь, и не приближался один к другому всю ночь».

⁴⁸⁸ Тора, Шмот, 14:21. «И простер Моше руку свою на море, и гнал Творец море сильным восточным ветром всю ночь, и сделал море сушею, и расступились воды».

трем ликам лев-бык-орел. "Сказано о них: "И лик льва – справа у всех четырех, и лик быка – слева у всех четырех, и лик орла у всех четырех"[489] – это ХАГАТ. "Буквы "мем-хэй מה(МА)" имени Моше" – это "образ их ликов – лик человеческий"[489]», Малхут. Ибо человек (адам אדם) в гематрии МА (45). И это четвертая «хай חי», из сказанного: «Как жив (хай חי) Творец! Полежи до утра»[378]. Потому что светом утра будет восполнена четвертая «хай חי», Малхут, и восполнится семидесятидвухбуквенное имя, включающее четырежды «хай חי (18)», содержащиеся в четырех ликах этого строения (меркавы), которые символизируются буквами «шин ש» и «мем-хэй מה(МА)» имени Моше (משה).

477) «"О левой руке", Гвуре, "сказано: "Левая отталкивает, а правая приближает"[490]. И хотя Он предварил" время избавления "в месяце Тишрей, и установили относительно него авторы Мишны, что мы будем избавлены в месяце Тишрей", но все же, поскольку Тишрей – это левая сторона месяцев, "будет отсрочено" избавление, "дабы не погиб Машиах бен Эфраим" от судов левой стороны. Ибо Машиах бен Эфраим – это круговорот Яровама, который обвиняется в том, что грешил и вводил в грех многих. "И поэтому переносится с месяца Тишрей, левой стороны, пока не приблизится правая, Песах, правая рука", Хесед. И тогда будут избавлены, "чтобы осуществить в них сказанное: "Как в дни исхода твоего из земли Египта, явлю Я ему чудеса"[491]. "В Нисане были избавлены и в Нисане будут избавлены"[492]. "Высшей милостью помилую Я тебя, – сказал Избавитель твой, Творец"[493]».

478) «"А затем все они получают от Гвуры, от которой берет начало Машиах бен Эфраим, который приходит, чтобы отомстить врагам своим. Ибо так надо: вначале очистить урожай, т.е. Исраэль, в правой линии, затем сжечь солому, находящуюся в левой, как сказано: "И будет дом Яакова огнем, и дом

---

[489] Пророки, Йехезкель, 1:10. «И образ их ликов – лик человека, и лик льва – справа у (всех) четырех, и лик быка – слева у (всех) четырех, и лик орла у (всех) четырех».

[490] Вавилонский Талмуд, трактат Сота, лист 47:1.

[491] Пророки, Миха, 7:15. «Как в дни исхода твоего из земли Египта, явлю Я ему чудеса».

[492] Вавилонский Талмуд, трактат Рош а-шана, лист 11:1.

[493] Пророки, Йешаяу, 54:8. «В пылу гнева сокрыл Я на мгновение лицо Свое от тебя, и милостью вечной помилую тебя, – сказал Избавитель твой, Творец».

Йосефа – пламенем, а дом Эсава – соломой, и будут гореть среди них, и поглотят их"[494]. И сбор урожая – в среднем столпе, о котором сказано: "И был приобщен"[495]. К какому месту был приобщен? К Храму, т.е. к Шхине"».

479) «"Но что касается ступени Машиаха бен Йосефа, сказано о ней: "Ныне объект это собрание все, что вокруг нас, как объедает бык полевую зелень"[496]» – т.е. Машиах бен Йосеф, называемый «бык». «И о них сказано: "Когда разрастаются нечестивые, как трава"[497]. От Песаха до Тишрея придет избавление", называемое вечностью. "И оттуда и далее будет уничтожение их, как сказано: "Чтобы быть истребленными навечно"[497]. Пока не придет Тишрей, т.е. "бык", и не осуществится с его помощью сказанное: "Как объедает бык"[496]».

480) «"И поддержка их, Исраэля" во время изгнания, – "в правой стороне, и это "лев", Хесед. "Но возрождение их", избавление, "происходит с помощью гуф (ствола) Дерева", Зеир Анпина. "Как сказано: "Каждый склоняющийся – склоняется при слове "благословен"[498], и это праведник", т.е. Есод. "И сказано о нем, о праведнике Йосефе: "И вот окружают его ваши снопы, и кланяются они моему снопу"[499]. И также: "Как жив Творец! Полежи до утра"[484]. Ведь поскольку это состояния преклонения и простирания, им необходима поддержка хасадим от Есода. "А каждый выпрямляющийся – выпрямляется при произнесении Имени" – это ступень Моше наверху", т.е. Даат, "и ступень Моше внизу", Тиферет. "Благодаря ему весь Исраэль возродятся, как части тела, так как все они выпрямляются вместе с ним, в то время, когда он стоит. И благодаря этому

---

[494] Пророки, Овадья, 1:18. «И будет дом Яакова огнем, и дом Йосефа – пламенем, а дом Эсава – соломой, и будут гореть среди них, и поглотят их, и не будет остатка в доме Эсава, ибо так сказал Творец».

[495] Тора. Берешит, 25:8. «И скончался Авраам, умерев в доброй старости, мудрец, удовлетворенный жизнью, и был приобщен к народу своему».

[496] Тора, Бемидбар, 22:4. «И сказал Моав старейшинам Мидьяна: "Ныне объект это собрание все, что вокруг нас, как объедает бык полевую зелень". А Балак, сын Ципора, в то время был царем Моава».

[497] Писания, Псалмы, 92:8. «Когда разрастаются нечестивые, как трава, и процветают все творящие беззаконие, (это для того), чтобы быть истребленными навечно».

[498] См. Зоар, главу Берешит, часть 1, п. 202.

[499] Тора, Берешит, 37:7. «И вот мы вяжем снопы среди поля, и вот поднимается мой сноп и так и стоит, и вот окружают его ваши снопы, и кланяются они моему снопу».

"каждый выпрямляющийся – выпрямляется при произнесении Имени". И о нем сказано: "И Я знаю тебя по имени"[500]».

481) «"Машиах бен Давид, свойство "лев", Хесед, "будет справа от Моше. Машиах бен Йосеф, свойство "бык", Гвура, "слева от него". То есть это – три линии. "Справа Авраам", Хесед. "Слева Ицхак", Гвура. "А сам Моше, свойство "орел", Тиферет, "посередине. Их преемственность", т.е. три линии, называемые преемственностью, – "со стороны Яакова". То есть это три линии, включенные в Яакова, Тиферет, "и это три ветви "шин ש" имени Моше (משה)", указывающие на три линии, включенные в Моше, т.е. в среднюю линию, Даат. И это смысл благословения: "Трижды святость Твою возгласят", – что каждая линия состоит из всех трех. "Со стороны свойства "лев", Хеседа, есть "три лика праотцев", ХАГАТ, и все три "называются "львы". Свойство "бык" – от трех ликов, содержащихся "в левой стороне, и все три называются "бодливые быки". А три лика, содержащиеся "в среднем столпе", т.е. в Моше и Яакове, "называются "орлы". И о них сказано: "Вас же поднял Я на крыльях орлиных и принес вас к Себе"[501]. Таким образом, три линии "это девять", так как каждая из них состоит из трех. "А десятая, или четвертая" по отношению к общим трем линиям, "это человек (адам אדם), т.е. "мем-хэй מה (МА)" в имени Моше (משה), восседающий на трех созданиях"», лев-бык-орел, и это три ветви буквы «шин ש» в имени Моше (משה).

482) «"И сказано об Исраэле: "И властвовать будут они над рыбой морской"[502] – т.е. над правителями в море, относящимися к стороне змея, правителя Египта, распространившегося в последнем изгнании "от моря до моря"[503]. "И над птицей небесной"[502] – т.е. злодейский сброд, состоящий из амалекитян-исполинов, смешение всех народов в последнем изгнании во всех сторонах: и в среде Исраэля, и в среде

---

[500] Тора, Шмот, 33:17. «И сказал Творец Моше: "И то, о чем ты говорил, Я сделаю, потому что ты приобрел благоволение в очах Моих, и Я знаю тебя по имени"».

[501] Тора, Шмот, 19:4. «Вы видели, что Я сделал Египту, вас же поднял Я на крыльях орлиных и принес вас к Себе».

[502] Тора, Берешит, 1:26. «И сказал Всесильный: "Сделаем Адама в образе Нашем, по подобию Нашему! И властвовать будут они над рыбой морской и над птицей небесной, и над скотом, и над всею землей, и над всем ползучим, что ползает по земле"».

[503] Писания, Псалмы, 72:8. «И будет властвовать он от моря до моря и от реки до концов земли».

Ишмаэля, и в среде Эсава. "И над скотом"⁵⁰² – это те сыновья Эсава, власть которых распространилась по всей земле"».

483) «"И сбудется в Машиахе: "И будет властвовать он от моря до моря и от реки до концов земли"⁵⁰³. И так же – в двух Машиахах, и так же – в Исраэле. И всё это – благодаря свойству МА (מה) Моше (משה)", т.е. лику человека. "И соберутся: знамя Машиаха бен Давида", и оно – "от Йегуды, на котором запечатлен "лев", и знамя Машиаха бен Йосефа, на котором запечатлен "бык", и знамя Шило́", и это Моше (משה), который в гематрии Шило́ (שילה)⁵⁰⁴. "Лев" – справа, "бык" – слева, "орел" – посередине"». Ибо Моше – свойство «орел», т.е. средняя линия, включающая правую и левую. «"И "человек" – над всеми"», т.е. в каждый из трех ликов включен «человек». «"И четыре лика у каждого из трех созданий", и это "четыре колена, в каждом из которых три создания", лев-бык-орел, "всего двенадцать. А у" лика "человека, называемого МА (מה)", поскольку человек (адам) в гематрии МА (45), будут "сыновья Моше, и в это время сбудется в Моше: "И произведу от тебя народ многочисленнее и сильнее его"⁵⁰⁵. В это время: "Что (МА) было, то и будет"⁵⁰⁶ – т.е. Моше, который был избавителем в Египте, он же и будет избавителем в будущем. "А то, что будет – уже было"⁵⁰⁷» – т.е. два Машиаха, бен Йосеф и бен Давид, уже были, ибо уже был Йосеф и уже был Давид.

484) «"И Всесильный взыщет за преследуемого"⁵⁰⁷ – т.е. за Исраэль, о которых сказано: "И вы – овцы Мои, овцы паствы Моей человеческой вы"⁵⁰⁸. То есть, они были гонимы перед великим сбродом, хищными волками. Ведь "Биньямин – волк терзающий"⁵⁰⁹ – против них, т.е. терзает их. И сбудется в это

---

⁵⁰⁴ Тора, Берешит, 49:10. «Не отойдет скипетр (власти) от Йегуды и стило закона от потомков его, пока не придет Шило, и к нему стечение народов». [Комментарий Раши: "пока не придет Шило" – царь Машиах, которому царство принадлежит (оно есть его שלי)].

⁵⁰⁵ Тора, Бемидбар, 14:12. «Поражу его мором и истреблю его, и произведу от тебя народ многочисленнее и сильнее его».

⁵⁰⁶ Писания, Коэлет, 1:9. «Что было, то и будет, и что творилось, то и будет твориться, и нет ничего нового под солнцем».

⁵⁰⁷ Писания, Коэлет, 3:15. «То, что было – это и есть, а то, что будет – уже было; и Всесильный взыщет за преследуемого».

⁵⁰⁸ Пророки, Йехезкель, 34:31. «И вы – овцы Мои, овцы паствы Моей человеческой вы. Я – Всесильный ваш, – слово Творца!»

⁵⁰⁹ Тора, Берешит, 49:27. «Биньямин – волк терзающий, утром будет есть добычу, а к вечеру – делить добычу».

время сказанное: "Утром будет есть добычу (ад ту)"⁵⁰⁹, то есть "пока (ад ту) не придёт Шило"⁵⁰⁴ – и это Моше. А "утро" – это утро Авраама", и это Хесед. Иначе говоря, «утром» – в то время, когда раскроется великая милость (Хесед), раскроется «ту (ад добыча)», и это Моше. «"А вечером делить добычу"⁵⁰⁹ – это вечер Ицхака", т.е. Малхут, строящаяся от левой линии, "и там два Машиаха", в правой её стороне – Машиах бен Давид, а в левой – Машиах бен Йосеф. "В одной стороне "будет есть"⁵⁰⁹ и уничтожать "правителей народов мира", и это Машиах бен Йосеф; "а в другой – будет делить их, (давая) Исраэлю"», и это Машиах бен Давид.

485) «"Исраэль, т.е. "лань", преследуемы злодеями, т.е. "львами". И пробудится Нафтали, и он "лань вольная, возносящий речи прекрасные"⁵¹⁰. Пробудится в правой стороне, и это "лев", Машиах бен Давид, о котором сказано: "Молодой лев – Йегуда, от растерзания, сын мой, ты удалился"⁵¹¹. И обратится на народы мира, "Преклонился он, лёг"⁵¹¹ – на них, чтобы растерзать их. "Кто поднимет его"⁵¹¹ – т.е. кто в это время, какой иной бог, может поднять его, не дав растерзать их? Какой народ, какой язык?"» – смогут поднять его, чтобы не дать растерзать их.

486) «"Исраэль, которые были как голубь, преследуемый орлом, и тот – со стороны птиц народов мира. В это время пробудится орёл" святости "и расправит крылья свои над смешением народов, Эсавом и Ишмаэлем, т.е. амалекитянами, и злодейским сбродом Исраэля. И растерзает он их, не оставив ни одного из них, чтобы осуществить сказанное об Исраэле: "Творец один водил его, и нет с ним бога чужого"⁵¹²».

487) «"Оттуда и далее уже не принимают пришельцев, как установили авторы Мишны: "Не принимают пришельцев в дни Машиаха"⁵¹³. А на народы мира, которые останутся, разбудит Творец зверя в человеческом облике властвовать над ними, чтобы сбылось сказанное о них: "Ибо народ и царство, которые

---

⁵¹⁰ Тора, Берешит, 49:21. «Нафтали – лань вольная, возносящий речи прекрасные».

⁵¹¹ Тора, Берешит, 49:9. «Молодой лев – Йегуда, от растерзания, сын мой, ты удалился. Преклонился он, лёг, как лев и как леопард, кто поднимет его!»

⁵¹² Тора, Дварим, 32:12. «Творец один водил его, и нет с ним бога чужого».

⁵¹³ Вавилонский Талмуд, трактат Авода зара, лист 3:2.

не будут служить тебе, погибнут"[514]. И выполнить сказанное об Исраэле: "И властвовать будут они над рыбой морской, и над птицей небесной, и над скотом"[502]. "И страх и трепет перед вами будет на всяком звере земном"[515]».

488) «"А со стороны урожая – пять видов хлебных злаков, лучше всех дробящиеся" при обмолоте и помоле, "и это: пшеница, ячмень, гречиха, овес, рожь. И уподобил их Исраэлю, как сказано: "Исраэль – святыня Творцу, начаток урожая Его"[516]. "Урожая Его (твуато תְּבוּאָתֹה)"[516] – написано с "хэй ה", что указывает на пять (хэй ה) видов хлебных злаков. Когда выйдут" Исраэль "из изгнания, они будут раздроблены, пока не будет произведен отбор съедобного из отходов, из соломы, символизирующей большое смешение, пока не выявятся и не будут распознаваемы Исраэль среди них, после того, как уже выбраны из сечки и мякины"».

489) «"А пока они не выявятся из их среды, не воцарится "йуд י(10)" имени АВАЯ (הויה), которая указывает на "маасер (десятину), над "хэй ה(5)" имени АВАЯ (הויה), которая указывает на "хлебные злаки этих пяти видов, чтобы выполнить клятву: "Вот рука на престоле Творца (йуд-хэй יה)"[517], т.е. Он клянется, что не будут полными имя (Творца) и трон, пока не будет истреблено семя Амалека. "И потому сечка и мякина не облагаются десятиной до тех пор, пока не произведен отбор. После того, как произведен отбор" Исраэля, "собираются они в место, называемое Йерушалаим, подобно пшенице, которую, после того, как уже отобрана солома и мякина, помещают в хранилище. Так собираются Исраэль, которые сравниваются с урожаем, в Йерушалаиме, возведенном на горе Творца, о которой сказано: "Кто взойдет на гору Творца, и кто станет в

---

[514] Пророки, Йешаяу, 60:12. «Ибо народ и царство, которые не будут служить тебе, погибнут, и народы эти будут разорены совершенно».

[515] Тора, Берешит, 9:2. «И страх и трепет перед вами будет на всяком звере земном и на всякой птице небесной, на всем, что движется на земле, и на всех рыбах морских; в ваши руки отданы они».

[516] Пророки, Йермияу, 2:3. «Исраэль – святыня Творцу, начаток урожая Его. Все поедающие его будут осуждены; бедствие придет на них, – сказал Творец».

[517] Тора, Шмот, 17:16. «И сказал он: "Вот рука на престоле Творца, что война у Творца против Амалека из рода в род"».

месте святости Его?"⁵¹⁸ "Тот, у кого руки чисты"⁵¹⁹ – чисты как урожай (бар), т.е. урожай после того, как отобрано съедобное из отходов. "Целуйте сына (бар בַּר)"⁵²⁰ – как вначале, когда сказано о нем: "Будет целовать меня поцелуями уст его"⁵²¹. "Бар (урожай)" переводится (с арамита) – сын. В то время, как они уже будут чисты от соломы и мякины, будет имя Его царствовать над ними, и будет Он называть их: "Сын Мой, первенец Мой, Исраэль"⁵²²».

490) «"И также из всех деревьев нет дерева настолько сломленного, как виноградник. При посадке его оно сломлено", т.е. нет у него силы стоять, а только стелиться по земле. И виноградом своим оно сломлено. И поэтому виноград его давят ногами. И так же оливковое дерево – маслины его давят. И в изгнании уподобляются им Исраэль, как сказано: "Виноградную лозу из Египта перенес Ты"⁵²³, и также в четвертом изгнании, "виноградник Владыки воинств – это дом Исраэля"⁵²⁴. И подобным образом уподобляются Исраэль оливковому дереву, как сказано: "Зеленеющей маслиной, прекрасной плодами и видом своим"⁵²⁵. И поэтому сказано: "Жена твоя, как лоза виноградная плодоносная, во внутренних покоях дома твоего; сыновья твои, как молодые деревца масличные"⁵²⁶, они близки друг другу, поскольку Исраэль сломлены, подобно им, в изгнании"».

---

[518] Писания, Псалмы, 24:3. «Кто взойдет на гору Творца, и кто станет в месте святости Его?!»

[519] Писания, Псалмы, 24:4. «Тот, у кого руки чисты и сердце непорочно, и не была устремлена ко лжи душа его; кто не дает клятв ложных».

[520] Писания, Псалмы, 2:12. «Целуйте сына, чтобы Он не разгневался и чтобы не погибнуть вам в пути. Потому что еще немного – и возгорится гнев Его. Счастливы все, полагающиеся на Него».

[521] Писания, Песнь песней, 1:2. «Будет целовать меня поцелуями уст его, ибо ласки твои лучше вина!»

[522] Тора, Шмот, 4:22. «И передай Фараону, что так сказал Творец: "Сын Мой, первенец Мой, Исраэль"».

[523] Писания, Псалмы, 80:9. «Виноградную лозу из Египта перенес Ты, изгнал народы и посадил ее».

[524] Пророки, Йешаяу, 5:7. «Потому что виноградник Владыки воинств – это дом Исраэля, и мужи Иудеи – саженцы радости Его; ожидал Он правосудия, а вот – насилие, справедливости, а вот – негодование».

[525] Пророки, Йермияу, 11:16. «Зеленеющей маслиной, прекрасной плодами (и) видом своим, назвал тебя Творец. При шуме великого сборища зажег Он ее огнем, и обрушились ветви ее».

[526] Писания, Псалмы, 128:3. «Жена твоя, как лоза виноградная плодоносная, во внутренних покоях дома твоего; сыновья твои, как молодые деревца масличные, вокруг стола твоего».

491) «"И после того, как" виноград и маслины "будут чисты от всех отходов, они будут посвящены служению в Храме: вино – для возлияния на жертвенник, и оливковое масло – для зажигания свечей светильника. И кто удостоился этого? Вино, которым не совершали возлияния чужим богам. Ибо "большой сброд" использовали вино для возлияния чужим богам, и от них происходят всевозможные вероотступники, виновные во всех нарушениях, о которых говорится в Торе"».

492) «"А Исраэль, о которых сказано: "И смешались они с народами и научились делам их"[527], и пока будут ползать у них в ногах в изгнании, не смогут выбраться, освободившись от них. Из-за них сказал Давид: "Чего бояться мне в дни бедствия? Нечестие пят моих (акева́й עֲקֵבַי) окружает меня"[528]. И о них сказал Шломо: "Пойди по пятам овец"[529]. "По пятам (бе-икве́й בְּעִקְבֵי)" – те же буквы, что и "в Яакове (бе-Яаков בְּיַעֲקֹב)", и это о нем сказано в случае с первородным змеем, соблазнившим Хаву: "Он будет разить тебя в голову, а ты будешь разить его в пяту (аке́в עָקֵב)"[530]. После того, как вышли из изгнания, они сравниваются с яблонями, и со всеми благовониями, так же как и при египетском исходе, когда сказано о них: "Под яблоней я тебя пробудила"[531]».

---

[527] Писания, Псалмы, 106:35. «И смешались они с народами и научились делам их».

[528] Писания, Псалмы, 49:6. «Чего бояться мне в дни бедствия? Нечестие стоп моих (досл. пят моих) окружает меня».

[529] Писания, Песнь песней, 1:8. «Если ты не знаешь, прекраснейшая из женщин, то пойди по следам (досл. по пятам) овец, и паси козлят твоих у шатров пастушьих».

[530] Тора, Берешит, 3:15. «И вражду положу между тобою и между женой, и между твоим потомством и ее потомством. Он будет разить тебя в голову, а ты будешь разить его в пяту».

[531] Писания, Песнь песней, 8:5. «Кто она, восходящая из пустыни, что льнет к возлюбленному своему? Под яблоней я тебя пробудила, там тобой мучилась мать твоя, там в муках была твоя родительница».

ГЛАВА МИШПАТИМ

О десятине

493) «"Заповедь, следующая за этой, – приносить первые плоды. После нее он должен исповедаться над первыми плодами. После нее – исповедаться над десятиной. И мудрецы Мишны требуют разобраться с десятиной, отделять ее до сбора", со времени начала созревания должна отчисляться десятая часть, "или после сбора отчислять десятину. И также этрог (цитрон), о котором сказано, что с дерева (десятина) отчисляется после начала созревания.[532] А есть такие, кто считает, что в случае этрога отчисляют после созревания плодов. Ибо с этрогом в чем-то поступают как с деревом, а в чем-то – как с урожаем, т.е. как с зернами, о которых сказано, что их необходимо собирать после отделения десятины, и не как с деревом, а после окончания созревания"[533]», т.е. после сбора его плодов, как с зернами.

494) «"Поэтому (мудрецы) постановили произносить благословение "а-моци (выводящий)"[534] на хлеб,[535] взятый от того места, где он хорошо приготовлен, исключая подгоревший хлеб, но только от того места, где он качественный. Также и с урожаем, (отделяют десятину) после его сбора, и тогда это – как в случае с созреванием плодов"», т.е. (отделяют десятину) от качественного.

495) «"И Исраэль сравниваются с деревом и урожаем", так же как и этрог с деревом. "Сказано о нем: "Начаток первых плодов твоей земли приноси в Храм Творца Всесильного твоего"[536]. И также: "Начаток от стрижки своих овец отдай Ему"[537] – указывает на Исраэль, о которых сказано: "И вы – овцы Мои"[508]. Таким образом, Исраэль сравниваются с урожаем, о котором сказано: "Исраэль – святыня Творцу, начаток урожая Его"[516].

---

[532] Вавилонский Талмуд, трактат Рош а-шана, лист 2:1.
[533] Вавилонский Талмуд, трактат Кидушин, лист 3:1.
[534] Благословение на хлеб, произносимое после омовения рук перед трапезой: «Благословен Ты, Господин Всесильный наш, Царь мира, выводящий (проращивающий) хлеб из земли».
[535] Мишна, раздел Зраим, трактат Брахот, часть 6, мишна (закон) 1.
[536] Тора, Шмот, 23:19. «Начаток первых плодов твоей земли приноси в Храм Творца Всесильного твоего. Не вари козленка в молоке матери его».
[537] Тора, Дварим, 18:4. «Начаток твоего хлеба, твоего вина и твоего елея, и начаток от стрижки своих овец отдай Ему».

И поэтому после сбора его из изгнания отделяют десятину от него, и тогда они называются "святыня Творцу"⁵¹⁶».

496) «"Исраэль называются деревом большим и могучим, и пища для всех в нем. В нем Тора, которая является питанием наверху", от свойства Зеир Анпин. "В нем молитва, которая является питанием внизу", от свойства Нуква. "И даже у ангелов нет иной пищи, кроме получаемой благодаря Исраэлю, ведь если бы Исраэль не занимались Торой, то не опускалось бы к ним питание со стороны Торы, которая сравнивается с деревом, как сказано: "Древо жизни она для держащихся ее"⁵³⁸, и со стороны плода" Торы, "т.е. заповеди"».

497) «"И Тора сравнивается также с водой и огнем. Воды не опускались свыше, и солнце, т.е. огонь, не опускалось, чтобы способствовать созреванию плодов дерева. Но только ради Исраэля. И поэтому сказано об Исраэле: "На смоковнице началось созревание плодов"⁵³⁹ – и это выполняющие заповеди, "и виноградные лозы в цвету, издают благоухание"⁵³⁹ – когда они приступают к возвращению. И тогда сразу же сказано об Исраэле: "Встань же, возлюбленная моя, прекрасная моя, выйди"⁵³⁹ – из изгнания"».

498) «"Поэтому в дереве, называемом Древом жизни, т.е. Торе", Зеир Анпине, "среди тех, кто занимается ею, Торой, придерживаются (отделения десятины) после созревания", т.е. сразу в начале занятий, "и отделяют от них десятину, потому что "йуд י", Хохма, пребывает над ними, и поэтому отделяют десятину – одну из десяти (йуд י), и благодаря ей собираются" из изгнания "хэй-хэй הה", последняя имени АВАЯ (הויה), т.е. Исраэль, "и это плоды Дерева", т.е. Торы. "И что представляет собой это дерево? Это "вав ו", т.е. Зеир Анпин, называемый Торой. "Однако от остальной части народа берется десятина после собрания их из изгнания". Но "о праведниках сказано: "И возьмите себе в первый день плод дерева великолепного"⁵⁴⁰.

---

⁵³⁸ Писания, Притчи, 3:17-18. «Пути ее – пути приятные, и все стези ее – мир. Древо жизни она для держащихся ее, и опирающиеся на нее счастливы».

⁵³⁹ Писания, Песнь песней, 2:13. «На смоковнице началось созревание плодов, и виноградные лозы в цвету, издают благоухание. Встань же, возлюбленная моя, прекрасная моя, выйди!»

⁵⁴⁰ Тора, Ваикра, 23:40. «И возьмите себе в первый день плод дерева великолепного, ветви пальмовые, и ветвь дерева густолиственного, и ив речных, и веселитесь пред Творцом Всесильным вашим, семь дней».

"Великолепного" – деяниями, принадлежащими и выполняемыми постигающими Тору и заповеди, от которых отделяют десятину после начала созревания, как и у дерева". И поэтому сказано о них: «В первый день», так как они не должны ждать времени собрания из изгнания.

499) «"И поэтому установили в трактате Кидушин: "Это нас учит тому, что этрог подобен зелени: так же как зелени свойственно подниматься над любой водой, и от нее отделяют десятину во время собирания, так же этрогу свойственно вырастать над любой водой"[541]. И Исраэль подобны этрогу, им тоже свойственно вырастать над любой водой, "ведь со стороны мудрости нет иной воды, кроме Торы", на которой растут Исраэль. "А в другом месте наверху, мы учили, что этрог приравнивается к дереву тремя путями. Этрог", символизирующий Малхут, удерживается "в двух сторонах", Хесед и Гвура, и это два пути. "И сам этрог имеет форму сердца, которое связано с тем, что наверху, и связано с тем, что внизу. Связано с тем, что наверху, – то есть: "Сердце видит"[542], и это Хохма, называемая "видение". И связано с тем, что внизу, – с Даат (знанием), как установили: "Сердце знает"[543]. Даат – это Дерево", т.е. внутренняя часть Зеир Анпина. "Тора", тело Зеир Анпина, "она – плод его", этого знания (даат), произрастающий из Даат. "Глаза – это заповеди, ими сердце видит"». (До сих пор Раайа Меэмана).

---

[541] Вавилонский Талмуд, трактат Кидушин, лист 3:1.
[542] Мидраш раба, Коэлет раба, глава 1:16.
[543] Вавилонский Талмуд, трактат Санедрин, лист 26:1.

ГЛАВА МИШПАТИМ

Людьми святости будете для Меня

500) «"Людьми святости будете для Меня"[544]. Провозгласил рабби Йегуда: "А мудрость (хохма) где найдешь ты, и где место разума?"[545] Счастлив Исраэль, которых Творец пожелал сделать дороже всех остальных живущих в мире. Вначале Он сказал им: "И будете вы Мне царством священнослужителей"[546], и эта большая любовь не оставляла их вплоть до тех пор, когда назвал Он их: "И святым народом"[546] – и это еще более" важно. "И эта любовь не оставляла их вплоть до тех пор, когда нарек Он их: "Ибо народ святой ты"[547]. И эта любовь не оставляла их вплоть до тех пор, когда нарек Он их: "Людьми святости будете для Меня"[544] – и это еще более" важно, "чем всё"».

501) «"Тора вышла из места, называемого святостью", – из Хохмы. "А Хохма вышла из места, называемого "святая святых"», – из Кетера. «Рабби Ицхак сказал: "И также йовель", Бина, "называется святостью, как сказано: "Ибо юбилей (йовель) это, святыней будет для вас"[548]. И Исраэль состоят из них", из Хохмы и Бины, "и это смысл сказанного: "Людьми святости будете для Меня"[544]».

502) «"Вначале Творец назвал их святым, а теперь зовет их святостью. Чем отличается одно от другого?" Сказал рабби Йоси: "Это", святость, "пребывает высоко-высоко", в Хохме и Бине, как мы уже сказали, "а это", святое, "не так", так как святое – это Малхут. "Как сказано: "И будет, кто останется в Ционе и уцелеет в Йерушалаиме, назван будет святым"[549]. В этом месте", в Ционе и Йерушалаиме, т.е. в Малхут, "называется святым. А высоко-высоко", в Хохме и Бине называется "святостью"».

---

[544] Тора, Шмот, 22:30. «Людьми святости будете для Меня, и растерзанного в поле мяса не ешьте, псу бросайте его».

[545] Писания, Иов, 28:12. «А мудрость где найдешь ты, и где место разума?»

[546] Тора, Шмот, 19:6. «И будете вы Мне царством священнослужителей и святым народом. Вот слова, которые ты скажешь сынам Исраэля».

[547] Тора, Дварим, 14:2. «Ибо народ святой ты у Творца Всесильного твоего, и тебя избрал Творец, чтобы ты был Ему избранным из всех народов, которые на земле».

[548] Тора, Ваикра, 25:12. «Ибо юбилей это, святыней будет для вас; с поля ешьте его урожай».

[549] Пророки, Йешаяу, 4:3. «И будет, кто останется в Ционе и уцелеет в Йерушалаиме, тот назван будет святым, – все, кто записан для жизни в Йерушалаиме».

503) «Рабби Аба находился в пути, и шли вместе с ним рабби Йоси и рабби Хия. Сказал рабби Хия: "Людьми святости будете для Меня"[544], и сказали, что это Хохма, "откуда нам это известно?" Сказал ему: "Ведь рабби Йоси и все товарищи правильно сказали", что это Хохма, "так оно и есть. Откуда нам это известно? Из того, что сказано: "Исраэль – святыня Творцу, начаток урожая Его"[550]. "Начаток (решит)", – разумеется, Хохма называется решит (началом), как сказано: "Начало мудрости (хохма) – страх Творца"[551]».

504) «"И поскольку Исраэль называются святостью, которая заключает в себе всё совершенство, сказано: "И растерзанного в поле мяса не ешьте"[544]. Ибо Исраэль, которые совершеннее всех, не питаются от стороны сурового суда", и растерзанное указывает на него. "Псу бросайте его"[544]. "Псу", конечно, так как это суд, который наглостью и силой своей превзошёл всё. Ведь из-за того, что суровый суд пребывает над растерзанным, и оставил нечистоту в нем, запрещено оно тем, кто называется святостью"», чтобы есть от него. И об этом говорит Писание: «Людьми святости будете для Меня, и растерзанного в поле мяса не ешьте»[544], т.е. Писание относит запрещение растерзанного к людям святости. «"Но "псу бросайте его"[544], конечно, так как это суд наглый и самый сильный из всех, как сказано: "И псы эти дерзкие"[552]».

505) «"Смотри, когда в Торе упоминается падаль, пишется об Исраэле "святой", а не "святость". А здесь", в случае с растерзанным, "сказано: Людьми святости будете для Меня, и растерзанного в поле мяса не ешьте"[544]. Там же, в случае с падалью, сказано: "Не ешьте никакой падали... ибо народ святой ты"[553]. Сказано "святой", а не "святость". Ибо со стороны Исраэля это стало падалью", т.е. сделали это падалью во время заклания,

---

[550] Пророки, Йермияу, 2:3. «Исраэль – святыня Творцу, начаток урожая Его. Все поедающие его будут осуждены; бедствие придет на них, – сказал Творец».

[551] Писания, Псалмы, 111:10. «Начало мудрости – страх Творца. Разум добрый у всех, кто исполняет их (заповеди), слава Его пребудет вовек».

[552] Пророки, Йешаяу, 56:11. «И псы эти дерзкие, не знающие сытости, – и они-то пастыри, не способные понимать! Каждый повернул на дорогу свою, каждый до последнего – к корысти своей».

[553] Тора, Дварим, 14:21. «Не ешьте никакой падали; пришельцу, который во вратах твоих, отдай ее, и он будет есть ее, или продай чужеземцу; ибо народ святой ты Творцу Всесильному твоему. Не вари козленка в молоке его матери».

"получается, что непригодной сделал ее только Исраэль. И этот суд не настолько сильный, однако в случае с растерзанным, которое стало непригодным из-за хищных зверей, суд суров. И поэтому отстранение от растерзанного называется святостью, а от падали – святым. И есть много видов падали, как мы установили"».

506) «Сказал рабби Шимон: "Написано здесь: "Людьми святости будете для Меня"[544]. А там написано: "Ибо народ святой ты для Творца Всесильного твоего"[547]. "Для Творца Всесильного твоего"[547], почему не сказано: "Для Меня"? Однако, здесь – это высоко-высоко", в Хохме и Бине, "а там – это Шхина"», т.е. Малхут, и поэтому написано: «Для Творца Всесильного (Элоким) твоего»[547], так как Малхут называется Элоким. «"И написано: "И будет, кто останется в Ционе и уцелеет в Йерушалаиме, тот назван будет святым"[549], а не святостью. Ибо здесь", в Малхут, называемой Цион и Йерушалаим, "это святое, а наверху", в Хохме и Бине, "святость. И написано: "Исраэль – святыня Творцу, начаток урожая Его (תבואתה)"[550]» – с дополнительной буквой «хэй ה», указывающей на Бину, первую «хэй ה» имени АВАЯ (הויה). А «начаток (решит ראשית)» – это Хохма, как мы уже указали. «"И поэтому: "Людьми святости будете для Меня"[544], конечно"».

507) «Рабби Ицхак сидел перед рабби Шимоном. Сказал ему: "Но ведь сказано: "Исраэль – святыня Творцу"[550], а конец изречения: "Все поедающие его будут осуждены"[550]. Что это значит?" Сказал ему рабби Шимон: "Правильно говорит: "Все поедающие его будут осуждены"[550]. То есть, как сказано: "Если же человек съест святыню по ошибке"[554]. И сказано: "И никто посторонний не должен есть святыни"[555] – поскольку Исраэль называются святыней, сказано: "Все поедающие его будут осуждены"[550]. Подошел рабби Ицхак и поцеловал руки его. Сказал: "Если бы я пришел сюда, чтобы услышать только это, было бы мне достаточно!"»

508) «Сказал ему (рабби Ицхак): "Рабби, мы ведь учили, что святость выше святого. Но если так, ведь сказано: "Свят, свят,

---

[554] Тора, Ваикра, 22:14. «Если же человек съест святыню по ошибке, то должен он добавить пятую долю к тому и отдать коэну вместе со святыней».

[555] Тора, Ваикра, 22:10. «И никто посторонний не должен есть святыни; жилец коэна и наемник не должен есть святыни».

свят Повелитель воинств"⁵⁵⁶ – и это совершенство всего"», а сказано: «Свят». «Сказал ему: "Смотри, когда соединяются" три эти святости "вместе, становятся единым строением, и это строение называется святостью, которая является совокупностью всех трех "свят", и потому она – совершенство всего. "И поэтому святость – это общность, включающая в себя всё. И Исраэль, когда содержится в них полная вера, называются святостью, т.е. общностью всего, как сказано: "Исраэль – святыня Творцу"⁵⁵⁰. И поэтому сказано: "Людьми святости будете для Меня"⁵⁴⁴».

509) «"Один легат⁵⁵⁷", т.е. командующий войском, "спросил рабби Абу: "Разве не сказано: "И растерзанного в поле мяса не ешьте"⁵⁴⁴? В таком случае, в изречении: "Добычу дал Он боящимся Его"⁵⁵⁸ следовало сказать: "Добычу дал Он псам", почему дал боящимся Его?"⁵⁵⁸ Сказал ему: "Пустое. Разве сказано: "Растерзанное (трефа) дал Он боящимся Его"? Сказано: "Добычу", и это означает – пищу. И даже если скажешь, что добыча тоже как растерзанное, – то, безусловно, "дал Он боящимся Его"⁵⁵⁸», чтобы остерегались и не ели его. А то, что говорит: «Боящимся Его»⁵⁵⁸, это «"потому что этого могут остерегаться лишь боящиеся имени Его, которые боятся Его. И поэтому не дано это вам, ибо знал Он, что вы не боитесь Его и не соблюдаете заповедей Его. И поскольку это – одно из самых трудных указаний Торы, и нужно быть осторожным в соблюдении его, "дал Он боящимся Его"⁵⁵⁸, а не другому. И все самые тяжелые вещи в Торе Он дал лишь тем, кто боится греха, тем, кто трепетно соблюдает заповеди Его, а не вам"».

510) «Учил рабби Эльазар. "Сказано: "Людьми святости будете для Меня"⁵⁴⁴. Что значит "людьми", а затем – "святости"?» Ведь достаточно было сказать: «Святыми будете для Меня»? «"Но, безусловно, "людьми святости", как мы изучали, что Исраэль вышли на свободу только со стороны юбилейного года (йовель)", т.е. Бины, "а после того, как вышли они на свободу, принял их этот юбилейный год под крылья свои, и называются они людьми Его, сыновьями Его. Сказано о юбилейном

---

⁵⁵⁶ Пророки, Йешаяу, 6:3. «И взывал один к другому, и сказал: "Свят, свят, свят Повелитель воинств, вся земля полна славы Его!"»
⁵⁵⁷ Легат — высшая должность в римском легионе, командир легиона.
⁵⁵⁸ Писания, Псалмы, 111:5. «Пищу (досл. добычу) дал Он боящимся Его, помнит вечно союз Свой».

годе: "Юбилей это, святыней будет для вас"⁵⁵⁹. Конечно, святыней, и, конечно, для вас. И поэтому сказано: "Людьми святости будете для Меня"⁵⁴⁴ – именно Его людьми"».

511) «"Творец сказал это"», «людьми святости будете для Меня»⁵⁴⁴, «"и поэтому удостоились Исраэль называться братьями Творцу, как сказано: "Ради братьев Моих и ближних Моих"⁵⁶⁰». Ибо Исраэль – сыновья йовель, Бине, и также Зеир Анпин – сын Бины. И получается, что они братья Зеир Анпину.⁵⁶¹ «"А затем они называются святостью в полной мере, как сказано: "Исраэль – святыня Творцу, начаток урожая Его"⁵⁵⁰. Сказано "святыня", а не "люди святости". И поэтому: "Все поедающие его будут осуждены"⁵⁵⁰, как сказано: "И никто посторонний не должен есть святыни"⁵⁵⁵. "Если же человек съест святыню по ошибке"⁵⁵⁴».⁵⁶²

512) «"Мы учили: Исраэль называются святостью. И поскольку они святость, запрещено человеку называть близкого своего позорящим его именем и давать прозвища товарищу своему, и велико наказание его. Не говоря уже о других вещах. Мы учили, сказано: "Береги язык свой от зла"⁵⁶³. Что значит: "От зла"? Это потому, что из-за злословия болезни нисходят на мир"».

513) «Сказал рабби Йоси: "Каждый, кто называет товарища своего именем, которое не дали ему, и позорит его, привлекается" к суду "за возведение напраслины на него. Ибо сказал рабби Хия: "Сказал рабби Хизкия: "Каждого, кто называет товарища негодяем, опускают в преисподнюю, и отпускают ему по щекам", т.е. дают ему пощечины. "За исключением тех, кто нагло поносит Тору – таких можно называть негодяями"».

514) «"Один человек оскорбил своего товарища. Проходил там рабби Йеса, сказал ему: "Ты поступил как негодяй".

---

⁵⁵⁹ Тора, Ваикра, 25:12. «Ибо юбилей это, святыней будет для вас; с поля ешьте его урожай».

⁵⁶⁰ Писания, Псалмы, 122:8. «Ради братьев моих и ближних моих прошу мира тебе».

⁵⁶¹ См. Учение десяти сфирот, часть 9, стр. 738, п. 7, Ор пними. «И нет у тебя никаких вод нукв, которые бы установились с первого раза...», а также стр. 739, п. 8, Ор пними, со слов: «Сыновья первенцы, как, например ЗОН по отношению к Абе ве-Име...»

⁵⁶² См. выше, п. 507.

⁵⁶³ Писания, Псалмы, 34:14. «Береги язык свой от зла и уста свои – от лживых слов».

Предстал он на суд перед рабби Йегудой, сказал ему: "Я ему не говорил, что он негодяй, а как негодяй, поскольку он проявил себя в поступках своих, как негодяй, но я не сказал, что он негодяй". Пришел рабби Йегуда и спросил об этом поступке у рабби Эльазара. Ответил ему: "Конечно же, он невиновен. Откуда нам это известно? Ибо сказано: "Стал Творец, как враг"[564], но не "врагом", ведь в противном случае в мире не осталось бы даже ствола[565] от Исраэля. И, подобно этому: "Стала она, как вдова"[566], но не вдовой. То есть, как вдова, потому что муж ее отправился в заморскую страну, и она ждет его"». И поскольку она одна, без мужа, то уподобляется вдове.

515) «Сказал рабби Хия: "Отсюда следует" это, но ведь "оттуда следует, что это основа всего", т.е. запрещение создавать изваяние и образ. "Как сказано: "И над образом этого престола – образ, подобный человеку"[567]. Ведь обязательно "образ, подобный человеку", а не образ человека", ибо один образ не подобен другому. Сказал рабби Ицхак: "Написано: "Как яблоня меж лесных деревьев"[568], – как яблоня, но не яблоня. То есть, как яблоня, которая известна своими красками, и благодаря этим краскам (цветам) всё приходит к единству"». Ибо единство Творца достигается с помощью трех линий, которые соответствуют цветам белый-красный-зеленый, как у яблони, и означают милость-суд-милосердие (хесед-дин-рахамим). «Сказал рабби Йегуда: "Если бы я пришел сюда, чтобы услышать только это, было бы мне достаточно!"»

516) «"Мы учили: сказано: "И станет слабый среди них в день тот, как Давид"[569], – только лишь "как Давид, но не Давид".

---

[564] Писания, Мегилат Эйха, 2:5. «Стал Творец как враг: истребил Исраэль, разорил все чертоги его, разрушил крепости его, и приумножил Он скорбь и рыдания дочери Йегудиной».

[565] Из которого могли бы произрасти ветви.

[566] Писания, Мегилат Эйха, 1:1. «Как сидит она одиноко, – столица многолюдная, стала она как вдова. Великая меж народов, вельможная меж стран, стала она данницей».

[567] Пророки, Йехезкель, 1:26. «Над сводом же, который над головами их, словно образ сапфирового камня, в виде престола, и над образом престола – образ, подобный человеку, на нем сверху».

[568] Писания, Песнь песней, 2:3. «Как яблоня меж лесных деревьев, так любимый мой среди юношей! Сидя в тени его, наслаждалась я, и плод его сладок был нёбу моему».

[569] Пророки, Зехария, 12:8. «В день тот защитит Творец живущего в Йерушалаиме, и станет слабый среди них в день тот, как Давид, и дом Давида – как ангелы, как ангел Творца пред ними».

То есть, "как Давид, который сказал: "И вот, в бедности моей приготовил я для дома Творца"⁵⁷⁰. И сказано: "Ибо беден и обездолен я"⁵⁷¹ – тот, который был царем над всеми царями, так называл себя. Счастливы Исраэль, ибо Творец не называл их "как святыня", а действительно святыней. Как сказано: "Исраэль – святыня Творцу"⁵⁵⁰, и поэтому: "Все поедающие его будут осуждены"⁵⁵⁰», так же как и посторонний, который ест от святости.

---

⁵⁷⁰ Писания, Диврей а-ямим 1, 22:14. «И вот, в бедности моей приготовил я для дома Творца сто тысяч талантов золота и тысячу тысяч талантов серебра, а меди и железа – без веса, потому что много его было, и деревьев, и камня приготовил я, а к этому (еще) ты добавишь».

⁵⁷¹ Писания, Псалмы, 86:1. «Молитва Давида. Приклони, Творец, ухо Твое, ответь мне, ибо беден и обездолен я».

ГЛАВА МИШПАТИМ

С утра вершите суд

517) «"Мы учили, – сказал рабби Йоси, – почему Творец посчитал нужным дать суды Исраэлю", т.е. главу Мишпатим (законы), "после десяти речений. Но мы так учили: Тора была дарована Исраэлю со стороны Гвуры, поэтому необходимо установить мир между ними" с помощью судов и законов, "для того чтобы Тора была оберегаема со всех ее сторон. Ведь сказал рабби Аба, – сказал рабби Ицхак, – "Мир не может существовать иначе, как на суде, и если бы не суд, он не смог бы существовать. И поэтому мир был создан в свойстве суда и смог существовать"».

518) «"Учил рабби Аба: "Сказано: "С утра вершите суд"[572] – разве только с утра, а не весь день? Но "с утра" означает – до тех пор, пока судьи не ели и не пили, ибо каждый, кто вершит суд после еды и питья, – это (уже) не истинный суд. Как сказано: "Не ешьте при крови"[573]. Что значит: "При крови (дам דמ)"? Это предупреждение судьям не есть до завершения суда, ибо каждый, вершащий суд, после того, как поел и попил, словно взыскивает деньги (дам דמ) с товарища и дает их другому, ибо деньги его на самом деле отдает другому вследствие ложного обвинения. Это касательно денег. И уж тем более в судах душ судьи должны остерегаться вести суд лишь перед едой и питьем. И об этом сказано: "С утра вершите суд"[572]. И сказано: "Я – Творец, вершащий милосердие, правосудие и справедливость на земле, ибо лишь это желанно Мне, – слово Творца"[574]».

519) «"Мы учили, – сказал рабби Йегуда, – тот, кто обманывает на суде, обманывает в исправлениях Царя. Исправления Царя – это те, о которых мы учили, как сказано: "Вершащий милосердие, правосудие и справедливость на земле"[574], и сказано: "Ибо лишь это желанно Мне"[574]. И всё это", милосердие,

---

[572] Пророки, Йермияу, 21:12. «Дом Давидов! Так сказал Творец: "С утра вершите суд и спасайте обираемого от руки грабителя, а не то воспылает как огонь гнев Мой за злодеяния ваши, и будет гореть так, что никто не погасит"».

[573] Тора, Ваикра, 19:26. «Не ешьте при крови. Не гадайте и не ворожите».

[574] Пророки, Йермияу, 9:22-23. «Так сказал Творец: "Да не хвалится мудрый мудростью своею, и да не хвалится сильный силою своею, да не хвалится богатый богатством своим. Но хвалящийся пусть хвалится лишь тем, что он разумеет и знает Меня, что Я – Творец, вершащий милосердие, правосудие и справедливость на земле, ибо лишь это желанно Мне, – слово Творца"».

правосудие и справедливость, "зависит друг от друга". Сказал рабби Йоси: "Это те исправления престола", т.е. Малхут, "о которых сказано: "Справедливость и правосудие – основание престола Твоего"[575]. И сказано: "И упрочится престол милосердием"[576]».

---

[575] Писания, Псалмы, 89:15. «Справедливость и правосудие – основание престола Твоего, милость и истина пред Тобой».

[576] Пророки, Йешаяу, 16:5. «И упрочится престол милосердием, и воссядет на нем в правде в шатре Давидовом судья, ищущий правды и стремящийся к правосудию!»

ГЛАВА МИШПАТИМ

Идра Скинии

520) «"Мы учили тайну тайн: рош Царя устанавливается на Хеседе и Гвуре"».

Объяснение. ГАР, т.е. ХАБАД, называются рош. Царь – это Зеир Анпин. И поскольку эти ХАБАД не пребывают постоянно в Зеир Анпине, а только в час молитвы и в праздники, и в субботы, они не считаются Хохмой и Биной, а Хеседом и Гвурой, т.е. ВАК. И в этом большое различие между Арих Анпином, у которого ГАР пребывают постоянно и являются настоящими ГАР, и он – полностью милосердие (рахамим), и между Зеир Анпином, у которого ГАР непостоянны, и поэтому даже в то время, когда есть у него ГАР, т.е. ХАБАД, они считаются как ХАГАТ, и есть в них суды. И то, что Зоар не учитывает также и Тиферет, это потому, что даже в Арих Анпине сфира Даат не относится к рош, но это Тиферет, которая поднялась в рош и согласовала Хохму и Бину между собой, и стала вследствие этого свойством рош, и поэтому нет в ней нового (свойства).

«"С этого рош" Зеир Анпина "ниспадают сеарот (досл. волосы), одни поверх других, и это все притяжения, с помощью которых объединяются верхние и нижние" ступени. Иначе говоря, благодаря им поднимается нижняя ступень к высшей, становясь одним целым. И от них, от этих сеарот (волос), нисходят "господа господ, носители истины, носители весов, носители стона, носители плача, носители суда, носители милосердия, вкусы Торы, тайны Торы, очищения и нечистоты. Все они называются сеарот (волосы) Царя, т.е. нисхождения, исходящие от святого Царя. И всё это нисходит от скрытого Атика (Атика стимаа)"», т.е. Арих Анпина.

Пояснение сказанного. Первая ступень, на которой нижняя «хэй ה» поднялась в никвей эйнаим, создав там окончание ступени, а АХАП упали на ступень, находящуюся под ней, т.е. она производит второе сокращение, – это ступень рош парцуфа САГ де-АК. Однако в самом рош де-САГ не произошло никаких изменений ни в чем, но только вышла новая ступень в десять сфирот, которые нисходят из десяти сфирот рош парцуфа САГ де-АК. И она (эта ступень) называется парцуфом сеарот этого рош де-САГ, когда часть, которая осталась на ступени, и это гальгальта-эйнаим и никвей эйнаим, называется сеарот рош (досл. волосы головы), а часть, которая вышла со ступени рош де-САГ, т.е. АХАП, упавшие на ступень, находящуюся под ней, в ГАР де-Некудим, называется сеарот дикна (досл. волосы бороды) этого рош де-САГ.[577]

И в мире исправления вышел парцуф сеарот из рош Арих Анпина Ацилута, и его АХАП, называемые сеарот дикна, упали на ступень под ним, т.е. в Абу ве-Иму Ацилута, и облачены в них во время катнута. А во время гадлута, когда совершается зивуг АБ САГ де-АК, который опускает нижнюю «хэй ה» из пеот (пейсов) рош парцуфа САГ де-АК в окончание дикны, и дикна парцуфа САГ поднимается и соединяется с сеарот рош в одну ступень, тогда опускается также нижняя «хэй ה» из пеот рош Арих Анпина к окончанию его дикны. И тогда возвращается дикна Арих Анпина и поднимается в сеарот рош Арих Анпина, и соединяется с ним в одну ступень.

И в час своего возвращения он поднимает вместе с собой также парцуф Аба ве-Има в рош Арих Анпина, и они получают там наполнение от Хохма стимаа Арих Анпина. И после подъема дикны вместе с Аба ве-Има в рош Арих Анпина поднимаются вслед за ними все половины ступеней, находящиеся под ними, которые упали на более низкую ступень. И они поднимаются снова на свою ступень, и тогда с помощью этого также и каждая нижняя ступень, в которой во время катнута находились АХАП высшей, тоже поднимается вместе с этими АХАП к высшей. И также ИШСУТ поднимаются в Абу ве-Иму с помощью АХАП Абы ве-Имы, которые находились в них в состоянии катнут. И также ЗОН поднимаются в ИШСУТ с помощью АХАП де-ИШСУТ, которые были в них в состоянии катнут. И также души праведников поднимаются в ЗОН с помощью АХАП де-ЗОН, которые были в них во время катнута. Таким образом, любой подъем нижнего к высшему, чтобы соединиться с ним в одно целое, производится с помощью сеарот дикна Арих Анпина, которые подняли Абу ве-Иму в рош Арих Анпина. И вслед за этим происходит подъем каждого нижнего парцуфа в высший.

И все мохин Ацилута и БЕА, как во всех видах катнута, так и во всех видах гадлута, выходят из парцуфа тех сеарот, что

---

[577] См. Учение десяти сфирот, часть 6, стр. 391, п. 2, Ор пними. «Сеарот его рош соответствуют ветвям АБ, а сеарот дикна, и они от АХАП, соответствуют ветвям САГ...»

в рош Арих Анпина. И также из парцуфа сеарот, что над рош Зеир Анпина, нисходят все виды ступеней, душ праведников. И это смысл сказанного, что нисходят от них «господа господ», – т.е. ступень ГАР де-ГАР, потому что ГАР называется «господин», и это Хохма. «Носители истины» – т.е. Бина. «Носители весов» – т.е. Даат, являющийся средней линией, взвешивающей свечение правой и левой, чтобы они могли светить вместе. «Носители стона», «носители плача» – так как во время власти левой линии без правой, исходят от нее суровые суды, и всякий, кто связан с ней, стонет и плачет, и они называются носителями стона и плача. И также называются носителями суда. И когда средняя линия соединяет левую с правой, выходят из средней линии «носители милосердия». И также «вкусы Торы», – как сказано: «Вкусите и увидите, как добр Творец»[578]. И «тайны Торы», и от них во время гадлута исходит чистота, а во время катнута – нечистота. «Все они называются сеарот (волосы) Царя, т.е. нисхождения, исходящие от святого Царя», т.е. все виды нисхождений, исходящих от Зеир Анпина, приходят от его сеарот, как это выяснилось с сеарот Арих Анпина. И это значение сказанного: «И всё это нисходит от скрытого Атика (Атика стимаа)», т.е. Арих Анпина, так как сеарот рош Арих Анпина являются корнем для сеарот рош Зеир Анпина.

521) «"Мецах (чело) Царя", Зеир Анпина, – "это поминание грешников, когда поминаются их деяния и раскрываются их прегрешения, тогда он называется мецах (чело) Царя. Иначе говоря, Гвура усиливается в судах своих и распространяется в своей стороне. И это отличается от мецаха святого Атика, который называется желанием (рацон)"».

Объяснение. Два ознаим (уха) – это высшие Аба ве-Има, ГАР Бины. Мецах – это Даат, вызывающий зивуг Абы ве-Имы. Ибо там установился экран от «йуд י», т.е. Малхут, которая поднялась в свет (ор אור) Бины и уменьшила ее до свойства «воздух (авир אויר)», и это свет хасадим. И на этот экран «йуд י», находящийся в мецахе, соединяются высшие Аба ве-Има в большом и удивительно величественном зивуге, чтобы передать изобилие света хасадим всем мирам. И зивуг этот – это зивуг, который не прекращается, и нет подобного ему на другой ступени. И поэтому «йуд י» не опускается из воздуха (авир אויר) Абы

---

[578] Писания, Псалмы, 34:9. «Вкусите и увидите, как добр Творец. Счастлив человек, полагающийся на Него».

ве-Имы никогда, ибо, если бы она опустилась, то прекратился бы этот большой и величественный зивуг.

И это означает сказанное: «Ибо желает милости (хесед) Он»[579], потому что «Он»[579], т.е. Бина, называемая Он, «желает»[579] посредством этого большого зивуга передать «хасадим», и она не желает, чтобы «йуд י» опускалась из ее воздуха (авир אויר), и (не желает) передавать свет Хохмы, как уже было выяснено. И поэтому мецах Арих Анпина называется «мецах рацон (чело желания)», потому что суды в «йуд י», которая поднялась туда, установились как экран, вызывающий зивуг высших Абы ве-Имы, вследствие желания наполнять миры светом хасадим, нисходящим от непрекращающегося зивуга высших Абы ве-Имы.

Однако в мецахе Зеир Анпина в час, когда он не получает от мецаха Арих Анпина, нет большого зивуга высших Абы ве-Имы на суды «йуд י», которая вошла в свет (ор אור) Бины. И получается, что этот экран «йуд י» используется только для наказания грешников, совершивших нарушения, чтобы они не наслаждались светом Хохмы. И поэтому она вошла в свет (ор אור) и уменьшила его до свойства «воздух (авир אויר)».

И поэтому сказано: «Это поминание грешников, когда поминаются их деяния и раскрываются их прегрешения, тогда он называется мецах (чело) Царя», – т.е. в час, когда раскрылись прегрешения нижних, и они недостойны получать свет Хохмы, тогда этот мецах (чело) Царя используется для скрытия от них этого света с помощью «йуд י», которая поднялась в находящийся там свет (ор אור) и уменьшила его до состояния «воздух (авир אויר)». И это означает сказанное: «Иначе говоря, Гвура усиливается в судах своих» – чтобы судить грешников, «и распространяется в своей стороне» – т.е. этот суд распространился, чтобы скрыть свет от грешников и наказать их. «И это отличается от мецаха святого Атика, который называется желанием (рацон)», потому что в мецахе Атика, т.е. в Арих Анпине, установился этот экран, называемый его мецахом (челом), для того чтобы соединить высших Абу ве-Иму в непрекращающемся зивуге, и поэтому «йуд י», которая поднялась в свет,

---

[579] Пророки, Миха, 7:18. «Кто Творец, как Ты, который прощает грех и проявляет снисходительность к вине остатка наследия Своего, не держит вечно гнева Своего, ибо желает милости Он».

имеющийся там, и стала экраном, это большое желание, ведь на нее был произведен большой зивуг высших Абы ве-Имы, и поэтому называется «мецах а-рацон (чело желания)».

522) «"Эйнаим (глаза) Царя – надзор за всем, надзор за высшими и нижними, и все эти надзиратели" Царя "называются так" – эйнаим (глаза). "В эйнаим соединяются цвета", белый-красный-зеленый, "и этими цветами называются все надзиратели Царя, каждый по-своему, "и все они называются "цвета глаза". Какой надзор Царя проявляется, такие пробуждаются и цвета"» если это надзор милости (хесед) – белый цвет, если суда – красный, а если милосердия – зеленый.

Объяснение. Надзор – это Хохма, ибо надзор может производиться только с помощью света Хохмы, как сказано: «Все их в мудрости (хохма) сотворил Ты»[580]. И он говорит, что эйнаим (глаза) – это надзор, т.е. Хохма, а три цвета глаза – это три линии, правая-левая-средняя, и Хохма раскрывается только на все вместе. И поэтому каждый цвет – это особый надзор, так как он является частью Хохмы.

523) «"Габот эйнаим (бровями) называется место, позволяющее производить надзор всем цветам, осуществляющим надзор. Эти брови по отношению к тому, что внизу", т.е. по отношению к глазам, "это возвышенности, чтобы наблюдать" и притягивать "из реки, которая берет начало и вытекает", и это Бина. "Это место, чтобы притягивать из этой реки и омываться белизной (ловен) Атика", т.е. светом хасадим, "от молока (халав), которое исходит от Имы". И он объясняет свои слова. "Ибо, когда Гвура", левая линия, "распространяется, и глаза (эйнаим)", т.е. Хохма, "пламенеют красным цветом" от множества судов, так как это Хохма без хасадим, "тогда светит Атика Кадиша", Кетер, "белизной своей", светом хасадим, "и полыхает в Име", т.е. в высших Абе ве-Име, "и она наполняется молоком (халав)", светом хасадим, который она получила от Кетера, "и питает их", глаза (эйнаим). "И все глаза омываются этим молоком (высшей) Имы, которое исходит и вытекает всегда", т.е. Хохма, эйнаим, облачается в эти хасадим. "И это смысл сказанного: "Омываются в молоке"», То есть: «Его глаза словно голуби при водных

---

[580] Писания, Псалмы, 104:24. «Как многочисленны дела Твои, Творец! Все их в мудрости сотворил Ты, полна земля созданиями Твоими».

потоках, омываются в молоке, сидят в гнезде»[581] – т.е. они омываются «"в молоко (халав) Имы, которое нисходит всегда, и не прекращается"». Ибо зивуг высших Абы ве-Имы – это зивуг, который не прекращается, как мы уже объясняли.[582]

Объяснение. Сеарот (волосы), называемые габот эйнаим (бровями), – это силы суда, нисходящие от мецаха (чела), т.е. от экрана «йуд י», находящегося в свойстве «воздух (авир אויר)», имеющемся там, на который соединяются высшие Аба ве-Има в непрекращающемся зивуге, и они нисходят из окончания мецаха. Поэтому у них достаточно сил, чтобы пробудить высшую Иму, чтобы она дала свое молоко (халав), т.е. свет хасадим, чтобы омыть в нем глаза, т.е. Хохму. И если бы не эти сеарот, высшая Има не могла бы передать хасадим для омывания глаз. А без хасадим Хохма не может светить, и тогда говорится, что глаза пылают красным цветом.

И сказано: «Габот эйнаим (бровями) называется место, позволяющее производить надзор всем цветам, осуществляющим надзор», потому что брови побуждают высшую Иму передать хасадим для омывания глаз, и без этих хасадим не светила бы Хохма. И получается, что габот (брови) дают силу производить надзор всем осуществляющим надзор, то есть дают силу Хохме, чтобы светить, и без них она не могла бы светить. «Эти брови по отношению к тому, что внизу», ибо это те суды, что в самóм мецахе. Однако те, что в мецахе, предназначены для зивуга высших Абы ве-Имы, а те, что пробились и вышли наружу, предназначены для того, что расположено ниже мецаха, т.е. для глаз. (А остальное уже выяснено).

524) «"Хотэм (нос) святого Царя", Зеир Анпина, – "это такое исправление парцуфа. Когда Гвурот распространяются и соединяются вместе – это хотэм святого Царя. И эти Гвурот соединяются и выходят в одной Гвуре. И когда суды пробуждаются и выходят", каждый "со своей стороны, они приобретают благоухание только от дыма жертвенника. И тогда сказано: "И обонял

---

[581] Писания, Песнь песней, 5:12. «Его глаза словно голуби при водных потоках, омываются в молоке, сидят в гнезде».
[582] См. выше, п. 521.

Творец благоухание приятное"⁵⁸³. И отличается от него хотэм Атика", т.е. Арих Анпина, "который (в этом) не нуждается", в дыме жертвенника, "ибо Он называется полностью сдерживающим гнев, и свечение Хохма стимаа называется Его хотэмом. И это восславление, о котором сказано: "И ради славы Моей огражу Себя, чтобы не истребить тебя"⁵⁸⁴. И на это указывал царь Давид: "Псалом (восславление) Давиду"⁵⁸⁵».

Объяснение. Хотэм (нос) – это средняя линия, объединяющая две линии друг с другом, и это два эйнаим (глаза). Ибо два вида ХАБАД имеются в рош:
1. Два ознаим (уха) и мецах (чело) – это ХАБАД высших Абы ве-Имы, в которых скрывается Хохма.
2. Два эйнаим (глаза) и хотэм (нос) – это ХАБАД де-ИШСУТ, в которых Хохма раскрывается с помощью средней линии, хотэм.

И известно, что средняя линия несет в себе суды экрана де-хирик, и это два вида судов: суды первого сокращения и второго сокращения.⁵⁸⁶ И кроме них, есть в ней также суды, присутствующие в левой линии, которые являются ее высшим свойством, а суды, находящиеся в высшем, должны присутствовать в нижнем. Таким образом, в ней есть три вида судов: высшие суды левой линии от точки шурук, и два вида судов экрана точки хирик. И когда они соединяются вместе, восполняется сила средней линии, позволяющая согласовать и соединить две линии, правую и левую, друг с другом. И это означает сказанное: «Когда Гвурот распространяются и соединяются вместе – это хотэм святого Царя», – т.е. от их соединения образуется средняя линия, называемая хотэм, и раскрывает Хохму. Но когда они соединяются вместе, все они поднимаются в высшую Гвуру, т.е. к судам левой линии, и насыщаются там ароматом. И это смысл сказанного: «И эти Гвурот соединяются и выходят в одной Гвуре», – т.е. они включились в Гвуру левой

---

⁵⁸³ Тора, Берешит, 8:21. «И обонял Творец благоухание приятное, и сказал Творец в сердце своем: "Не буду более проклинать землю за человека, ибо помысел сердца человека зол от молодости его, и не буду более поражать все живущее, как Я сделал"».

⁵⁸⁴ Пророки, Йешаяу, 48:9. «Ради имени Моего сдерживаю гнев Свой, и ради славы Моей огражу Себя, чтобы не истребить тебя».

⁵⁸⁵ Писание, Псалмы, 145:1. «Псалом Давиду. Превозносить буду Тебя, Всесильный мой Царь, и благословлять имя Твое во веки веков!»

⁵⁸⁶ См. Зоар, главу Лех леха, п. 22. «Экран де-хирик, на который выходит средняя линия, происходит от свойства суда, имеющегося в Малхут…»

линии, и оттуда они выходят и действуют. И если нарушается их единство друг с другом, и они действуют раздельно, нет у них исправления, но только посредством дыма жертвенника, поднимающегося от жертвоприношений, потому что дым жертвоприношения содержит в себе соединение трех этих видов Гвурот. Поэтому сказано: «И когда суды пробуждаются и выходят со своей стороны», – т.е. каждый из них выходит в своей стороне, и они не соединяются, «они приобретают благоухание только от дыма жертвенника», – т.е. дым жертвенника снова соединяет их. И тогда говорится: «И обонял Творец благоухание приятное»[583] – т.е. раскрывается Хохма, называемая благоуханием.

И это говорится о хотэме Зеир Анпина, где раскрывается Хохма де-ИШСУТ, как мы уже сказали, и эта Хохма раскрывается лишь с помощью исправления судов и называется благоуханием. Она не является подлинной Хохмой, а лишь Биной, которая снова стала Хохмой. Поэтому сказано: «И отличается от него хотэм Атика, который не нуждается в дыме жертвенника, ибо Он называется полностью сдерживающим гнев, и свечение Хохма стимаа называется Его хотэмом». И причина, по которой он называется хотэм, это от слов «граница» и «окончание». Как сказано: «И ради славы Моей ограждаю Себя»[584]. «Ограждаю (эхта́м אֶחֱטָם)»[584] – от слова «печать (хатима́ חֲתִימָה)», и это как «опечатаю (эхто́м אֶחְתֹם)», т.е. завершает свечение, называемое восславлением, как сказано: «Когда Он светил светильником Своим над моей головой»[587]. И это означает сказанное: «И это восславление», – потому что свечение хотэма называется восславлением.

525) «"Ознаим (уши) Царя – это когда есть желание и Има питает светом хасадим" Зеир Анпин, "и свечение Атика Кадиша светит, пробуждается свечение двух мохин и свечение Абы ве-Имы, и все они называются "мохот (мохин)" Царя, и пламенеют вместе. И когда пламенеют вместе, называются ознаим (уши) Творца. Ибо была принята молитва народа Исраэля. И тогда есть пробуждение добра и зла. И вследствие этого пробуждения пробуждаются обладающие крыльями, воспринимая голоса мира, и все они называются ознаим (уши) Творца"».

---

[587] Писания, Иов, 29:3. «Когда Он светил светильником Своим над моей головой; при свете его шел я (во) тьме».

Объяснение. Есть свечение трех мохин, Хохма-Бина-Даат, и оно – для передачи Хохмы. И есть свечение двух мохин, только Хохма и Бина, и оно – для передачи хасадим. И два ознаим – это высшие Аба ве-Има, передающие хасадим в непрекращающемся зивуге, как мы уже говорили, и это – свечение двух мохин. И сказано: «Когда есть желание и Има питает», т.е. высшая Има питает «светом хасадим» Зеир Анпин, «и свечение Атика Кадиша светит» – потому что свет хасадим нисходит от свечения Кетера, называемого Атика Кадиша, тогда «пробуждается свечение двух мохин» – тогда происходит зивуг только этих двух мохин, потому что зивуг этих двух мохин – он для передачи хасадим Зеир Анпину, «и свечение Абы ве-Имы» – зивуг высших Абы ве-Имы, «и все они называются "мохот (мохин)" Царя» – Хохма и Бина, ибо только Хохма и Бина называются мохин Царя. Однако Даат не находится в его основе, а только Тиферет, который поднялся и согласовал Хохму и Бину между собой, и поэтому он не является законченным моахом. «И когда пламенеют вместе, называются "ознаим (уши)" Творца», и это по двум причинам:

1. Поскольку приняты молитвы Исраэля, которые молились о раскрытии света хасадим, и молитва их была принята, и были переданы хасадим. И поэтому называются «уши (ознаим), слышащие молитву».

2. «И тогда есть пробуждение добра и зла», поскольку там есть суд, если экран, на который производится зивуг, он добро или зло. Так как во время катнута – это зло, и тогда он (суд) наказывает грешников. А если во время гадлута – это добро, так как он полностью – милосердие. И поэтому они называются ознаим, как сказано: «Чаши весов (мознаим) правдивые»[588].

«И вследствие этого пробуждения пробуждаются обладающие крыльями, воспринимая голоса мира» – когда обладающие крыльями, т.е. ангелы, воспринимают голоса мира, то есть подъем МАН, о котором сказано: «И птица небесная донесет голос»[589], они пробуждаются благодаря зивугу высших Абы ве-Имы, чтобы поднять туда МАН.

---

[588] Писания, Притчи, 16:11. «Весы и чаши (весов) правдивые у Творца, Его дело – все гири в суме».

[589] Писания, Коэлет, 10:20. «Даже в мыслях своих не кляни царя, и в спальных покоях своих не кляни богача, ибо птица небесная донесет голос и обладающий крыльями перескажет слово».

526) «"Паним (лик) Царя", Зеир Анпина, – это свечение Абы ве-Имы, и распространение их" в последовательности трех точек холам-шурук-хирик.⁵⁹⁰ "Когда они светят" в холаме, "и возвращаются" в шуруке, "и пылают" в хирике, "в этом рош Царя. И тогда нисходит от них свидетельство" – свечение Хохмы, "свидетельствующих о Царе", Зеир Анпине. "Образ Царя – он величественнее всего. В рош пребывают высший Хесед и Гвура.⁵⁹¹ И свечение Абы ве-Имы делится: свечение Абы – на три света, а (свечение) Имы – на два света, итого пять светов. Хесед и Гвура включаются в один свет, итого шесть. Затем украшается Хесед, и пылает двумя светами, которые светили, и это – восемь. И Гвура светила одним" светом, "итого девять" светов. И когда все света соединяются вместе, они называются образом Царя. И тогда сказано: "Творец как всемогущий выйдет, как муж сражений, пробудит ревность"⁵⁹²», – потому что свечение Хохмы может быть притянуто только Гвурой.

Объяснение. Ранее выяснялось,⁵⁹⁰ как света высшей Бины, вышедшей из рош Арих Анпина, т.е. Абы ве-Имы, восполняются в последовательности трех точек холам-шурук-хирик, одна за другой. Вначале выходит холам, и это подъем Малхут в место Бины, и тогда Бина делится на две половины: ее Кетер и Хохма остаются на ступени, а ее Бина и ТУМ падают на следующую за ней ступень, т.е. на ступень ЗАТ Бины, называемых Има, или ИШСУТ. Кетер и Хохма, которые остались на ступени, устанавливаются как ГАР, ХАБАД, хотя в них имеется только свет хасадим, и называются Аба или высшие Аба ве-Има. И также разделились ЗАТ Бины, называемые Има, где Кетер и Хохма со светами нефеш-руах, остались на ступени, т.е. ВАК, а Бина и ТУМ упали из нее на ступень Зеир Анпина. Но она не установилась в ГАР, а осталась в ВАК без рош, т.е. в двух светах нефеш-руах, облаченных в два кли – Кетер и Хохма.

И это означает сказанное: «И свечение Абы ве-Имы делится» – т.е. при выходе точки холам, представляющей собой подъем Малхут в Бину, делится высшая Бина на две ступени: Абу, и это ГАР Бины, и Иму, ЗАТ Бины. «Свечение Абы – на

---

⁵⁹⁰ См. Зоар, главу Берешит, часть 1, п. 9. «Высшая точка, Арих Анпин, посеяла внутри чертога ИШСУТ три точки: холам, шурук, хирик...»
⁵⁹¹ См. выше, п. 520.
⁵⁹² Пророки, Йешаяу, 42:13. «Творец как всемогущий выйдет, как муж сражений, пробудит ревность, возликует и поднимет клич, побеждая врагов Своих».

три света», потому что Аба установился в свойстве ГАР, т.е. три света ХАБАД, называемые также высшие Аба ве-Има. «А (свечение) Имы – на два», так как у Имы есть только два кли, Кетер и Хохма, с двумя светами, нефеш-руах, и она не установилась в ГАР из-за того, что нуждается в свете Хохма. И она называется также ИШСУТ. До этого места – это точка холам.

А затем выходит точка шурук, и это опускание Малхут из места Бины на свое место. И тогда Бина и ТУМ, упавшие из Имы, снова поднимаются и соединяются со ступенью Имы. И она восполнилась пятью келим, Кетер и Хохма, Бина и ТУМ, и пятью светами НАРАНХАЙ. Однако Бина и ТУМ, которые поднялись, не соединились окончательно с Кетером и Хохмой, но Кетер и Хохма, которые остались на ступени, установились в виде правой линии, т.е. Хеседа, а Бина и ТУМ, которые упали и вернулись, установились в виде левой линии, Гвуры, и власть находится у левой линии. И сказано: «Хесед и Гвура включаются в один свет», ибо тогда выходит точка шурук, которая возвращает Бину и ТУМ на их ступень, и они устанавливаются в виде левой линии, Гвуры, а Кетер и Хохма – в виде правой линии, Хесед, однако во власти света левой линии, и свет правой, Хесед, исчезает оттуда. До этого места – это точка шурук.

А затем выходит точка хирик, означающая появление средней линии, которая объединяет две линии, Хесед и Гвуру, друг с другом, и поддерживает свечение их обеих. И поэтому сказано: «Затем украшается Хесед», т.е. с помощью согласования средней линии, «и пылает двумя светами, которые светили», т.е. Хесед распространяется в виде двух светов, в правой линии – Хесед, в левой – Гвура. То есть, благодаря силе средней линии. В этом есть два состояния:
1. После того, как они соединились друг с другом, светит только правая линия, Хесед. То есть ступень двух светов.
2. После того, как соединяются друг с другом, светит свет левой с облачением правой.

И сказано: «Затем украшается, и Гвура светила одним (светом)» – т.е. затем украшается второй раз, и Гвура, являющаяся светом левой линии, светит в своем свечении одна, с помощью облачения в Хесед. До этого места – это точка хирик. «И когда все света соединяются вместе, они называются образом Царя».

527) «"Сфатаим (губы) Царя. Мы так учили, что когда засветил свет Абы, т.е. высших Абы ве-Имы, он светил тремя светами: один свет", Хохма, "светил высшим Хеседом; другой свет", Бина, "светил светом, называемым моах Царя; и еще один свет"», т.е. Даат, в котором «йуд י» поднялась в свойство «воздух (авир אויר)», как мы объясняли в предыдущих пунктах, «"был зависим", и ждал, "пока не начал светить свет Имы"», ИШСУТ, в которой «йуд י» снова вышла из воздуха (авир אויר), и свет (ор אור) вернулся на свое место, «"и когда" снова "засветил свет, он светил пятью светами"» НАРАНХАЙ в келим КАХАБ ТУМ, как уже выяснилось в предыдущем пункте.

528) «"Отчего засветила Има? От одной исчезнувшей и скрытой тропинки (швиль), к которой прилепился Аба, как сказано: "Тропа (натив), неведомая ястребу"[593], как прилепляется захар к нукве"». Объяснение. От Малхут, которая поднялась в место Бины, установились два Есода, ибо они смешались друг с другом, и Малхут, принявшая форму Бины, стала Есодом Бины в Абе. А от формы самой Малхут образовался Есод Хохмы Абы, называемый тропинкой (швиль), и прилепился к нему, как захар к нукве, которая является свойством «пятидесятые врата», и о ней сказано: «Тропа (натив), неведомая ястребу»[593]. И тропинка (швиль) Хохмы Абы засветила в дорожке (натив) Бины Абы, и Бина в Абе «забеременела и породила и извлекла пять светов», КАХАБ ТУМ Имы, т.е. ИШСУТ, и это в последовательности точек холам-шурук-хирик.

«"И от этих пяти светов установились пятьдесят ворот многочисленных светов", – т.е. сфирот КАХАБ ТУМ, каждая из которых состоит из десяти сфирот. "Их пятьдесят. И им соответствуют сорок девять чистых и сорок девять нечистых ликов в Торе. Остался один", который не входит в этот счет, т.е. пятидесятые врата, "и этот один светил всем"». То есть путь (швиль) Абы, о котором сказано: «Тропа (натив), неведомая ястребу»[593], и это Моше, называемый ястребом, которому тоже не были переданы пятидесятые врата. «"И тот" свет, "что Абы", третий вид света, который оставался в зависимом состоянии, пока не начал светить свет Имы, "остался зависимым"» также после выхода «йуд י» из «воздуха (авир אויר)» Имы, потому что в Абе «йуд י» никогда не выходит из воздуха (авир אויר). «"Когда Аба ве-Има

---

[593] Писания, Иов, 28:7. «Тропа, неведомая ястребу, и коршуна глаз не видал ее».

соединяются вместе и облачаются в Царя", Зеир Анпина, "они называются "сфатаим (губы) Царя". Потому что Аба облачился в верхнюю сафа (губу), а Има – в нижнюю. "И поэтому изрекает речи истинные"».

529) «"И пэ (уста)" Зеир Анпина. "Вот от них", от сфатаим (губ) "зависит раскрытие пэ (уст). Что такое уста? Но Даат (разум) скрыт в устах Царя, называемого Тиферет", т.е. Зеир Анпин, потому что Даат – это "распространение Тиферет", Зеир Анпина, и это Зеир Анпин, который поднялся и стал средней линией, чтобы соединить Абу ве-Иму друг с другом. "И всё богатство и все краски соединились в нем", в Даат, поскольку он является средней линией, "как сказано: "И знанием (даат) покои наполняются"[594]. Это знание (даат) скрывается в устах (пэ) Царя, и наполняет все комнаты и проходы", т.е. распространяется в ХАГАТ НЕХИ Зеир Анпина, где ХАГАТ называются комнатами, а НЕХИ – проходами. "И когда пробуждается свет знания (даат) и выходит, тогда он называется устами (пэ) Творца. И губы (сфатаим), т.е. два света Аба ве-Има, в час, когда встречаются с этим светом Даат, соединяются" с помощью него "вместе, и слова высказываются в истине, в мудрости (хохма), в понимании (твуна) и разуме (даат). И тогда все речения Творца в них", в ХАБАД, "высказываются"».

530) «"Эти три", ХАБАД, "светят и входят в самые внутренние покои", т.е. в рош Зеир Анпина, в свойстве Има, и оттуда "распространяются и украшаются в одном", т.е. в теле Зеир Анпина. То есть по вышеуказанной причине, когда трое Имы "выходят из одного", из Тиферет, поднявшегося туда в качестве средней линии, поэтому "один", т.е. Тиферет, "существует в трех"[595]. И когда соединяются" ХАБАД "в единое украшение (атара), тогда называется это украшение "нёбо его – сладость"[596], и они нёбо (хэх) Царя", находящееся в начале гуф (тела). "И называется сладостью Царя. И об этом сказано: "Вкусите и увидите, как

---

[594] Писания, Притчи, 24:3-4. «Мудростью устраивается дом и разумом утверждается, и знанием покои наполняются – всяким достоянием, драгоценным и приятным».

[595] См. Зоар, главу Берешит, часть 1, п. 363. «Трое выходят благодаря одному, один находится в трех...»

[596] Писания, Песнь песней, 5:16. «Нёбо его – сладость, и весь он – желанный! Таков возлюбленный мой и таков друг мой, дочери Йерушалаима».

добр Творец"⁵⁹⁷. Ибо вкусовое ощущение находится в нёбе. "И от этого нёба зависят все властители и правители Царя. Как сказано: "(Речением Творца были созданы небеса), и дуновением уст Его – все воинства их"⁵⁹⁸».

531) «"В этом нёбе находится совершенство всего, и поэтому во всех буквах, находящихся в этом месте, проявляется совершенство". Четыре буквы "алеф-хэт-хэй-аин אחהע" относятся к звукам гортанного происхождения. "Алеф א " – это свет Атика Кадиша, самого скрытого из всего скрытого", т.е. Кетера. "Хэт ח" – это свет Хохмы, которая не обнаруживается и не постигается", ибо она скрыта в моха стимаа Арих Анпина и не опускается в парцуфы Ацилута. "Как сказано: "Неведомо человеку обиталище Его"⁵⁹⁹. "Хэй ה" – это свет Имы", т.е. Бины, которая снова становится Хохмой, и вся Хохма, имеющаяся в парцуфах Ацилута, приходит от нее, "которая светит и нисходит, и выходит, и орошает всё, и питает сыновей", ЗОН, "пока не настанет время этого" священного "помазания, и она наполняет праведника", т.е. Есод. "И он соединяется с нижней нуквой", Малхут, "которая благословляется от него, и они не разлучаются друг с другом". И это наполнение Имы – это белый цвет изнутри красного, т.е. левая линия, красная, включена в правую, белую. "Как сказано: "(На) гору мирровую, (на) холм ладановый"⁶⁰⁰ – это сказано о Име, поскольку мирра – красная, а ладан – белый. "Аин ע" – это свет семидесяти ликов, которые питаются духом, исходящим из уст, и это семьдесят имен Творца", Зеир Анпина. "И соответствуют им на земле: "Всех душ дома Яакова, пришедших в Египет, семьдесят"⁶⁰¹, потому что Яаков – это дерево на земле", соответствующее Зеир Анпину, "и семьдесят душ дома его – это семьдесят ветвей"» дерева.

532) «"От этих четырех букв "алеф-хэт-хэй-аин אחהע" светят четыре другие буквы, "гимель-йуд-хаф-куф גיכק", относящиеся к звукам нёбного происхождения. От "алеф א" группы

---
⁵⁹⁷ Писания, Псалмы, 34:9. «Вкусите и увидите, как добр Творец! Счастлив человек, полагающийся на Него».

⁵⁹⁸ Писания, Псалмы, 33:6. «Речением Творца были созданы небеса, и дуновением уст Его – все воинства их».

⁵⁹⁹ Писания, Иов, 28:13. «Неведомо человеку обиталище его, и не будет оно отыскано в стране живых».

⁶⁰⁰ Писания, Песнь песней, 4:6. «Пока не повеял день и не побежали тени, пойду я на гору мирровую, на холм ладановый».

⁶⁰¹ Тора, Берешит, 46:27. «Сыновей Йосефа, родившихся у него в Египте, две души. Всех душ дома Яакова, пришедших в Египет, семьдесят».

букв "алеф-хэт-хэй-аин אחהע" светит "гимель ג" группы букв "гимель-йуд-хаф-куф גיככק", и это – хорошая награда праведникам, называемая оплатой (гмуль גמול)"», т.е. «гимель גימל». «"И об этом сказано: "Тогда наслаждаться будешь в Творце"⁶⁰²».

"От буквы "хэт ח" группы "алеф-хэт-хэй-аин אחהע" светит "йуд י" группы "гимель-йуд-хаф-куф גיככק", и это Хохма, и вся она упрятана в "йуд י", которая скрыта со всех сторон", т.е. внутри нее нет белого цвета, "и поэтому невозможно найти Хохму, как сказано: "И не будет оно отыскано в стране живых"⁵⁹⁹.

"От буквы "хэй ה" группы "алеф-хэт-хэй-аин אחהע" светит "каф כ" группы "гимель-йуд-хаф-куф גיככק", свет и елей помазания, который изливается от Имы в место, называемое излучением. И оно называется также излучением юбилейного года (йовель)", ибо излучение – это Малхут, а йовель – Бина. Малхут, получающая изобилие Бины, называется излучением юбилейного года (йовель). "И это – Малхут Давида. И поэтому помазание царей производится лишь с помощью "каф כ"».

533) «"Куф ק" группы "гимель-йуд-хаф-куф גיככק", – это потому, что от "аин ע" группы "алеф-хэт-хэй-аин אחהע" светит "куф ק" группы "гимель-йуд-хаф-куф גיככק". Как "аин ע" это семьдесят", т.е. имеется в ней семь сфирот ХАГАТ НЕХИМ, в каждой из которых десять сфирот, "так "куф ק" это сто", потому что есть в ней также три первые сфиры, ХАБАД, "представляющие собой завершенность десяти сфирот. И поэтому в нёбе (хэх) происходит завершение всего. И каждый, кто знает эту тайну и строго соблюдает ее, счастлива доля его"».

534) «"Гуф (тело) Царя – это распространение" сфиры "Тиферет, и в нем соединяются цвета", белый и красный, т.е. две линии, правая и левая, а гуф – это средняя линия, соединяющая их. "Зроот (руки) Царя – это света Хесед и Гвура, и поэтому они" две линии, "правая и левая", а гуф (тело) – это средняя линия, соединяющая их. "Меаим (внутренности) Его", т.е. внутренние свойства, "исправляются в Даат, входящем в рош" и согласующем между собой две линии, Хохму и Бину, "и

---

⁶⁰² Пророки, Йешаяу, 58:14. «Тогда наслаждаться будешь в Творце, и Я возведу тебя на высоты земли, и питать буду тебя наследием Яакова, отца твоего, потому что уста Творца изрекли это».

распространяющемся во внутренние свойства и внутрь этого гуф (тела)"», т.е. Тиферет.

535) «"Шокаим (ноги) соединяются благодаря двум светам, и это действительно два света", т.е. Нецах и Ход. "Шокаим (ноги) и две почки соединяются в одном месте", потому что две почки – это тоже Нецах и Ход. "И там собирается весь елей помазания, и весь елей тела (гуф). И оттуда", от Нецах и Ход, "нисходит весь елей" святого "помазания в место, называемое основой (есод) мира", т.е. "основа (есод) от того места, которое называется "мир". И что оно собой представляет? Это Нецах и Ход. Поэтому сказано: "Повелитель воинств – имя Его". Ибо Нецах и Ход называются воинствами. "Благословен Он, благословенно имя Его всегда, во веки веков!"»

536) «"Все эти исправления приходят для того, чтобы объединиться в одно целое", нукву, "пока весь елей святого помазания не получает этот Есод, весь его полностью; и он совершает его возлияние на нукву", Малхут, "и она благословляется от него. Когда она благословляется от него? В час, когда суды исправляются внизу. И когда они исправляются внизу, они исправляются вверху. И все исправления Царя, являющиеся буквами святого имени, пребывают в радости и совершенстве, и все они – одно целое. И тогда Он воцаряется среди них, как сказано: "Всесильный (Элоким) предстает в собрании Творца, среди судей будет вершить правосудие"[603]». И поэтому суды уподобляются огню. Так же как огонь, когда он регулируется посредством соответствующих устройств, от него исходит свет и на нем готовится пища, а когда не регулируется, он уничтожает всё. И так же – суды.

537) «"И когда эти суды не исправлены внизу, то так же, якобы, и наверху, т.е. все эти исправления не выстроены таким образом", как объяснено выше. "Ибо мать (има) отдаляется от сыновей", ЗОН, "и сыновья не питаются от нее. И Есод не совершает возлияния на нукву", Малхут, "и все суды пробуждаются, и властвует могучий змей. Словно исправления Царя отдалились из-за этого суда. Поскольку эта нуква не благословилась, и праведник", т.е. Есод, "не получает" для нее, "и властвует могучий змей. Горе миру, питающемуся от них"».

---

[603] Писания, Псалмы, 82:1. «Псалом Асафа. Всесильный предстает в собрании Творца, среди судей будет вершить правосудие».

538) «Сказал рабби Эльазар: "Все эти исправления – отец открыл их, чтобы не испытывать стыда в будущем мире. Но сейчас почему они должны открыться?" Сказал рабби Аба: "Это то, что я записал со слов великого светоча: "Сказал я, что это для товарищей, ибо они знают" и понимают "эти вещи, ведь они должны знать о них, как сказано: "И познаете, что Я – Творец"[604]. И сказано: "И узнают они, что Я – Творец"[605]. Ведь эти речения вошли в наше сердце. Отныне и далее эти речения скрыты между нами. Счастлива участь наша в этом мире и в мире будущем, ибо до сих пор украшался великий светоч нашими речениями"».

539) «"Смотри, я видел его во сне и спросил у рабби Шимона: "Ведь я учил у господина моего, что "йуд י" имени АВАЯ (הויה) – это Хохма. И это так, безусловно. "Хэй ה" имени АВАЯ (הויה) – почему это Бина?" Сказал он мне: "Посуди сам, ведь написано: "И река вытекает из Эдена, чтобы орошать сад"[606]. Что это за река, которая вытекает из Эдена? Это Бина", которая выходит из Эдена, из Хохмы. "И поэтому в этой реке, в ней скрывается "йуд י", т.е. Хохма, "и эта "йуд י" распространяет этот свет", Бины, со всех ее сторон", то есть наверху, и это правая линия, и внизу, левая, "и это "далет ד". А затем произвела Бина сына под собой, и это "вав ו", средняя линия, и тогда стала она "в таком виде – "хэй ה". И поэтому это "йуд-хэй יה", т.е. Хохма и Бина. "А затем она родила и вывела (наружу) этого сына и поставила его перед собой. И поэтому это "йуд-хэй-вав יהו", ибо "вав ו" сидела перед ней, чтобы она кормила ее. И об этом мы учили в нашей Брайте, что "хэй ה" вначале была "далет ד", и когда соединился с ней захар", Хохма, "она зачала одного сына, и называется "хэй ה", а затем она родила и вывела эту "вав ו" наружу от себя, "т.е. этого сына, и поставила его перед собой. Об этом написано: "И река вытекает из Эдена"[606], т.е. это Бина, выходящая из Хохмы, называемой Эден. "И вышла она из нее, разумеется, для того чтобы орошать сад", Малхут, "т.е. питать его"».

---

[604] Тора, Шмот, 10:2. «И чтобы рассказывал ты сыну твоему и сыну сына твоего о том, как наказывал Я египтян, и о знамениях Моих, которые Я совершил в среде их, и познаете, что Я – Творец».

[605] Тора, Шмот, 29:46. «И узнают они, что Я – Творец Всесильный, который вывел их из страны египетской, чтобы обитать среди них; Я – Творец Всесильный их!»

[606] Тора, Берешит, 2:10. «И река вытекает из Эдена, чтобы орошать сад, и оттуда разделяется и образует четыре главных реки».

540) «"Я схватил руку его и поцеловал его в руку. От этого наслаждения я весь трепетал, плакал и смеялся, и прошло три дня, и я ничего не ел. С одной стороны, из-за радости, а с другой, из-за того, что я не удостоился увидеть его еще раз. И вместе с тем, с ним я связывался всегда, ведь когда Галаха светит мне, я вижу образ его, возникающий предо мной. Счастливы праведники в этом мире и в мире будущем, о них сказано: "Лишь праведники воздадут благодарность имени Твоему, справедливые обитать будут пред Тобой"[607]».

---

[607] Писания, Псалмы, 140:14. «Лишь праведники воздадут благодарность имени Твоему, справедливые обитать будут пред Тобой».

ГЛАВА МИШПАТИМ

И во всем, что Я сказал вам, остерегайтесь

541) «"И во всем, что Я сказал вам, остерегайтесь"[608]. Что значит "остерегайтесь" – ведь "соблюдайте" следовало сказать?" И отвечает: "Но, конечно же, "остерегайтесь". Что означает: "(Во всем), что Я сказал вам"[608]? Иначе говоря, в том, что Я подробно объяснил вам о работе Моей, "остерегайтесь", чтобы не пришло к вам никакое зло. "Остерегайтесь", чтобы были соблюдение и присмотр только Мои. "И имени чужих божеств не поминайте"[608], – не поминайте, как мы уже указывали. Другое объяснение: "И имени божеств чужих не поминайте"[608] – то есть не обращайтесь к ним, чтобы не упасть посреди народов другой земли, и тогда сбудется сказанное о вас: "И будешь ты служить там богам иным"[609]».

542) «Другое объяснение изречения: "И во всем, что Я сказал вам, остерегайтесь"[608]. Рабби Йегуда провозгласил: "Слушай, народ Мой, и Я предостерегу тебя"[610]. "Не будет у тебя бога чужого"[611]. "Я – Творец Всесильный твой, выведший тебя из земли египетской"[612]. Эти изречения произнес Давид, пребывая в духе святости. И необходимо внимательно их рассмотреть. "Слушай, народ Мой"[610] – в скольких местах предостерегает Тора человека, в скольких местах Творец предупреждает человека, и всё – во благо человеку, дабы соблюдал он заповеди Торы, ведь каждый, соблюдающий пути Торы и изучающий ее, словно изучает святое имя"».

543) «"Мы же учили, что вся Тора – это имя Творца. И тот, кто изучает ее, словно изучает святое имя, потому что вся Тора – это одно святое имя, высшее имя, имя обобщающее"

---

[608] Тора, Шмот, 23:13. «И во всем, что Я сказал вам, остерегайтесь, и имени божеств чужих не поминайте, да не будет оно произнесено устами вашими».

[609] Тора, Дварим, 28:36. «Уведет Творец тебя и царя твоего, которого ты поставишь над собой, к народу, которого не знал ни ты, ни отцы твои, и будешь ты служить там богам иным, дереву и камню».

[610] Писания, Псалмы, 81:9. «Слушай, народ мой, и Я предостерегу тебя, Исраэль! (О), если бы ты послушался Меня!»

[611] Писания, Псалмы, 81:10. «Не будет у тебя бога чужого, и не поклоняйся богу чужеземному!»

[612] Писания, Псалмы, 81:11. «Я – Творец Всесильный твой, выведший тебя из земли египетской. Раскрой широко уста свои, и Я наполню их».

остальные имена. И тот, кто убавляет хотя бы одну букву от нее, словно делает изъян в святом имени. "И имени божеств чужих не поминайте"[608] означает – не добавляйте к Торе и не убавляйте от нее"», поскольку делает изъян в святом имени и придает силу чужим божествам. «Рабби Хия сказал: "И имени божеств чужих"[608] – это тот, кто изучает другие книги, которые не со стороны Торы. "Не будет оно произнесено устами вашими"[608] – ведь запрещено даже упоминать их и изучать их толкования, и уж тем более их толкования Торы"».

ГЛАВА МИШПАТИМ

Каждый в Исраэле, кто обрезан, должен предстать

544) «Рабби Йегуда учит так: "Каков смысл изречения: "И имени божеств чужих не поминайте"[608], и следующего за ним: "Праздник опресноков (мацот) соблюдай"[613], – ибо тот, кто не соблюдает это", праздник мацот, "подобен тому, кто не бережет веру Творца. А почему? Потому что в него это включено". Сказал рабби Ицхак: "И так во все остальные времена и праздники, так как все они относятся к святому высшему имени. Сказано: "Три раза в году должен предстать"[614] – потому что от них зависит вера"». И это три линии, из которых строится Малхут, называемая верой.

545) «"Должен предстать каждый мужчина из вас пред лицом Владыки, Творца"[614]. Почему каждый мужчина?" Сказал рабби Эльазар: "Именно каждый мужчина, потому что они получают благословения от истока реки", Есода. "Отсюда мы учили, что каждый мужчина Исраэля, который обрезан, должен предстать перед святым Царем, поскольку получает благословение от истока реки. Это означает сказанное: "По благословению Творца Всесильного твоего, которое Он дал тебе"[615]. "Перед лицом Владыки, Творца"[614]. Как мы указали", что Владыка – это Есод, "что оттуда исходят благословения, и (оттуда) получают благословения. Счастлив удел Исраэля, (в отличие) от остальных народов"».

546) «"Однажды восходили Исраэль" в Йерушалаим, "чтобы отпраздновать этот праздник, и примешались к ним идолопоклонники. В этот год не пребывали благословения в мире. Пришли они спросить об этом рава Амнуна Саву. Сказал он им: "Вы

---

[613] Тора, Шмот, 23:14-15. «Три раза празднуй Мне в году. Праздник опресноков (мацот) соблюдай; семь дней ешь опресноки, как Я повелел тебе, в назначенное время месяца Авива, ибо в оном вышел ты из Египта; и пусть не являются пред лицо Мое с пустыми руками».

[614] Тора, Шмот, 23:17. «Три раза в году должен предстать каждый мужчина из вас пред лицом Владыки, Творца».

[615] Тора, Дварим, 16:16-17. «Три раза в году пусть предстанет каждый мужчина у тебя пред Творцом Всесильным твоим, на месте, которое Он изберет: в праздник опресноков, и в праздник Шавуот, и в праздник Суккот. И пусть не предстают пред Творцом с пустыми руками. Каждый пусть принесет, сколько он может, по благословению Творца Всесильного твоего, которое Он дал тебе».

вначале видели знак этого", что это восхождение было неугодным. "Сказали ему: "Мы видели знак – когда мы возвращались оттуда, все дороги были затоплены водой, все было затянуто облаками и покрыто тьмой, и не могли отправиться" в обратный путь "все те, кто поднялся туда. Кроме того, в час, когда мы пришли, чтобы предстать (пред Творцом), омрачился лик небесный и наполнился гневом". Сказал он им: "Разумеется! Либо есть среди вас люди, не совершившие обрезания, либо идолопоклонники поднялись вместе с вами. Ибо в этот час благословляются только лишь те сыновья Исраэля, кто обрезан, и на этот знак святости Творец смотрит и благословляет их"».

547) «"На другой год поднимались они, и поднялись те же смешавшиеся с ними идолопоклонники, и когда они ели от жертвоприношений и пребывали в радости, то увидели этих идолопоклонников, которые обликом своим напоминали стену плача", т.е. были охвачены печалью. "И проследили за ними – когда все благословляли, они не благословляли. Обратились они с этим в суд. Подошли и спросили их: "Скажите, когда вы ели свою часть, от какого жертвоприношения вы ели?" Растерялись те", не зная, что ответить. "Проверили их, и, обнаружив, что они поклоняются идолам, предали их смерти. Возгласили: "Благословен Милосердный, спасший Свой народ". Ведь благословение, разумеется, может пребывать только лишь в Исраэле, святом семени, сыновьях веры, сыновьях истины. В этом году пребывали благословения в мире во всей полноте. Воскликнули они, провозгласив: "Лишь праведники воздадут благодарность имени Твоему"[607]».

548) «"Благодаря Исраэлю, обрезанным, подчиняются им враги их, и они перенимают достояние их. Смотри, что сказано: "Должен предстать каждый мужчина твой"[616], и это означает – мужчины, которые обрезаны. "А затем сказано: "Ибо прогоню Я народы от лица твоего и расширю твои пределы"[617] – т.е. благодаря обрезанию, Творец, вершащий суд и милосердие, "изгоняет обитателей с места их", т.е. этих врагов, "и поселяет обитателей на их место", т.е. Исраэль. "И поэтому:

---

[616] Тора, Шмот, 34:23. «Три раза в году должен предстать каждый мужчина твой пред ликом Владыки, Творца Всесильного Исраэля».

[617] Тора, Шмот, 34:24. «Ибо прогоню я народы от лица твоего и расширю твои пределы, и никто не возжелает земли твоей, когда отправишься ты в путь, чтобы предстать пред лицом Творца Всесильного твоего трижды в году».

"Должен предстать всякий мужчина твой пред ликом Владыки, Творца"⁶¹⁶» – т.е. Творец, свойство Тиферет, действует судом и милосердием, и поэтому Он изгоняет обитателей и поселяет обитателей. «Рабби Йегуда говорит: "Владыка" – как в сказанном: "Вот Владыка, Творец воинств, топором отсекает ветви главные"⁶¹⁸ – т.е. изгоняет обитателей, "и выйдет отросток из ствола Ишая"⁶¹⁹ – поселяет обитателей. "И все это одно целое", т.е. суд и милосердие действуют вместе, "и Он изгоняет обитателей и поселяет обитателей"», как одно целое. «Рабби Ицхак сказал: "Есть Владыка (адон)", и это Тиферет, "и есть Владыка (адон)", и это Есод, "и всё зависит от Одного"», т.е. Малхут, называемой Адни (Господин мой).

---

⁶¹⁸ Пророки, Йешаяу, 10:33. «Вот Владыка, Творец воинств, топором отсекает ветви главные: и высокие ростом (будут) срублены, и горделивые – низложены».

⁶¹⁹ Пророки, Йешаяу, 11:1. «И выйдет отросток из ствола Ишая, и даст плоды побег, (что) от корней его».

ГЛАВА МИШПАТИМ

Творец называется Адни

549) «Рабби Йегуда сказал: "Адни (אדני)" в наполнении его: "**алеф**-ламед-фэй אלף" "**далет**-ламед-тав דלת" "**нун**-вав-нун נון" "**йуд**-вав-далет יוד", называется Творец", Зеир Анпин, а не АВАЯ (הויה), как оно пишется. "А оно – то, что произносится так же, как и пишется" называется Адни (אדני). "И что оно собой представляет?" Рабби Йоси говорит, что оно – "видения Всесильного (марот Элоким)"[620], т.е. Малхут, называемая видением. Спрашивает: "Написано "видения (марот מַרְאוֹת)", во множественном числе, "что означает" написанное: "видения (марот מַרְאוֹת)?"
И отвечает, что это включает также "совершенство всего: **йуд**-вав-далет יוד" "**хэй**-алеф הא" "**вав**-алеф-вав ואו" "**хэй**-алеф הי", т.е. Зеир Анпин. Спрашивает: "Видения чего?" Имени АВАЯ или Адни? И отвечает: "Это **алеф**-ламед-фэй אלף" "**далет**-ламед-тав דלת" "**нун**-вав-нун נון" "**йуд**-вав-далет יוד", и оба они называются им. "Это", Малхут, "произносится так же, как и пишется, а это", Зеир Анпин, "произносится не так, как пишется", именем АВАЯ (הויה), "и поэтому называется этим", именем Адни (אדני). "Поэтому написано: "Видения (марот מַרְאוֹת) Всесильного"[620]» – во множественном числе, потому что включает Зеир Анпин и Малхут. И по этой причине оба они также называются именем «Адон (אדון Владыка)».

550) И еще. «Сказал рабби Йегуда: "Иногда высшие называются по имени нижних, а иногда нижние называются по имени высших. И поэтому" написано: "Владыки, Творца"[614] – по имени высшего", Зеир Анпина, "а это Адни (אדני)" т.е. имя нижнего, Малхут. "И мы ведь указывали на эти вещи. Эти вещи выясняются многими путями, но все это одно целое. Благословен Милосердный, благословенно имя его всегда, во веки веков"».

---

[620] Пророки, Йехезкель, 1:1. «И было: в тридцатый год, в пятый день четвертого месяца. И я среди изгнанников при реке Квар, – открылись небеса, и я увидел видения Всесильного».

ГЛАВА МИШПАТИМ

Нешикин

551) «"Вот Я посылаю ангела пред тобою"[621]. Рабби Ицхак провозгласил: "Будет целовать меня поцелуями уст его"[622]. Кнессет Исраэль, Шхина, сказала: "Будет целовать меня поцелуями уст его"[622]. Что значит: "Будет целовать меня", "будет любить меня", – надо было сказать, почему "будет целовать меня"? Но мы так учили: что такое поцелуи? Это слияние души с душой (руах бе-руах), и потому поцелуй – в устах, так как уста – это начало и источник души (руах). Поэтому поцелуи (нешикин) – они в устах, в любви, и слиты душа с душой и не разлучаются друг с другом"».

552) «"Поэтому тот, у кого душа (нешама) выходит в поцелуе, сливается с другим духом (руах)", т.е. с духом Творца, "с духом, который не расстается с ним, и это называется поцелуем. Поэтому сказала Кнессет Исраэль: "Будет целовать меня поцелуями уст Его"[622] – чтобы находиться в слиянии души с душой (руах бе-руах), чтобы не расставались они друг с другом"».

553) «"Ибо ласки твои лучше вина"[622]. Что делает здесь вино – ведь сказано: "И эти тоже одурманены вином"[623], и сказано: "Вина и хмельного не пей ни ты, ни сыновья твои"[624]? В чем причина упоминания вина здесь?" Рабби Хия сказал: "(Лучше) вина Торы"», т.е. мохин Зеир Анпина называются Торой, а мохин свечения Хохмы называются вином. «Рабби Хизкия сказал: "Это то, что сказано: "Вино, веселящее сердце человека"[625] – т.е. говорится о вине Торы. "И об этом сказано: "Ибо ласки твои лучше вина"[622] – т.е. они лучше "для радости сердца, чем вино, которое радует меня больше всего"».

---

[621] Тора, Шмот, 23:20. «Вот Я посылаю ангела пред тобою, чтобы хранить тебя в пути и привести тебя на место, которое Я уготовил».

[622] Писания, Песнь песней, 1:2. «Будет целовать меня поцелуями уст его, ибо ласки твои лучше вина!»

[623] Пророки, Йешаяу, 28:7. «И эти тоже одурманены вином и распутничают в пьяном веселье; жрец и пророк шатаются в пьяном чаду, сбились с пути из-за вина, они отуманены хмелем, путаются в видениях, ошибаются на суде».

[624] Тора, Ваикра, 10:9. «Вина и хмельного не пей ни ты, ни сыновья твои с тобою при входе вашем в Шатер собрания, чтобы вы не умерли, — закон вечный для поколений ваших».

[625] Писания, Псалмы, 104:15. «И вино, веселящее сердце человека, для просветления лика от елея, и хлеб, укрепляющий сердце человека».

Пояснение сказанного. Нешикин (поцелуи) относятся к сфатаим (губам). И у сфатаим (губ) есть два свойства:

1. Верхняя сафа (губа) – это свечение высших Абы ве-Имы, которые передают туда «авира дахья (чистый воздух)», т.е. свет хасадим, называемый руах, в зивуге, который не прекращается никогда. И в них «йуд י» не выходит из их свойства «воздух (авир אויר)».

2. И нижняя сафа (губа) – это свечение ИШСУТ, в которых «йуд י» выходит из их свойства «воздух (авир אויר)», вследствие чего они снова становятся Хохмой и передают туда свечение Хохмы.[626]

И хотя свечение хасадим высших Абы ве-Имы относится к самим ГАР, вместе с тем Зеир Анпин нуждается в свечении Хохмы, и свет хасадим Абы ве-Имы у него является только свойством ВАК без рош, из-за отсутствия свечения Хохмы. Но после того как Зеир Анпин получает мохин де-ИШСУТ, т.е. свечение Хохмы, становятся у него хасадим Абы ве-Имы истинным свойством ГАР, так же, как и у самих высших Абы ве-Имы. Ибо теперь он тоже восполнился свечением Хохмы, и нет в нем недостатка, как и у высших Абы ве-Имы. И их свечение хасадим важнее, чем свечение Хохмы в ИШСУТ, поскольку они являются высшими их свойствами и наполняющими их.

И это смысл сказанного: «"Будет целовать меня поцелуями уст Его"[622] – чтобы находиться в слиянии души с душой (руах бе-руах)», – т.е. свечение хасадим, называемое руах, и они в высшей сафе (губе), и это свечение от высших Абы ве-Имы. А нижняя сафа (губа), и это свечение ИШСУТ в них, являющееся свечением Хохмы, восполняет руах верхней сафы (губы), чтобы он был в свойстве ГАР, как и в самих Абе ве-Име, как мы уже сказали. И это означает сказанное: «Ибо ласки твои лучше вина»[622]... – (лучше) вина Торы», так как вследствие того, что там светит также и нижняя сафа (губа), т.е. свечение Хохмы от ИШСУТ, называемое вином, стали «ласки твои лучше»[622], т.е. руах от верхней сафы, ибо благодаря этому хасадим стали свойством ГАР. И это то, что произносит Шхина в состоянии зивуг де-нешикин: «Ибо ласки твои лучше вина»[622].

---

[626] См. выше, п. 527. «Сфатаим (губы) Царя...»

554) «Рабби Йегуда сказал: "Написано: "И поцеловал Яаков Рахель, и возвысил голос свой, и заплакал"[627]. Почему заплакал? Но когда он находился в слиянии духа с ней, сердце уже не могло выдержать, и он заплакал. И если ты скажешь: "Написано ведь: "И (Эсав) целовал его (Яакова), и они плакали"[628], мы учили, почему стоят огласовки над словами: "И целовал его (ва-ишакéу וַיִּשָּׁקֵהוּ)",[629] – потому что вовсе не слился с ним дух его. И об этом сказано: "И лживы поцелуи врага"[630]. Что значит: "И лживы поцелуи врага"? Но тот, кто целует от любви, сливается дух его с другим духом в слиянии любви, а тот, кто целует не от любви, он не в слиянии, и лживы они. Что значит – лживы? Это авиют, ибо дух его не слит с этим поцелуем, и не сливается с ним вовсе. Поэтому сказано: "Будет целовать меня поцелуями уст Его"[622] – и это слияние духа с другим духом"».

555) «"Мы учили: всё то время, пока Творец находится среди Исраэля, якобы сливается дух с другим духом. И об этом сказано: "А вы, прилепившиеся к Творцу"[631] – во всех видах этого слияния, и не разлучающиеся друг с другом. В час, когда было сказано: "Вот Я посылаю ангела перед тобою"[621], знал Моше, что это разлучение" с Исраэлем, "сказал: "Если Ты сам не пойдешь, не выводи нас отсюда"[632]».

556) «Рабби Аба сказал: "Что написано выше этого: "Начаток первых плодов твоей земли приноси в Храм Творца Всесильного твоего. Не вари козленка в молоке матери его"[633]. О чем это говорит? Однако нельзя смешивать нижнего с высшим, чтобы не питалась та сторона, что снаружи, от стороны, которая внутри. Что отличает одну от другой? Та, что снаружи",

---

[627] Тора, Берешит, 29:11. «И поцеловал Яаков Рахель, и возвысил голос свой, и заплакал».
[628] Тора, Берешит, 33:4. «И побежал Эсав ему навстречу и обнял его, и пал на шею его, и целовал его, и они плакали».
[629] См. Зоар, главу Ваишлах, п. 123. «"И целовал его (ва-ишакеу וַיִּשָּׁקֵהוּ)" – огласовка стоит над буквами, и это указывает, что не по желанию целовал его...»
[630] Писания, Притчи, 27:6. «Полезны раны от любящего, и лживы поцелуи врага».
[631] Тора, Дварим, 4:4. «А вы, прилепившиеся к Творцу Всесильному вашему, – живы все вы ныне».
[632] Тора, Шмот, 33:15. «И сказал Ему: "Если Ты сам не пойдешь, не выводи нас отсюда"».
[633] Тора, Шмот, 23:19. «Начаток первых плодов твоей земли приноси в Храм Творца Всесильного твоего. Не вари козленка в молоке матери его».

т.е. козленок, "она со стороны нечистоты", а та, что внутри", т.е. мать его, "она со стороны святости. Кто такая "мать его"? Это Кнессет Исраэль", т.е. Малхут, "называемая эм (мать)"». Ибо распространение Малхут доходит до клипот, как сказано: «Ноги ее нисходят к смерти»[634]. «"В молоке матери его"[633] – чтобы не питались от этой стороны те, кому не положено"». И смысл сказанного следующий: «Начаток первых плодов твоей земли приноси в Храм Творца Всесильного твоего»[633], и благодаря этой заповеди, будет обеспечено вам: «Не вари козленка в молоке матери его»[633], что внешнее не будет перемешиваться с внутренним, как будет объяснено далее.[635]

---

[634] Писания, Притчи, 5:5. «Ноги ее нисходят к смерти, на преисподнюю опираются стопы ее».
[635] См. п. 564.

ГЛАВА МИШПАТИМ

Вот Я посылаю ангела

557) «"А здесь сказано: "Вот Я посылаю ангела пред тобою"[636] – получается, что Исраэль, являющиеся внутренней сущностью и слиянием с Творцом, передаются в распоряжение ангела, представляющего собой внешнюю сущность. "Сказал Моше: "Я ведь получил обещание с Твоей стороны, что Ты не оставишь его" – что благодаря заповеди первых плодов внешнее не будет перемешиваться с внутренним, как было объяснено выше, «конечно же, "если Ты сам не пойдешь, не выводи нас отсюда"[632]. "И по чему можно будет узнать, что обрел милость в глазах Твоих я и народ Твой"[637]». И не должно вызывать затруднений то, что это изречение находится в главе Ки-тиса, ибо не существует в Торе понятия раньше или позже.

558) «Сказал рабби Эльазар: "Творец сказал это лишь из любви к Исраэлю, желая прийти к согласию с ними. Подобно царю, который хотел идти вместе со своим сыном и не оставлять его. Явился сын его, и боялся попросить царя пойти вместе с ним. Заговорил царь первым, сказав: "Вот такой-то военачальник пойдет с тобой, чтобы уберечь тебя в пути". Но затем прибавил: "Остерегайся его, ибо на него нельзя полностью положиться". Сказал ему сын: "В таком случае, либо я остаюсь здесь, либо ты сам пойдешь со мной, и я не буду разлучаться с тобой". Так Творец вначале сказал: "Вот Я посылаю ангела перед тобою, чтобы хранить тебя в пути"[621]. А затем сказал: "Будь осторожен с ним"[638]. Тотчас сказал Моше: "Если Ты сам не пойдешь, не выводи нас отсюда"[632]».

559) «Пришел рабби Шимон и застал его», когда рабби Эльазар говорил это. «Сказал: "Эльазар, сын мой, ты говоришь правильно. Но сам посмотри, в этом месте, когда Творец сказал: "Вот Я посылаю ангела"[621] – ничего не ответил Моше, не возразил ни одним словом, ибо здесь не было отделения от Творца", поскольку ангел был послан лишь для охраны, "и мы

---

[636] Тора, Шмот, 23:20. «Вот Я посылаю ангела пред тобою, чтобы хранить тебя в пути и привести тебя на место, которое Я уготовил».

[637] Тора, Шмот, 33:16. «И по чему можно будет узнать, что обрел милость в глазах Твоих я и народ Твой, если не по тому, что Ты идешь с нами? И будем выделены я и народ Твой из всех народов земли!»

[638] Тора, Шмот, 23:21. «Будь осторожен с ним и слушайся голоса его, не прекословь ему, ибо он не простит проступка вашего, так как имя Мое в нем».

уже указывали это товарищам"». Тогда как там сказано: «И пошлю Я перед тобою ангела, и изгоню кнаанеев»[639], «ибо Я не пойду в среде твоей»[640]. «"А есть такие, кто учили наоборот" – что здесь есть разделение, а там нет разделения. "Но не так истолковывали это предшествующие мудрецы, и когда рассматривали эти изречения, всё было верно, и все одинаково разъясняли их смысл"».

560) «"Когда возразил Моше? Когда Творец сказал: "И пошлю Я перед тобою ангела"[639], ведь затем сказано: «Ибо Я не пойду в среде твоей»[640]. «А здесь сказано: "Когда пойдет Мой ангел перед тобою"[641] – просто, и Он не разъясняет сказанного"», как в случае: «Ибо Я не пойду в среде твоей»[640]. «"Поэтому здесь сказано: "Если же будешь слушаться голоса его и сделаешь всё, что Я скажу"[642], "что Я скажу"[642], – в точности. И сказано: "То буду Я враждовать с твоими врагами и теснить притеснителей твоих"[642] – т.е. всё зависит от Творца"». И здесь нет разделения, поэтому не возражал Моше.

561) «Рабби Йегуда сказал: "И если утверждать", что в двух изречениях "это действительно ангел", в разделении, вместе с тем "Моше ничего не возразил на них, поскольку не было у него повода"». Ведь и на сказанное в главе Ки-тиса: «И пошлю Я перед тобою ангела»[639] Моше не возразил сразу. «"А когда возразил? В то время, когда сказано: "Если Ты сам не пойдешь, не выводи нас отсюда"[632]"». И возразил, поскольку было сказано ему: «Сам Я пойду, дабы успокоить тебя»[643]. Ибо тогда у него был повод для возражения. «Сказал рабби Шимон: "Вообще Моше не желал ангела, ведь написано: "И сказал он:

---

[639] Тора, Шмот, 33:2. «И пошлю Я перед тобою ангела, и изгоню кнаанеев, эмореев, и хеттов, и призеев, хивеев и йевусеев».

[640] Тора, Шмот, 33:3. «Иди в страну, текущую молоком и медом; ибо Я не пойду в среде твоей, Исраэль, потому что ты жестоковыйный народ – как бы не уничтожил Я тебя по дороге!»

[641] Тора, Шмот, 23:23-24. «Когда пойдет ангел Мой перед тобою и приведет тебя к эмореям, и хеттам, и призеям, и кнаанеям, и хивеям, и йевусеям, и истреблю Я их, то не поклоняйся богам их, и не служи им, и не подражай делам тех, кто служит им, а разрушь их идолов, и сокруши камни, на которых приносят жертвы».

[642] Тора, Шмот, 23:22. «Если же будешь слушаться голоса его и сделаешь всё, что Я скажу, то буду Я враждовать с твоими врагами и теснить притеснителей твоих».

[643] Тора, Шмот, 33:14. «И сказал Он: "Сам Я пойду, дабы успокоить тебя"».

"Если я обрел милость в Твоих глазах, Господин мой, то пусть мой Господин пойдет среди нас"[644]».

---

[644] Тора, Шмот, 34:9. «И сказал он: "Если я обрел милость в Твоих глазах, мой Господин, пусть же пойдет мой Господин среди нас; даже если народ жестоковыйный он, прости нашу вину и наш грех, и возьми нас Себе в удел"».

ГЛАВА МИШПАТИМ

Не вари козленка в молоке матери его

562) «Сказал рабби Йегуда: "То, что сказал рабби Аба об изречении: "Не вари козленка в молоке матери его"[645], что козленок – от ситры ахра, чтобы он не питался от Шхины,[646] "нужно было сказать: "В молоке матери", почему сказано: "В молоке матери его"[645]? И если ты скажешь, что Кнессет Исраэль", Малхут, "является матерью нечистой стороны, то это не так. Ибо слышал я, что сказал рабби Шимон: "Кнессет Исраэль, являющаяся матерью святости, была объединена со стороны удела Исраэля, как сказано: "Ибо удел Творца – народ его"[647]».

563) «Сказал рабби Шимон: "Верно ты сказал. И то, что сказал рабби Аба, верно. И все зависит одно от другого. Смотри, "мать", Малхут, "объединилась у них наверху, с одной стороны", святости, "и с другой стороны", нечистоты, "и их две: одна – справа, другая – слева". То есть в каждой стороне есть правая и левая стороны. "И поэтому одни относятся к правой стороне, а другие – к левой. И все они зависят от этой матери, т.е. матери святости", Малхут, "и включены в нее"».

564) «"Когда они включены в нее? В час, когда эта мать питается от другой стороны, и Храм оскверняется, и начинает показываться могучий змей. Тогда козленок питается молоком матери своей, и пробуждаются суды. И поэтому Исраэль, предотвращают это и приносят первые плоды, и в час, когда приносят их, они должны провозгласить изреченное о Лаване"», то есть: «Арамеец вознамерился погубить отца моего»[648]. «"Ведь тот хотел с помощью колдовства властвовать над Яаковом и над святым семенем, но не было позволено ему, и Исраэль не были преданы в руки его, и не были отданы этой стороне". И поэтому они устраняют этим силу этого змея, и козленок

---

[645] Тора, Шмот, 23:19. «Начаток первых плодов твоей земли приноси в Храм Творца Всесильного твоего. Не вари козленка в молоке матери его».

[646] См. выше, п. 556.

[647] Тора, Дварим, 32:9. «Ибо удел Творца – народ Его, Яаков – наследственное владение Его».

[648] Тора, Дварим, 26:5. «И возгласишь ты и скажешь пред Творцом Всесильным твоим: "Арамеец вознамерился погубить отца моего; а (затем) он спустился в Египет и проживал там с немногими, и стал там народом великим, могучим и многочисленным"».

не может питаться молоком матери его. "Поэтому сказано: "Начаток первых плодов твоей земли приноси в Храм Творца Всесильного твоего. Не вари козленка в молоке матери его"⁶⁴⁵ – чтобы не питалась эта сторона молоком матери его", Малхут, дабы не осквернился Храм и не пробудились суды"».

565) «"Поэтому не должны есть мяса в молоке всё святое семя, и все, кто исходит от этой стороны", святости, "чтобы не дать места тому, кому не следует, поскольку это зависит от действия, так как необходимо действие внизу, чтобы пробудить действие наверху. Счастливы Исраэль более чем все народы, поклоняющиеся иным божествам. И Господин их провозгласил о них: "И тебя избрал Творец, чтобы ты был Ему избранным из всех народов"⁶⁴⁹. Сказано также: "Ибо народ святой ты у Творца Всесильного твоего"⁶⁴⁹, и сказано: "Сыны вы Творцу Всесильному вашему"⁶⁵⁰».

566) «"Смотри, в час, когда деяния Исраэля не хороши, что сказано: "Народ Мой! Притеснители его – юнцы, и женщины властвуют над ним"⁶⁵¹. "Властвуют над ним", – именно так, и мы указывали на эти вещи, приведенные в книге царя Шломо, и это мы обнаружили в ней. Еще мы обнаружили там, что каждый, кто ест мясные и молочные блюда одновременно или в течение одной трапезы, что они соединяются вместе". И это так же, как у того, кто ест мясо вместе с молоком, в течение сорока дней на коже его виден приготовленный в жертву козленок", т.е. который приготавливался целиком, как одно целое, с головой," тем, кто наверху, и сборище нечистоты приближается вместе с ним и приводит к пробуждению в мире судов, не являющихся святыми"».

567) «"И если родил сына в эти дни, дают ему душу от иной стороны, которой он не нужен", ибо она оскверняет его. "И сказано: "Освящайте себя и будете святы... и не оскверняйте душ

---

⁶⁴⁹ Тора, Дварим, 14:2. «Ибо народ святой ты у Творца Всесильного твоего, и тебя избрал Творец, чтобы ты был Ему избранным из всех народов, которые на земле».

⁶⁵⁰ Тора, Дварим, 14:1. «Сыны вы Творцу Всесильному вашему, не делайте на себе надрезов и не делайте плеши меж ваших глаз по умершему».

⁶⁵¹ Пророки, Йешаяу, 3:12. «Народ Мой! Притеснители его – юнцы, и женщины властвуют над ним. Народ Мой, вожди твои вводят тебя в заблуждение и извращают тропу пути твоего».

ваших"⁶⁵². Помышляющего осквернится, конечно же, оскверняют, как сказано: "Ибо станете нечистыми от них"⁶⁵³. "Станете нечистыми (нитме́тем וְנִטְמֵתֶם)" написано без "алеф א", и это самая непреодолимая скверна из всех" видов скверны, "и нет у него права очиститься, как в случае с остальными видами скверны, которые поддаются очищению. И, кроме того, он страшится хищных зверей, так как он им кажется козленком, и они могут причинить ему вред, ибо он потерял человеческий облик"».

568) «Рабби Йеса разрешил есть куриное мясо, приготовленное с сыром или с молоком. Сказал рабби Шимон: "Запрещено тебе. Поскольку человек не должен давать доступ дурным побуждениям. "Ты ходи, – говорят назиру, – обходя подальше виноградник, не приближаясь к нему. Конечно же, он запретен для тебя". Ведь здесь такие же строгие правила, как и с закланием животного. И тот, кто позволяет это, что сказано?" – о нем. "Но вы поили назиров вином"⁶⁵⁴ – поскольку тот, кто дозволяет одно, дозволяет и другое". Ибо ущерб, к которому они привели наверху, один в них. "И сказано: "Не ешь никакой мерзости"⁶⁵⁵. "Никакой" – включает в себя всё"».

569) «"Мы учили, благодаря чему удостоились Даниэль, Ханания, Мишаэль и Азария быть спасенными от тяжелых испытаний. Только лишь благодаря тому, что не хотели осквернять себя нечистой пищей". Сказал рабби Йегуда: "Написано: "И решил Даниэль в сердце своем не оскверняться пищей царской"⁶⁵⁶. И мы учили в Мишне, что пищей того злодея", Невухаднэцара, "было мясо, приготовленное в молоке, и сыр с мясом, не говоря уже о другой пище. И это подавалось на его стол каждый день"».

---

⁶⁵² Тора, Ваикра, 11:44. «Ибо Я Творец Всесильный ваш, освящайте себя, и будете святы, ибо свят Я, и не оскверняйте ваших душ всяким существом, копошащимся на земле».
⁶⁵³ Тора, Ваикра, 11:43. «Не оскверняйте душ ваших никаким пресмыкающимся. Не оскверняйтесь ими, ибо станете нечистыми».
⁶⁵⁴ Пророки, Амос, 2:12. «Но вы поили назиров вином, а пророкам приказывали, говоря: "Не пророчествуйте!"»
⁶⁵⁵ Тора, Дварим, 14:3. «Не ешь никакой мерзости».
⁶⁵⁶ Писания, Даниэль, 1:8. «И решил Даниэль в сердце своем не оскверняться пищей царской и вином из напитков его, и просил он старшего из придворных, чтобы (позволил) он ему не оскверняться».

570) «"А Даниэль, который хранил себя от всего этого, когда бросили его в яму со львами, он был совершенен в облике Господина своего, и не изменился его облик на иной облик. И поэтому боялись его львы и не растерзали его. Тогда как этот злодей, когда у него было отнято царство, и жил он со зверями полевыми, лишился облика подобия Творцу. И с того дня не был похож облик его на человеческий облик. И каждое появлявшееся животное видело его в облике самки своего вида и набрасывалось на него. И много раз могли бы сожрать его полевые звери, если бы не приговор, карающий его за совершенное, как сказано: "И он над царями насмехается"[657]. И поэтому все будут насмехаться над ним всё это время"».

571) «"Смотри, что сказано: "А по истечении десяти дней выглядели они лучше, а телом были здоровее, чем все те мальчики, что ели пищу царскую"[658]. "Выглядели они лучше"[658] означает, что не лишились они облика Господина своего, а другие лишились. И почему это произошло? Потому что они не осквернились мерзостью этой пищи. Счастлив удел Исраэля, ибо сказано о них: "Людьми святости будете для Меня"[659]».

---

[657] Пророки, Хавакук, 1:10. «И он над царями насмехается, и властелины – потеха для него, он над всякой крепостью потешается, и собирает прах (насыпает осадный вал), и овладевает ею».
[658] Писания, Даниэль, 1:15. «А по истечении десяти дней выглядели они лучше, а телом были здоровее, чем все те мальчики, что ели пищу царскую».
[659] Тора, Шмот, 22:30. «Людьми святости будете для Меня, и растерзанного в поле мяса не ешьте, псу бросайте его».

ГЛАВА МИШПАТИМ

А Моше сказал: «Взойди к Творцу»

572) «"А Моше сказал"[660]. Кто сказал? Это Шхина. "Взойди к Творцу"[660], как сказано: "И Моше взошел к Всесильному"[661]. И для чего все это?" Это для того, "чтобы Он заключил с ними союз, поскольку они уже сделали подворачивание (прия), тогда как до выхода из Египта они лишь совершили обрезание (мила) без подворачивания (прия). А здесь они уже сделали подворачивание и уже вступили под знак союза, как сказано: "Там установил Он ему закон и правосудие"[662], – т.е. обрезание (мила) и подворачивание (прия),[663] "и там испытал его"[662] – святым знаком, который раскрылся у них. И здесь состоялось у них заключение этого союза посредством Моше, как сказано: "И взял Моше кровь и окропил народ"[664]».

573) «Сказал рабби Ицхак: "То, что написано: "А другой половиной крови совершил окропление над жертвенником"[665], не сказано: "Жертвенника", потому что жертвенник – это Малхут, а заключение союза происходит в Есоде, а именно "над жертвенником"[665]», ибо «над жертвенником» указывает на Есод, который над Малхут. «"И поклонитесь издали"[660]. Что значит "издали"? Это как сказано: "Издалека Творец являлся

---

[660] Тора, Шмот, 24:1. «А Моше сказал Он: "Взойди к Творцу, ты и Аарон, Надав и Авиу, и семьдесят из старейшин Исраэля, и поклонитесь издали"».

[661] Тора, Шмот, 19:3. «И Моше взошел к Всесильному, и воззвал к нему Творец с горы, сказав: "Так скажи дому Яакова и возгласи сынам Исраэля"».

[662] Тора, Шмот, 15:25. «И возопил он к Творцу, и указал ему Творец дерево, и бросил его в воду, и стала вода пресною. Там установил Он ему закон и правосудие, и там испытал его».

[663] См. Зоар, главу Бешалах, п. 349. «Сказал рабби Аба: "Смотри, вначале, когда Исраэль начали соблюдать союз с Творцом, не соблюдали его как должно. И какова причина? Из-за того, что совершили обрезание (мила), но не сделали подворачивание (прия), не раскрылся знак святости"...»

[664] Тора, Шмот, 24:8. «И взял Моше кровь, и окропил народ, и сказал: "Вот кровь союза, который заключил с вами Творец о соблюдении всех законов этих"».

[665] Тора, Шмот, 24:6. «И взял Моше половину крови, и налил в чаши, а другой половиной крови совершил окропление над жертвенником».

мне"⁶⁶⁶,⁶⁶⁷ и сказано: "И встала сестра его поодаль"⁶⁶⁸. Учит рабби Аба, что стояла луна", Малхут, "в своем ущербе"». И поэтому сказано: «И поклонитесь издали»⁶⁶⁰. «"И именно в этот час удостоились Исраэль святого удела и заключения святого союза с Творцом"».

574) «"А Моше сказал: "Взойди к Творцу"⁶⁶⁰. Что это значит? Шхина сказала ему: "Поднимись наверх, ибо Я и Исраэль будем действовать вместе в совершенстве благодаря тебе, – и до сих пор этого еще не было". Что сказано: "И взял Моше половину крови и налил в чаши"⁶⁶⁵ – т.е. разделил ее надвое", как обычно поступают при заключении союза. "Половиной крови он окропил народ, а половиной "совершил окропление над жертвенником"⁶⁶⁵, как мы указывали"», что «над жертвенником» – это Есод. «"И сказано: "Вот кровь союза, который заключил с вами Творец"⁶⁶⁴».

575) «"И подступит Моше один к Творцу"⁶⁶⁹. Счастлив удел Моше – он единственный удостоился того, чего не удостоился другой человек. Исраэль удостоились сейчас того, чего до сих пор не удостаивались. В этот час они достигли высшего святого существования. И в этот час было сообщено им, что Святилище будет находиться среди них. Как сказано: "И сделают Мне Святилище, и Я буду обитать среди них"⁶⁷⁰».

576) «"И увидели они Всесильного Исраэля, и под ногами Его словно изделие из сапфирового камня"⁶⁷¹. Рабби Йегуда провозгласил: "Станом своим ты подобна пальме"⁶⁷². Как прелестна Кнессет Исраэль пред Творцом, которая уже не

---

⁶⁶⁶ Пророки, Йермияу, 31:2. «Издалека Творец являлся мне: "Любовью вечной возлюбил Я тебя, и потому привлек Я тебя милостью!"»

⁶⁶⁷ См. Зоар, главу Ваера, п. 48, со слов: «А фраза "издалека Творец являлся мне" указывает на среднюю линию...»

⁶⁶⁸ Тора, Шмот, 2:4. «И встала сестра его поодаль, чтобы узнать, что с ним случится».

⁶⁶⁹ Тора, Шмот, 24:1-2. «А Моше сказал Он: "Взойди к Творцу, ты и Аарон, Надав и Авиу, и семьдесят старейшин Исраэля, и поклонитесь издали. И подступит Моше один к Творцу, они же не подступят; а народ не взойдет с ним"».

⁶⁷⁰ Тора, Шмот, 25:8. «И сделают Мне Святилище, и Я буду обитать среди них».

⁶⁷¹ Тора, Шмот, 24:10. «И увидели они Всесильного Исраэля, и под ногами Его словно изделие из сапфирового камня и как небесная суть по чистоте».

⁶⁷² Писания, Песнь песней, 7:8.

разлучается с ним. Подобно тому, как у пальмы захар и некева не расстаются никогда, и не восходят один без другого, так же и Кнессет Исраэль не расстается с Творцом"».

577) «"Смотри, в час, когда Надав и Авиу увидели, и семьдесят старейшин, что сказано о них? "И увидели они Всесильного Исраэля"[671] – т.е. раскрылась над ними Шхина". Рабби Йегуда и рабби Йоси сказали: "Именно "эт"», как сказано: «Всесильного Исраэля (эт элокей исраэль)», «"и эта "эт" – указывает на то, что Он явился издали. "Эт" включает то, что есть внутри Него, т.е. они видели, что есть внутри"» Шхины.

578) «Рабби Ицхак сказал: "Но ведь написано: "Это – то создание, что я видел при реке Квар"[673]. Что это за создание?" Сказал рабби Йоси, сказал рабби Хия: "Малое создание. Разве есть малое создание? Да, потому что есть малое создание", Малхут, и "высшее создание" – находящееся в ХАГАТ, от хазе Зеир Анпина и выше, "и малое создание в малом состоянии"», и это малое создание мира Ецира.

579) «"И увидели они Всесильного Исраэля (эт элокей исраэль)"[671]. "Эт" – именно так, как я и сказал. "И под ногами Его словно изделие из сапфирового камня"[671], в виде драгоценного камня, из которого в будущем Творец возведет Святилище. Как сказано: "И сделаю основание твое из сапфиров"[674]».

---

[673] Пророки, Йехезкель, 10:15. «И поднялись херувимы. Это – то создание, что видел я при реке Квар».
[674] Пророки, Йешаяу, 54:11. «Бедная, встревоженная, безутешная! Вот Я положу камни твои в сурьму и сделаю основание твое из сапфиров».

ГЛАВА МИШПАТИМ

И на избранников сынов Исраэля

580) «"И на избранников сынов Исраэля"[675] – Надава и Авиу, "не простер Он руки своей"[675] – т.е. Он призвал их к суду по прошествии времени, но здесь они не были наказаны. Рабби Йоси сказал: "В похвалу им сказано: "И ели, и пили"[675] – т.е. насыщали глаза свои этим светом". Рабби Йегуда сказал: "Ели с уверенностью и насыщались" этим светом. "Здесь они связались наверху", т.е. притянули свет снизу вверх, и не было в этом прегрешения, "если бы не отступили затем от этого пути, как мы уже указывали"».

581) «Сказал рабби Эльазар: "И даже Исраэль в этот час были достойны, и соединилась с ними Шхина. Этот союз и вся Тора были в одно время", т.е. было у них тогда свечение от всей Торы. И Исраэль в этот час увидели то, что не видели никогда. А в грядущем будущем Творец раскроется над сыновьями Его, и узреют все они воочию величие Его, как сказано: "Ибо воочию увидят возвращение Творца в Цион"[676]. И сказано: "И раскроется величие Творца, и узрит всякая плоть разом, ибо уста Творца изрекли"[677]».

---

[675] Тора, Шмот, 24:11. «И на избранников сынов Исраэля не простер Он руки своей, и видели они Всесильного, и ели, и пили».
[676] Пророки, Йешаяу, 52:8. «Голос стражей твоих – возвысили они голос, вместе ликовать будут, ибо воочию увидят возвращение Творца в Цион».
[677] Пророки, Йешаяу, 40:5. «И раскроется величие Творца, и узрит всякая плоть разом, ибо уста Творца изрекли».

Под редакцией М. Лайтмана, основателя и руководителя Международной академии каббалы

Руководители проекта: Г. Каплан, П. Ярославский

Перевод: Г. Каплан, М. Палатник, О. Ицексон

Редактор: А. Ицексон

Технический директор: М. Бруштейн

Дизайн и вёрстка: Г. Заави

Корректоры: И. Лупашко, П. Календарев

Выражаем огромную благодарность группе энтузиастов из разных стран мира, выступивших с инициативой сбора средств для реализации этого проекта.

МЕЖДУНАРОДНАЯ АКАДЕМИЯ КАББАЛЫ
под руководством д-ра Михаэля Лайтмана

http://www.kabacademy.com/

Учебно-образовательный интернет-ресурс – неограниченный источник получения достоверной информации о науке каббала. Миллионы учеников во всем мире изучают науку каббала. Выберите удобный для вас способ обучения на сайте.

Контакты в Израиле:
тел.: 035419411
email: campuskabbalahrus@gmail.com
Facebook: https://www.facebook.com/campuskabbalah

Углубленное изучение каббалы

http://www.zoar.tv/

Каждое утро на сайте ведется прямая трансляция уроков каббалиста д-ра Михаэля Лайтмана для всех, кто занимается углубленным, ежедневным изучением науки каббала и исследованием каббалистических первоисточников.
Видеопортал Зоар.ТВ располагает уникальным контентом: фильмы, музыка, телевизионные программы, клипы, радиопередачи, статьи.

Интернет-магазин

Все учебные материалы Международной академии каббалы основаны на оригинальных текстах каббалистов.

Израиль:
http://66books.co.il/ru/

Россия, страны СНГ и Балтии:
http://kbooks.ru

Америка, Австралия, Азия
http://www.kabbalahbooks.info

Европа, Африка, Ближний Восток
http://www.kab.co.il/books/rus

АННОТАЦИИ К КНИГАМ

КАББАЛА ДЛЯ НАЧИНАЮЩИХ

Предлагаем вашему вниманию учебное пособие по каббале, составленное под руководством каббалиста, основателя и главы Международной академии каббалы Михаэля Лайтмана.

Этот материал впервые был опубликован в 2007 году и успешно многократно переиздавался под названием «Каббала для начинающих» в двух томах.

Каббала дает нам представление об устройстве системы сил, управляющих нашим миром, и о законах ее воздействия. Освоив представленный материал, вы получите начальные сведения о системе управления нашим миром и узнаете, каким образом органично, интегрально в нее включиться как активный элемент, способный изменить не только свое существование, но и будущее всего человечества.

ПОСТИЖЕНИЕ ВЫСШИХ МИРОВ

«Среди книг и рукописей, которыми пользовался мой учитель, рав Барух Ашлаг, была объемистая тетрадь, которую он постоянно держал при себе. В этой тетради были собраны беседы его отца – великого каббалиста Йегуды Ашлага (Бааль Сулама). Он записывал эти беседы слово в слово – так, как они были услышаны им.

В настоящей книге я попытался передать некоторые из записей этой тетради, как они прозвучали во мне», – так пишет в предисловии к книге ее автор, Михаэль Лайтман.

Цель книги: дать читателю возможность познать цель творения и помочь сделать первые шаги на пути к ощущению духовных сил.

УСЛЫШАННОЕ (ШАМАТИ)

Статьи, записанные со слов каббалиста Йегуды Ашлага (Бааль Сулама) его сыном и учеником, каббалистом Барухом Ашлагом (РАБАШ).

Издание составлено под руководством Михаэля Лайтмана, ученика и ближайшего помощника Баруха Ашлага.

Раскрыв эту книгу, читатель прикоснется к раскрытию смысла своего существования. Он раскроет для себя мир, в котором вечно существует его «я». Это мир человеческой души.

Каждая статья повествует о внутренней работе человека, вставшего на путь самопознания. Если вы взяли в руки эту книгу – она для вас. Вы не обязаны сразу понимать прочитанное, это придет потом. Но всю глубину мудрости, скрытую в этой книге, вы ощутите, прочитав ее первые строки.

ТАЙНЫ ВЕЧНОЙ КНИГИ

Тора закодирована. Прочитав эту книгу, вы узнаете секреты этого кода. И тогда вы сможете прорваться сквозь внешние события, из которых она на первый взгляд состоит, к тому, о чем в ней действительно говорится. Вы поймете, почему все мировые религии признают за Торой право первенства, почему ссылаются на нее политики, философы, писатели... Вам откроется истина.

На начало 2018 года вышли в свет уже 8 томов этого издания.

www.ingramcontent.com/pod-product-compliance
Lightning Source LLC
LaVergne TN
LVHW081534070526
838199LV00006B/358